∷ 中華文化促進會主持編纂

∷ 國家"十一五"重點圖書出版規劃項目

∷ 中國社會科學院哲學社會科學創新工程學術出版資助項目

出品人 王石 段先念

今注本二十四史

金史

一二

傳〔三〕

元 脱脱等 撰

張博泉 程妮娜 主持校注

中國社会科學出版社

金史　卷八一

列傳第十九

鶻謀琶　迪姑迭　阿徒罕　夾谷謝奴　阿勒根没都魯　黄摑敵古本　蒲察胡盞　夾谷吾里補　王伯龍　高彪　温迪罕蒲里特　伯德特离補[1]　耶律懷義　蕭王家奴　田灝[2]　趙隇

[1]伯德特离補："离"，原作"里"，與以下傳文不統一，此從中華點校本改。

[2]田灝：原本此處作"灝"，而下傳文中作"顥"。殿本兩處皆作"灝"。

鶻謀琶，术吉水斜卯部人也。[1]性忠直寬厚，重節義，勇於戰。父阿鶻土，[2]贈金吾衛上將軍。[3]

[1]术吉水斜卯部：居住在术吉水的女真人斜卯部。張博泉認爲應是在《慶源郡女真國書碑》中提到的受吉謀克的居住地，在今"朝鮮之東北部，即曷懶甸境内"（張博泉《金史論稿》第一卷，吉林文史出版社1986年版，第298頁）。

[2]阿鶻土：女真人。姓斜卯。本書僅此一見。

[3]金吾衛上將軍：武散官。爲正三品中階。

穆宗時，[1]鶻謀琶内附，先遣子寧吉從間道送款。[2]遂使活里疃與鶻謀琶合軍攻降諸部，[3]因領其衆。與弟胡麻谷、渾坦、姪阿里等攻下諸城，[4]從撒改破塢塔城，[5]穆宗屢賞之。破高麗戍兵。[6]與石適歡討平諸部。[7]蒲察部雅里孛堇與其兄弟胡八、雙括等欲叛歸遼，[8]鶻謀琶執之，送于康宗，[9]賜賚甚厚。破高麗曷懶甸及下陁魯城有功。[10]

[1]穆宗：廟號。名盈哥，又名烏魯完，景祖第五子。見本書卷一《世紀》。

[2]寧吉：女真人。姓斜卯。本書僅此一見。

[3]活里疃：女真人。本書僅此一見。

[4]胡麻谷、渾坦：皆女真人。姓斜卯。本書皆一見。　阿里：女真人。即斜卯阿里。本書卷八〇有傳。

[5]撒改：女真人。劾者長子。本書卷七〇有傳。　塢塔城：在今吉林省琿春市西北密江村。

[6]高麗：指王建建立的王氏高麗政權（918—1392）。

[7]石適歡：女真人。金初名將，在金初平定女真各部的戰鬥中起到重要作用，後主要負責對高麗的戰事。事迹另見於本書卷一、八〇、一三五。

[8]蒲察部：女真部族名。居地不一，有的居住在按出虎水，即今黑龍江省阿城市境内的阿什河；有的居住在斡泯河，即今吉林省通化市北的哈泥河。　雅里：女真人。本書僅此一見。　孛堇：金建國前爲女真部落長的稱號，後演變爲地方官的稱號。此處指部落長。　胡八：女真人。本書僅此一見。　雙括：女真人。本書僅此一見。

[9]康宗：廟號。本名烏雅束，世祖長子。見本書卷一《世紀》。

[10]曷懶甸：地域名稱。指今朝鮮咸興以北，東朝鮮灣西北岸一帶。　陁魯城：城名。在今朝鮮咸興以北，具體地點不詳。

天輔六年卒，[1]年七十二。天眷中，[2]贈銀青光禄大夫。[3]

[1]天輔：金太祖年號（1117—1123）。

[2]天眷：金熙宗年號（1138—1140）。

[3]銀青光禄大夫：文散官。即正二品下階銀青榮禄大夫。

迪姑迭，[1]温迪罕部人。[2]祖扎古廼，[3]父阿胡迭，[4]世爲胡論水部長。[5]迪姑迭年二十餘代領父謀克，[6]攻寧江州，[7]敗遼援兵，獲甲馬財物。攻破奚營，回至韓州，[8]遇敵二千人，擊走之。斡魯古與遼人戰于咸州，[9]兵已却，迪姑迭以本部兵力戰，諸軍復振，遂大破之。護步荅岡之役，[10]乙里補孛堇陷敵中，[11]迪姑迭援出之。攻黄龍府，[12]身被數創，授猛安。[13]天輔七年，從上至山西，[14]病卒，年四十七。天眷中，贈光禄大夫。[15]

[1]迪姑迭：本書卷二作迪忽迭。

[2]温迪罕部：女真部族名。一作温迪痕，居住地在今拉林河上游及拉林河支流活龍河流域。

[3]扎古廼：女真人。本書僅此一見。

[4]阿胡迭：女真人。即本書卷六五《謝庫德傳》中的温迪痕部人阿庫德。

［5］胡論水：即今拉林河上游支流活龍河。

［6］謀克：即百夫長，也是女真軍事與地方行政建置名，還用作世襲榮譽爵號。

［7］寧江州：治所在今何地説法甚多。一説在今吉林省永吉縣烏拉街，一説在今吉林省蛟河市天崗，一説在今吉林省松原市三岔河鄉石頭城子，一説在今吉林省松原市榆樹溝，一説在今吉林省松原市小城子或五家站，一説在今吉林省松原市伯都訥古城，一説在今吉林省榆樹市大坡古城。

［8］韓州：遼州名。遼聖宗時置，治所在今内蒙古自治區科爾沁左翼後旗浩坦鄉城五家子古城。因此地多風沙而遷至今吉林省雙遼市雙城附近的白塔寨，此時州治在今遼寧省昌圖縣八面城東南二里許之古城址。

［9］斡魯古：女真人。即完顏斡魯古。本書卷七一有傳。　咸州：治所在今遼寧省開原市老城鎮。

［10］護步荅岡：地名。一説在今吉林省農安縣境内；一説在今黑龍江省五常市以西，今吉林省榆樹市一帶。按金於收國二年（1116）九月取黄龍府，十一月遼主聞金已取黄龍府，自將七十萬至於駞門，駙馬蕭特末等將騎五萬、步四十萬至斡鄰濼。斡鄰濼即鄰論濼，在今吉林省前郭爾羅斯蒙古族自治縣之查干花泡。十二月，金諸將會於爻剌（吉林松原），後知遼主已西還，追及遼主於護步荅岡。護步荅岡應在今吉林省前郭爾羅斯蒙古族自治縣烏蘭圖嘎鄉的浩勒寶坨子一帶。

［11］乙里補：本書卷二收國元年（1115）十二月作“阿离本”。

［12］黄龍府：遼府名。治所在今吉林省農安縣。

［13］猛安：即千夫長，也是女真軍事與地方行政建置名，還用作世襲榮譽爵號。

［14］山西：指西京路。治所在今山西省大同市。

［15］光禄大夫：文散官。爲從二品上階。

阿徒罕，温迪罕部人。年十七從撒改、斡帶等討平諸部，[1]皆身先力戰。高麗築九城于曷懶甸，[2]斡塞禦之，[3]阿徒罕爲前鋒。高麗有屯于海島者，阿徒罕率衆三十人夜渡，焚其營栅戰艦，大破之，遂下駞吉城。[4]既而八城皆下，功最。遼兵自寧江州東門出，阿徒罕逆擊，盡殪之，以功授謀克。[5]從攻黄龍府，力戰，身被數十創，竟登其城。後與烏論石準援照散城，[6]阿徒罕請乘不備急擊之，遂夜過益褪水，[7]詰朝，大敗之，斡魯上其功，[8]賜幣與馬。

[1]斡帶：女真人。本書卷六五有傳。

[2]高麗築九城：據《高麗史》睿宗二年（1107）及三年命尹瓘等逐女真，於今朝鮮咸鏡道地方設九城，四年高麗撤城。九城指英州、雄州、吉州、公嶮鎮、福州、宜州、咸州、通泰鎮和平戎鎮。其中咸州在今朝鮮咸興城南五里。

[3]斡塞：女真人。一作斡賽。本書卷六五有傳。

[4]駞吉城：在今朝鮮咸興以北近東朝鮮灣西北岸，具體地點不詳。

[5]以功授謀克：本書卷七一《斡魯傳》稱其爲“勃堇”。

[6]烏論石準：女真人。事迹另見於本書卷七一。　照散城：城名。疑爲今吉林省輝南縣小城子古城。

[7]益褪水：即今吉林省輝南縣一統河。

[8]斡魯：原作“幹魯”，據中華點校本改。斡魯，女真人。本書卷七一有傳。

天輔四年五月疾病，賜良馬一匹，詔曰：“汝安則乘之。”年六十五，卒。上悼惜之，遣使弔祭，以馬爲贈。阿徒罕爲人孝弟，好施惠，健捷善弋獵，至角觝、擊鞠，咸精其能。

夾谷謝奴，隆州納魯悔河人也。[1]國初，祖阿海率所部來歸，[2]獻器用甲仗。父不剌速，[3]襲本部勃堇，從太祖伐遼，授世襲猛安，親管謀克，爲曷懶路都統。[4]

[1]隆州：金大定二十九年（1189）以濟州改名，治所在今吉林省農安縣。貞祐初升爲隆安府。　納魯悔河：屬隆州，疑與納魯渾河爲同名，隆州納魯悔河，即今拉林河。

[2]阿海：女真人。此阿海本書僅此一見。

[3]不剌速：女真人。事迹另見於本書卷八六。

[4]曷懶路：治所在今朝鮮咸鏡南道咸興城南五里。　都統：都統府長官。負責本路軍、政事務。

謝奴，其長子也。長身多髯，善騎射，通女直、契丹大小字及漢字。[1]既冠，隨其父見太祖，命佩金牌，[2]總領左翼護衛。[3]

[1]女直契丹大小字：女真小字創設於熙宗時，故此處應指女真大字。但據本書卷八三《納合椿年傳》“初置女真字，立學官於西京，椿年與諸部兒童俱入學”，卷八八《紇石烈良弼傳》“天會中，選諸路女直字學生送京師，良弼與納合椿年……俱在選中”，可見，女真大字的創製與頒布雖在天輔三年（1119），實際推行却遲至天會中。疑此處衍“女直”二字。

[2]金牌：金代牌符的一種。金太祖時始製金牌、銀牌、木牌，

分賜給萬户、猛安、謀克等官佩帶，以爲符信。其中以金牌最爲高貴。

[3]護衛：皇帝的衛戍部隊。

西京未下，[1]謝奴獲城中生口，乃知城中潛遣人求救於外，都統府得爲之備，[2]却其救兵，西京乃下。自燕京還，[3]過判泥恩納阿，[4]遇敵於隘。謝奴身先士卒，射殺敵中先鋒二人，敵潰走，總管蒲魯虎以甲及馬贈之。[5]後領其父猛安，從攻和尚原，[6]出仙人關，[7]宋兵據險，猛安雛訛只突戰不克，[8]謝奴選麾下五十人戰，克之。與吴玠相拒，[9]烏里雅行陣不整，[10]吴玠乘之，謝奴領兵逆戰，遂大破敵。計前後功，襲其父猛安謀克。

[1]西京：遼京城名。治所在今山西省大同市。施國祁《金史詳校》卷八上認爲，此前當加“天輔六年”。

[2]都統府：官署名。金初於諸路設都統府，長官爲都統，掌本路軍政、民政。官制改革後裁撤，故本書《百官志》不載。

[3]燕京：遼京城名。遼開泰元年（1012）改原南京爲燕京，金初因之。治所在今北京市。

[4]判泥恩納阿：地名。不詳。

[5]總管蒲魯虎：女真人。即烏延蒲魯虎，又作蒲盧渾，時爲河北西路兵馬都總管。本書卷八〇有傳。

[6]和尚原：在今陝西省寶鷄市西南。

[7]仙人關：在今甘肅省徽縣東南。

[8]雛訛只：本書僅此一見。

[9]吴玠：宋將。《宋史》卷三六六有傳。

［10］烏里雅：本書僅此一見。

宗弼復取河南、陝西，[1]宋人欲潛兵襲取石閏諸營，[2]謝奴自渭南大禹鎮掩其伏兵，[3]射中其軍帥，宋兵敗走，多獲旗幟兵仗，帥府厚賞之。除華州防禦使。[4]

［1］宗弼：女真人。金太祖第四子，本書卷七七有傳。施國祁《金史詳校》卷八上認爲，此前當加“天眷三年”。　河南：黄河以南地區，大體上指後來南京路所轄地區。　陝西：指陝西六路，麟府路、鄜延路、環慶路、涇原路、熙河路和秦鳳路。

［2］石閏：營名。不詳。

［3］渭南：縣名。治所在今陝西省渭南市。　大禹鎮：鎮名。本書《地理志》不載，應在今陝西省渭南市境内。

［4］華州防禦使：防禦州長官。掌本州民政，兼管防捍不虞，禦制盗賊。從四品。華州治所在今陝西省華縣。

入爲工部侍郎，[1]遷本部尚書。[2]改平凉尹、昭義軍節度使。[3]大定初，[4]卒。

［1］工部侍郎：尚書工部屬官。協助工部尚書掌修造營建法式、諸作工匠、屯田、山林川澤之禁、江河堤岸、道路橋梁等事。正四品。

［2］本部尚書：即工部尚書，尚書工部長官。正三品。

［3］平凉尹：府長官，即府尹。掌宣風導俗，肅清所部，總判府事。正三品。平凉府治所在今甘肅省平凉市。　昭義軍節度使：節度州長官。掌本州民政，鎮撫諸軍防刺，總判本鎮兵馬之事，兼本州管内觀察使。從三品。昭義軍設在潞州，治所在今山西省長治市。

[4]大定：金世宗年號（1161—1189）。

阿勒根没都魯，上京納鄰河人也，[1]後徙咸平路梅黑河。[2]雄偉美鬚髯，勇毅善射。國初伐遼，没都魯在軍中，領謀克猛安，每遇敵，往來馳突，人莫敢當，故所戰皆克。皇統元年，[3]計功擢宣威將軍。[4]明年，授同知通遠軍節度使，[5]改移剌都乣詳穩。[6]授世襲本路寧打渾河謀克。[7]爲滑州刺史，[8]改肇州防禦使、蒲與路節度使，[9]遷驃騎上將軍。[10]累官金吾衛上將軍。[11]是歲，以年老致仕，卒。年七十三。

[1]上京：京路名。治所在今黑龍江省阿城市白城。　納鄰河：又作來流水，即今拉林河。

[2]咸平路：金初爲咸州路，後升爲咸平府。治所在今遼寧省開原市開原老城。　梅黑河：河名。即今吉林省梅河口市東豐縣境内的梅河。

[3]皇統：金熙宗年號（1141—1149）。

[4]宣威將軍：武散官。爲正五品中階。

[5]同知通遠軍節度使：節度使佐貳。正五品。通遠軍設在鞏州，治所在今甘肅省隴西縣。

[6]移剌都乣詳穩：移剌都乣長官。掌守衛邊境，總判部事。從五品。移剌都乣，乣軍名。本書卷五七《百官志三》有移剌，無耶剌都。卷四四《兵志》、卷二四《地理志上》有耶剌都，無移剌。三處記載都無移剌都。疑三者爲同音異譯。具體所在地不詳。

[7]寧打渾河謀克：謀克名。屬咸平路。寧打渾河，河名。具體地點不詳。

[8]滑州刺史：刺史州長官。掌本州民政。正五品。滑州治所

在今河南省滑縣東舊滑縣。

[9]肇州防禦使：防禦州長官。從四品。肇州，金天會八年（1130）置，治所一説在今黑龍江省肇源縣望海屯舊址，一説在黑龍江省肇源縣茂興站南的吐什吐，一説在今黑龍江省肇東縣八里城。　蒲與路節度使：蒲與路長官。從三品。蒲與路治所在今黑龍江省克東縣金城鄉舊城址。

[10]驃騎上將軍：武散官。正三品下階。

[11]金吾衛上將軍：武散官。正三品中階。"累官金吾衛上將軍"八字原在"卒"字下，此從中華點校本改。

黄摑敵古本，世居星顯水。[1]從破寧江，取咸州，平東京路及諸山寨栅，[2]皆有功。從麻吉破遼將和尚節使兵七千於上京，[3]復破那野軍二萬。[4]再從麻吉遇敵於阿鄰甸，[5]麻吉被創，不能戰，敵古本率兵擊敗之，剿殺殆盡。從攻回鶻城，[6]破其兵九萬，敗木匠直撒兵於山後，[7]俘獲甚衆。敗昭古牙之兵三千，[8]獲其家屬而還。攻平州張覺，[9]吾春被圍於西山，[10]敵古本引兵救之，解其圍，并獲粮五千斛，招降户口甚衆。從平興中，[11]撫安其民人。天會間，[12]大軍伐宋，敵古本從取濬、開德、大名，[13]及取濟南、高唐、棣、密等州。[14]皇統間，以功襲謀克，移屯於壽光縣界爲千户。[15]六年，授世襲千户，[16]棣州防禦使。[17]卒。

[1]星顯水：即今吉林省延吉市布林哈通河。

[2]東京路：京路名。治所在今遼寧省遼陽市。

[3]麻吉：女真人。本書卷七二有傳。　和尚：遼節度使。兵敗被俘後投降，後以叛誅。　節使：即"節度使"的簡稱，或脱

"度"字。　上京：此指遼上京。

[4]那野：契丹人。遼樞密使蕭得里底之子。事迹另見於本書卷七七。

[5]阿鄰甸：地名。在遼上京附近，待考。

[6]回鶻城：本傳所説的回鶻城，並非回鶻汗國城，具體地點待考。

[7]木匠直撒：本書僅此一見。　山後：古地區名。五代劉仁恭據盧龍，在今河北省太行山北端，軍都山以北地區，置山後八軍以防契丹。石敬瑭割燕雲十六州時，才有山後四州的稱呼。北宋末年所稱山後包括宋人企圖收復的山後、代北失地的全部，相當今山西、河北兩省内外長城之間的地區。

[8]昭古牙：契丹人。遼外戚，屢爲金兵所敗，後降金，領親管猛安。事迹另見於本書卷三、七七、八〇。

[9]平州：治所在今河北省盧龍縣。　張覺：本書卷一三三有傳。

[10]吾春：人名。本書僅此一見。

[11]興中：府名。治所在今遼寧省朝陽市。

[12]天會：金太宗年號，金熙宗初年沿用不改（1123—1137）。

[13]濬：州名。治所在今河南省濬縣。　開德：府名。治所在今河南省濮陽市。　大名：府名。治所在今河北省大名縣東北。

[14]濟南：府名。治所在今山東省濟南市。　高唐：州名。治所在今山東省高唐縣。　棣：州名。治所在今山東省惠民縣。　密：州名。治所在今山東省諸城市。

[15]壽光縣：治所在今山東省壽光市。　千户：女真語"猛安"爲"千"，故亦稱猛安爲千户。千户爲地方行政設置及長官名稱，相當於防禦州，同時也是軍事編制及軍官名稱，亦用作榮譽爵稱。

[16]世襲千户：官名。金時常授"千户（猛安）"給貴族勳臣，准爲世襲，稱世襲猛安。

[17]棣州防禦使：防禦州長官。從四品。原作捸州，按金代無捸州，此從殿本改。

蒲察胡盞，案出滸水人。[1]年十八從軍，其父特厮死，[2]襲爲謀克。天輔間，夏以兵三萬出天德路，[3]胡盞從婁室迎戰，[4]以兵三百，敗敵二千。天會三年，大軍攻太原，[5]城中出兵萬餘來戰，胡盞以所領千户軍擊之，復敗敵兵三萬餘於榆次境。[6]六年，從婁室攻京兆，[7]以所部兵屢與宋人接戰，皆先登有功。七年，取邠州，[8]遇宋人二十餘萬，我軍右翼少却，時胡盞爲左翼千户，摧鋒陷陣，敵遂敗去。敗張浚富平復有功。[9]十三年，擊關師古於臨洮衆三萬餘。[10]從攻涇州，[11]從破德順、秦、鞏、臨洮、河、蘭等州，[12]破吴璘兵，[13]胡盞皆有力焉。授德順州刺史，改隴州防禦使，[14]鳳翔尹。[15]卒，年五十五。

[1]案出滸水：也作按出虎水。

[2]特厮：女真人。本書僅此一見。

[3]夏：指党項族所建立的西夏政權（1038—1227）。　天德路：指遼天德軍。治所在今内蒙古自治區烏拉特前旗東北。

[4]婁室：女真人。字斡里衍。本書卷七二有傳。

[5]太原：府名。治所在今山西省太原市。

[6]榆次：縣名。治所在今山西省晋中市榆次區。

[7]京兆：府名。治所在今陝西省西安市。

[8]邠州：治所在今陝西省彬縣。

[9]張浚：宋將。《宋史》卷三六一有傳。　富平：縣名。治所在今陝西省富平縣境内。

［10］關師古：宋將。仕宋官至熙河蘭廓路安撫制置使，與金兵連戰連敗，後降僞齊。按《宋史》卷二七《高宗紀四》，紹興四年（1134）三月，"以關師古爲熙河蘭廓路安撫制置使"，夏四月，"關師古以洮、岷二州降僞齊"。胡盞之擊關師古當在此時。宋紹興四年爲金天會十二年，則此"十三"當是"十二"之誤。　臨洮：縣名。治所在今甘肅省岷縣。

［11］涇州：治所在今甘肅省涇川縣北涇河北岸。

［12］德順：軍州名。金皇統二年（1142）改德順軍爲德順州，治所在今寧夏回族自治區隆德縣。是時仍應稱軍。　秦：州名。治所在今甘肅省天水市。　鞏：州名。治所在今甘肅省隴西縣。　河：州名。治所在今甘肅省臨夏市。　蘭：州名。治所在今甘肅省蘭州市。

［13］吴璘：宋將。《宋史》卷三六六有傳。

［14］隴州防禦使：防禦州長官。從四品。隴州舊治所在今陝西省隴縣，金移治今陝西省千陽縣西北。

［15］鳳翔尹：府長官，即府尹。正三品。鳳翔即鳳翔府，治所在今陝西省鳳翔縣。

夾谷吾里補，暗土渾河人，[1]徙天德。父兀屯，[2]討烏春、窩謀罕有功。[3]吾里補隸婁室帳下，攻係遼女直，[4]招降太彎照三等。[5]從婁室救斡魯古于咸州，[6]敗遼兵于押魯虎城。[7]遼軍營遼水，[8]吾里補五謀克軍乘夜擊之，遼軍驚潰，殺獲幾盡。

［1］暗土渾河：即今黑龍江省通河縣東的大古洞河。

［2］兀屯：女真人。本書僅此一見。

［3］烏春：本書卷六七有傳。　窩謀罕：女真人。世祖時與烏春聯合發動叛亂。事附卷六七《烏春傳》中。

[4]係遼女直：女真人之一部。遼代爲加强對女真人的統治，把女真人中的强宗大姓强制性南遷，成爲遼的編户齊民。這一部分女真稱爲係遼籍女真，也作係遼女直。

[5]太彎：即漢語大王的音寫。　照三：人名。本書卷七二《婁室傳》作移懶益海路太彎照撒。

[6]斡魯古：女真人。本書卷七一有傳。　咸州：原作“威州”，從中華點校本改。

[7]押鲁虎城：按在攻咸州後攻此城，城當在咸州南。其地待考。

[8]遼水：即今之遼河。

斡魯伐高永昌，[1]吾里補以數騎奮擊于遼水之上，復以四十騎伏于津要，遇其候騎，擊之，獲生口，因盡知永昌虚實。太祖嘉之，賞奴婢八人。永昌駐軍於兎兒陁，[2]先據津要，軍不得渡。吾里補與撒八射殺其先鋒二人，[3]永昌衆稍却，大軍遂渡遼水。及攻廣寧，[4]軍帥選勇士先登，吾里補與赤盞忽没渾各領所部，[5]突入其陣，大軍繼之，遂拔廣寧。

[1]高永昌：渤海人。遼天祚帝時爲東京裨將。遼天慶六年(1116)，東京渤海人民殺遼東京留守起義，他亦起兵反遼，稱大渤海皇帝，建年號隆基，攻占遼東五十餘州。遼兵攻東京，高永昌曾向金兵求救，欲與金兵聯合抗遼，爲金太祖所拒。後東京爲金兵所破，高永昌因曾試圖反金而被擒斬。事迹見本書卷七一。

[2]兎兒陁：當在今遼寧省遼陽市附近的遼河邊。

[3]撒八：女真人。爲斡魯出使高永昌，被高永昌所殺。本書共十人名撒八，此人另見於卷七一、一二一。

[4]廣寧：府名。治所在今遼寧省北寧市西南北鎮廟，金天輔

七年（1123）升爲廣寧府，治所移至今遼寧省北寧市。此處應稱顯州。

[5]赤盞忽没渾：女真人。本書僅此一見。

太祖攻臨潢，[1]吾里補面被重創，奮擊自若，賞以遼宫女二人。遼王杲已取中京，[2]吾里補以四十騎覘敵，獲遼喉舌人，因知遼主所在。後從都統斡魯定雲中，從宗翰屯應州，[3]遼軍在近境，吾里補以所部擊敗之。宗望伐宋，[4]宋安撫使蔡靖詣吾里補降。[5]婁室攻陝西，諸郡往往復叛，吾里補攻敗之。敗張浚軍于富平，吾里補先登，睿宗賞以金器名馬。[6]遂以先鋒攻蘭州，下其城。加昭武大將軍，[7]授世襲猛安。累官孛特本部族節度使，[8]以老致仕，封芮國公。[9]

[1]臨潢：府名，治所在今内蒙古自治區赤峰市林東鎮遼上京舊址。

[2]遼王：封爵名。天眷格，爲大國封號第一。原“遼王”原作“遼主”，顯誤，據殿本改。　杲：女真人。本名斜也，金世祖第五子，太祖同母弟。本書卷七六有傳。金皇統三年（1143）追封遼越國王，正隆二年（1157）例降遼王。　中京：京路名。治所在今内蒙古自治區赤峰市寧城縣西大明城。

[3]雲中：縣名。治所在今山西省大同市。　宗翰：女真人。本名粘没喝，漢語訛爲粘罕，國相撒改長子。本書卷七四有傳。應州：治所在今山西省應縣。

[4]宗望：女真人。本名斡魯補，一作斡离不，金太祖之子。本書卷七四有傳。

[5]安撫使：宋官名。初爲諸路災傷及用兵的特遣專使，後漸

成爲各路負責軍務治安的長官，由知州、知府兼任，並兼馬步軍都總管、兵馬鈐轄等。　蔡靖：宋將。事迹另見於本書卷七八、八〇、八九、九〇、一二五。

[6]睿宗：謚號。即完顏宗輔，本名訛里朵，金太祖之子，金世宗之父。大定中尊爲帝，改諱宗堯。事迹見本書卷一九《世紀補》。

[7]昭武大將軍：武散官。爲正四品上階。

[8]孛特本部族節度使：孛特本部之長。掌統制各軍，鎮撫所部，總判部事。從三品。孛特本，部族名。

[9]芮國公：封爵名。天眷格，爲小國封號第三十。

吾里補多智略，膂力過人，[1]雖甚老，勇健不少衰。大定初，劇賊嘯聚，出特鄢關，[2]吾里補率鄉里年少逆擊之，賊黨遂潰。事聞，賞賚甚厚。大定二十六年卒，一百有五歲。

[1]膂（lǚ）力：即體力。膂，脊梁骨。

[2]特鄢關：關名。所在地不詳。

王伯龍，瀋州雙城人也。[1]遼末，聚黨爲盜。天輔二年，率衆二萬及其輜重來降，授世襲猛安，知銀州，[2]兼知雙州。[3]

[1]瀋州：治所在今遼寧省瀋陽市。　雙城：縣名。治所在今遼寧省鐵嶺市西南古城子村。初爲雙州治所，金皇統三年（1143）廢雙州，以雙城縣屬瀋州。此處應稱雙州雙城是。

[2]知銀州：刺史州長官。正五品。銀州治所在今遼寧省鐵嶺

市。金皇統三年（1143）廢。

[3]雙州：遼太宗時置，金皇統三年（1143）廢入瀋州。

四年，[1]太祖攻臨潢，伯龍與韓慶和以兵護粮餉，[2]輓夫千五百人皆授甲，慶和已將兵行前，伯龍從粮居後，遇遼兵五千餘邀於路，伯龍率輓夫擊敗之，獲馬五百匹。六年，[3]從攻下中京，并克境内諸山寨，爲静江軍節度留後。[4]天會元年，[5]真授節度使，從宗望討張覺於平州，伯龍先登馳擊，手殺數十百人，遷右金吾衛將軍。[6]白河之戰，[7]伯龍當其左軍，麾兵疾馳蹂之，宋軍亂，我師乘勝奮擊敗之。

[1]四年：原作“三年”，此從中華點校本改。

[2]韓慶和：事迹另見於本書卷二。

[3]六年：原作“四年”，此從中華點校本改。

[4]静江軍節度留後：静江軍節度使本唐宋舊置，治桂州，在今廣西桂林。遼金静江軍節度使乃遥領虚置。代理節度使稱留後。

[5]天會元年：原作“五年”，從中華點校本改。

[6]右金吾衛將軍：武散官。即正三品中階的金吾衛上將軍。

[7]白河：在今河北省三河市境内。

宗望伐宋，伯龍爲先鋒，次保州，[1]遇敵五萬，破之，招降新樂軍民十餘萬。[2]大軍圍汴，[3]宋太尉何㮚以軍數萬出酸棗門，[4]伯龍以本部遮擊，多所斬獲。及破汴，伯龍以治攻具有功。進破孔彦舟、酈瓊衆三萬於洺州。[5]

[1]保州：治所在今河北省保定市。

[2]新樂：縣名。治所在今河北省新樂市東北新樂。

[3]汴：即北宋都城汴京。治所在今河南省開封市。

[4]太尉：宋官名。三公之一。　何㮚（lì）：字文縝，北宋政和五年（1115）進士第一，累官尚書右丞、中書侍郎。力阻與金割地議和，請建四道總管，使統兵入援。拜尚書右僕射兼中書侍郎，請以康王爲天下兵馬大元帥。汴京城破後被俘，不食而死。本書僅此一見。　酸棗門：城門名。汴京城門之一。但《宋史·地理志》、本書《地理志》汴京城門皆無此名，不知所指。

[5]進破：施國祁《金史詳校》卷八上認爲當作“還破”。　孔彦舟：本書卷七九有傳。　酈瓊：本書卷七九有傳。　洺州：原作“洛”，此從中華點校本改。洺州，治所在今河北省永年縣東。

是年，同知保州兵馬安撫司事，[1]將兵數千攻北平，[2]拔之。復取保州、河間。[3]睿宗經略山東，[4]伯龍從攻青州，[5]未下，城中夜出兵襲伯龍營，伯龍不及甲，獨被衣挺刃拒營門，敵不得入，因奮擊殺數十人。已而，軍士皆甲出，殺傷宋兵不可勝計，并獲其一將，斬之。及下青州，第功，伯龍第一。

[1]同知保州兵馬安撫司事：兵馬安撫司屬官。協助安撫使掌本州軍務、治安。官制改革後取消，故本書《百官志》不載。

[2]北平：宋軍名。北宋慶曆二年（1042）置，治所在今河北省順平縣。金貞祐二年（1214）升爲完州。

[3]河間：府名。治所在今河北省河間市。

[4]山東：路名。指山東東、西兩路。山東東路治所在今山東省青州市；山東西路治所在今山東省東平縣。

[5]青州：治所在今山東省青州市。

六年，還攻莫州，[1]降之，加太子少保、莫州安撫使。[2]破李固寨衆十餘萬於濮州。[3]濮城守，城中鎔鐵揮我軍，攻之不能剋。伯龍被重甲，首冠大釜，挺槍先登，殺守陴者二十餘人，大軍相繼而上，遂剋之。進攻徐州，[4]伯龍復先登，充徐、宿、邳三路軍馬都統。[5]敗高托山之衆十五萬餘於清河。[6]進擊韓世忠於邳州，[7]走之，與大軍會於宿遷，[8]追世忠至揚州。[9]還攻泗州。[10]泗州守將以城降。

[1]莫州：治所在今河北省任丘市。

[2]太子少保：東宮屬官。宮師府三少之一。正三品。　安撫使：金初沿宋制於各州設安撫使，官制改革後取消，故本書《百官志》不載。

[3]李固寨：所在地不詳。　濮州：治所在今山東省鄄城縣北舊城集。

[4]徐州：治所在今江蘇省徐州市。

[5]宿：州名。治所在今安徽省宿州市。　邳：州名。治所在今江蘇省邳州市西南古邳城。

[6]高托山：山名。所在地不詳。　清河：縣名。治所在今山東省惠民縣東南大清河鎮。　十五萬餘：原作“十五餘萬”，從中華點校本改。

[7]韓世忠：宋將。《宋史》卷三六四有傳。

[8]宿遷：縣名。治所在今江蘇省宿遷市西南黄河故道南岸古城。金元光二年（1223）廢。

[9]揚州：宋州名。治所在今江蘇省揚州市。

[10]泗州：治所在今安徽省泗縣。

屯軍嵫陽，[1]破陳宏賊衆四十餘萬。[2]破黄戬於單州。[3]進攻歸德，[4]軍帥遣伯龍立攻具，伯龍從二十餘騎行視地形，城中忽出兵千餘，欲生得伯龍，伯龍縱騎馳之，敵兵亂，墮隍而死者幾二百人。破王善之衆於巢縣，[5]取廬州、和州，[6]伯龍之功多。軍渡采石，[7]擊敗岳飛、劉立、路尚等兵，[8]獲芻粮數百萬計。

[1]嵫陽：縣名。北宋改瑕縣置，治所在今山東省兖州市。

[2]陳宏：本書僅此一見。

[3]黄戬：本書僅此一見。　單州：治所在今山東省單縣。

[4]歸德：府名。金天會八年（1130）改應天府置。治所在今河南省商丘市南。

[5]王善：宋將。曾擁二十萬衆與烏林荅泰欲戰，不利。巢縣戰敗後降宗弼，後又殺李仲等叛。　巢縣：治所在今安徽省巢湖市。

[6]廬州：治所在今安徽省合肥市。　和州：治所在今安徽省和縣。

[7]采石：鎮名。治所在今安徽省當塗縣北采石。

[8]岳飛：宋將。《宋史》卷三六五有傳。　劉立：宋將。本書僅此一見。施國祁《金史詳校》卷八上認爲當作“劉平”。　路尚：宋將。本書僅此一見。　等兵：原作“等岳”，據中華點校本改。

還過真、揚，[1]道遇酈瓊、韓世忠軍，復戰敗之。復爲莫州安撫，改知澤州。[2]太行群賊往往嘯聚，[3]伯龍皆平之。

[1]真：州名。北宋大中祥符六年（1013）升建安軍置，治所在今江蘇省儀征市。

[2]知澤州：刺史州長官。正五品。金初有兩澤州，一個治所在今山西省晋城市，天會六年（1128）改爲南澤州；一個治所在今河北省平泉縣南察罕城，承安二年（1197）改名惠州。從下文涉及太行來看，此處應是指處於山西省晋城市的南澤州。承上文，此時已在天會六年之後，故此處應稱南澤州。

[3]太行：山脉名。在今河北、山西兩省交界處。

天眷元年，[1]爲燕京馬軍都指揮使。[2]從元帥府復收河南，[3]權武定軍節度使，[4]兼本路都統。宋兵據許州，[5]伯龍擊走之，招復其人民。是年秋，泰安卒徒張貴驅脅良民，[6]據險作亂，伯龍討平之。

[1]天眷元年：施國祁《金史詳校》卷八上認爲，“元”當作“三”。

[2]馬軍都指揮使：總管府兵馬司屬官。通判司事，分管内外，巡捕盗賊。正六品。

[3]元帥府：官署名。始設於金天會二年（1124），掌征討之事。長官爲都元帥，從一品。下設左、右副元帥，正二品；元帥左、右監軍，正三品；元帥左、右都監，從三品。

[4]權武定軍節度使：節度州長官。從三品。武定軍設在奉聖州，治所在今河北省涿鹿縣。代理、攝守之官稱“權”。

[5]許州：治所在今河南省許昌市。

[6]泰安：軍名。治所在今山東省泰安市。金大定二十二年（1182）升爲泰安州。　張貴：本書僅此一見。

皇統元年，以本部從宗弼南伐，攻破濠州而還。[1]

三年，爲武定軍節度使，改延安尹，[2]寧昌軍節度使。[3]天德三年，改河中尹，[4]徙益都尹，[5]封廣平郡王。[6]卒，年六十五。正隆間，[7]例贈特進、定國公。[8]

[1]濠州：治所在今安徽省鳳陽縣臨淮關西。

[2]延安尹：府長官。即府尹。正三品。延安即延安府，治所在今陝西省延安市。

[3]寧昌軍節度使：節度州長官。從三品。寧昌軍設在懿州，治所在今遼寧省阜新市塔營子古城。

[4]河中尹：府長官。即府尹。正三品。河中即河中府，治所在今山西省永濟市西南蒲州鎮。

[5]益都尹：府長官。即府尹。正三品。益都即益都府，治所在今山東省青州市。

[6]廣平郡王：封爵名。爲封王之郡號第二。

[7]正隆：金海陵王年號（1156—1161）。

[8]特進：文散官。爲從一品中次階。　定國公：封爵名。天眷格，爲小國封號第四。

高彪，本名召和失，[1]辰州渤海人。[2]祖安國，[3]遼興、辰、開三鎮節度使。[4]父六哥，[5]左承制，[6]官至刺史。彪始生，其父用術者言，爲其時日不利於己，欲不舉，其母爲營護。居數歲，竟逐之，彪匿於外家。遼人調兵東京時，六哥已老，當從軍，悵然謂所親曰："吾兒若在，可勝兵矣。"所親具以實告，因代其父行。戰於出河店，[7]遼兵敗走，彪獨力戰，軍帥見之曰："此勇士也。"令生致之。斡魯攻東京，六哥率其鄉人迎降，以爲榆河州千户。[8]久之告老，彪代領其衆。

[1]召和失：又作召和式。

[2]辰州：遼州名。治所在今遼寧省蓋州市。金明昌四年（1193）復置，明昌六年（1195）改爲蓋州。

[3]安國：即高安國，渤海人。本書僅此一見。

[4]興：遼州名。治所在今遼寧省瀋陽市東北懿路村。金廢。開：遼州名。治所在今遼寧省鳳城市。金廢。

[5]六哥：即高六哥，渤海人。本書僅此一見。

[6]左承制：遼官名。

[7]出河店：地名。一説在今黑龍江省肇源縣茂興站南的吐什吐，一説在今黑龍江省肇源縣的望海屯古城，一説在今黑龍江省肇東縣的八里城。

[8]榆河州千户：待考。

都統杲攻中京，彪領謀克，從斡魯破遼將合魯燥及韓慶民於高、惠之境。[1]已而駐軍武安，[2]合魯燥以勁兵二萬來襲，從斡魯出戰，與所部皆去馬先登，奮擊敗之。奚人負險拒命，所在屯結，彪屢戰有功。

[1]合魯燥：本書僅此一見。　韓慶民：仕遼官至宜州節度使。天會中城破被殺。　高：遼州名。遼聖宗時置，治所在今内蒙古自治區赤峰市東北。金皇統三年（1143）廢，承安三年（1198）復置，泰和四年（1204）又廢。　惠：遼州名。治所在今遼寧省建平縣境内。

[2]武安：州名。遼統和八年（990）改新州置，治所在今内蒙古自治區敖漢旗東白塔子村。金皇統三年（1143）廢。

宗望攻平州，彪徇地西北道，破敵，招降石家山寨。[1]再從宗望伐宋，爲猛安。師次真定，[2]彪率兵士七十人，臨城築甬道，城中夜出兵焚攻具，彪擊走之。大軍圍汴，以五十騎屯於東南水門。宋人再以重兵出戰，彪皆敗之。師還，屯鎮河朔，復破敵於霸州，[3]擒其裨將祝昂。[4]河間夜出兵二萬襲我營壘，彪率三謀克兵擊敗之。

[1]石家山寨：寨名。所在地不詳。

[2]真定：府名。治所在今河北省正定縣。

[3]霸州：治所在今河北省霸州市。

[4]祝昂：本書僅此一見。

天會五年，授静江軍節度使、壽州刺史。[1]明年，伐宋，從帥府徇地山東，攻城克敵，數被重賞。七年，師至睢，[2]彪以所部招誘京西人民。次柘城縣，[3]其官吏出降，彪獨與五十餘騎入城。繼而城中三千餘人復叛，彪率其衆力戰敗之，撫安其民而還。

[1]壽州刺史：刺史州長官。正五品。壽州治所在今安徽省壽縣。

[2]睢：州名。金天德三年（1151）改拱州置，治所在今河南省睢縣。

[3]柘城縣：治所在今河南省柘城縣北。原脱“城”字，從中華點校本補。

從梁王宗弼襲康王，[1]至杭州。[2]師還，宋將韓世忠以戰艦數百扼於江北。宗弼引而西，將至黄天蕩，[3]敵舟三十餘來逼南岸，其一先至者載兵士二百餘，彪度垂及，以鈎拽之，率勇士數十，躍入敵舟，所殺甚衆，餘皆逼死於水中。

[1]梁王：封爵名。天眷格，爲大國封號第三。　康王：即宋高宗趙構。宋徽宗第九子，北宋宣和三年（1121）進封爲康王。見《宋史》卷二四至三二《高宗紀》。

[2]杭州：宋州名。治所在今浙江省杭州市。南宋建炎三年（1129）升爲臨安府。

[3]黄天蕩：地名。在今江蘇省南京市東北長江幹流中。

明年，從攻陝西，師至寧州，[1]彪與宗人昂率兵三千取廓州。[2]始至，有來降者言，“城東北隅守兵將謀爲内應”。彪即夜從家奴二人以登，左右守者覺之，彪與從者皆殊死戰，諸軍繼進，遂克其城。從攻和尚原及仙人關。與阿里監護漕粮并戰艦至亳州，[3]宋人以舟五十艘阻河路，擊敗之，擒其將蕭通。[4]擊漣水賊水寨，[5]進取漣水軍，[6]其官民已遁去，悉招降之。

[1]寧州：治所在今甘肅省寧縣。

[2]昂：即高昂。　廓州：治所在今青海省尖扎縣北。

[3]亳州：治所在今安徽省亳州市。

[4]蕭通：事迹另見於本書卷八〇。

[5]漣水：縣名。治所在今江蘇省漣水縣。

[6]漣水軍：軍名。治所在今江蘇省漣水縣。

彪勇健絶人，能日行三百里，身被重鎧，歷險如飛。及臨敵，身先士卒，未嘗反顧，大小數十戰，率以少擊衆，無不勝捷。

齊國既廢，[1]攝滕陽軍以東諸路兵馬都統，[2]撫諭徐、宿、曹、單，[3]滕陽及其屬邑，皆按堵如故。爲武寧軍節度使，[4]頗黷貨，嘗坐贓，海陵以其勳舊，[5]杖而釋之。改沂州防禦使，[6]歷安化、安國、武勝軍節度使，[7]遷行臺兵部尚書，[8]改京兆尹，封郜國公。[9]以憂去官，起復爲武定軍節度使，歸德尹。正隆例授金紫光禄大夫。[10]久之致仕，復起爲樞密副使、舒國公，[11]賜名彪。卒年六十七，謚桓壯。

彪性機巧，通音律，人無貴賤，皆温顔接之。

[1]齊：金天會八年（1130），金太宗册立宋降將劉豫爲帝，國號齊。天會十五年廢，以原齊國統治區設行臺尚書省。

[2]滕陽軍：軍名。治所在今山東省滕州市。

[3]曹：州名。治所在今山東省曹縣西北。金大定八年（1168）移至今山東省荷澤市。

[4]武寧軍節度使：節度州長官。從三品。武寧軍設在徐州。

[5]海陵：封號。即完顔迪古迺，漢名亮。1149 至 1161 年在位。

[6]沂州防禦使："沂"，原作"忻"，據中華點校本改。沂州防禦使，爲防禦州長官，從四品。沂州治所在今山東省臨沂市。

[7]安化：此指安化軍節度使，爲節度州長官。從三品。安化軍設在密州。　安國：此指安國軍節度使，爲節度州長官。從三品。安國軍設在邢州，治所在今河北省邢臺市。　武勝軍節度度：節度州長官。從三品。武勝軍設在鄧州，治所在今河南省鄧州市。

[8]行臺兵部尚書：行臺尚書省兵部長官。從三品。

[9]郜國公：封爵名。天眷格，爲小國封號第十二。

[10]金紫光禄大夫：文散官。爲正二品上階。

[11]樞密副使：樞密院屬官。協助樞密使掌軍興武備之事。從二品。　舒國公：封爵名。天眷格，爲小國封號第十三。

温迪罕蒲里特，隆州移离閔河胡勒出寨人也。[1]魁梧美髯，有謀略，以智勇聞。都統杲取中京，蒲里特權猛安，領軍五千，遇契丹賊萬餘，與戰敗之。出衮古里道，[2]敗敵八千餘。至臘門華道，[3]復以伏兵敗敵萬人。太祖定燕，[4]自儒州至居庸關，[5]執其喉舌人。有頃，賊三千餘人復寇臘門華道，蒲里特整隊先登，賊識其旗幟，望風而遁，遂奮擊之，親執賊帥。

[1]移离閔河：即今之吉林省飲馬河。移离閔河的“河”，原作“阿”，中華點校本據施國祁《金史詳校》卷八上改爲“河”，是。　胡勒出寨：即元人熊夢祥《析津志》站名的胡里出站，在今吉林省九臺市飲馬河鄉的小城子或大城子舊址。

[2]衮古里道：地名。當在原遼中京到居庸關間。

[3]臘門華道：地名。當在原遼中京到居庸關間。

[4]太祖：廟號。即完顔阿骨打，漢名旻。1115 至 1123 年在位。

[5]儒州：治所在今北京市延慶縣。金皇統元年（1141）廢。　居庸關：在今北京市昌平區西北。

皇統元年，[1]從梁王宗弼伐宋，留軍唐州。[2]敵衆奄至，蒲里特擊之，大名軍萬四千，號二十萬，蒲里特率親管猛安，身先士卒，衝擊，敵少却，乃張左右翼併擊之，敵衆散走。而別遇兵二萬來援，復以兵三千擊走之。時邳州土賊嘯聚，幾二十萬，蒲里特軍三千，分爲數隊急攻之，賊潰去。南京路遇敵軍二萬，[3]蒲里特以軍三千擊敗之。是日，有兵自城中出者，復擊敗之。

[1]皇統元年：施國祁《金史詳校》卷八上認爲當作“天會六年”。

[2]唐州：治所在今河南省唐河縣。

[3]南京路：原爲北宋都城，金初爲汴京，貞元元年（1153）始更號南京，此處不應稱南京。治所在今河南省開封市。

皇統二年，遷定遠大將軍，[1]同知鳳翔尹。[2]六年，改京兆尹，轉寧州刺史，改西北路招討都監，[3]遷永定軍節度使。[4]海陵南征，改武衛軍都總管。[5]大定三年，授開遠軍節度使，[6]改泰寧軍。[7]卒。十九年，以功授其子兀帶武功將軍、本猛安奚出痕世襲謀克。[8]

[1]定遠大將軍：武散官。爲從四品中階。

[2]同知鳳翔尹：府屬官。爲府尹佐貳，協助府尹處理本府政務，從四品。鳳翔即鳳翔府，治所在今陝西省鳳翔縣。

[3]西北路招討都監：西北路招討司屬官。協助招討使掌招懷降附，征討攜離。

[4]永定軍節度使：節度州長官。從三品。永定軍設在雄州，治所在今河北省雄縣。

[5]武衛軍都總管：海陵南征時所設三十二總管之一，負責指揮部隊對宋作戰。南征失敗後取消，故本書《百官志》不載。本書卷一二九《李通傳》與卷四四《兵志》所列三十二總管名皆無武

衛，疑此誤。

[6]開遠軍節度使：節度州長官。從三品。開遠軍設在雲内州，一説在今内蒙古自治區土默特左旗東南，一説在今内蒙古自治區托克托縣東北古城鄉白塔村古城。

[7]泰寧軍：此指泰寧軍節度使，爲節度州長官。從三品。泰寧軍設在兖州，治所在今山東省兖州市。

[8]兀帶：女真人。本書僅此一見。 武功將軍：武散官名。事迹另見於本書卷八二、八七、九一、一二〇，皆用於封贈功臣之子。“武功”疑即“武略”，見中華點校本校勘記。武略將軍，爲從六品下階。 奚出痕世襲謀克：謀克名。奚出痕不詳。

伯德特离補，奚五王族人也，[1]遼御院通進。[2]天會初，與父撻不也歸朝，[3]授世襲謀克，後以京兆尹致仕。

[1]奚五王族：指遥里氏、伯德氏、奥里氏、梅知氏和揣氏。

[2]御院通進：遼官名。《遼史·百官志》不載。

[3]撻不也：奚人。本書僅此一見。

特离補招降松山等州未附軍民，[1]及招降平州、薊州境内，[2]督之耕作。宗望伐宋，特离補爲軍馬猛安，[3]與諸將留，規取保、遂、安三州。[4]攻安肅軍，[5]河間、雄、保等兵十餘萬來救，特离補率所部先戰，大軍繼之，大破其兵，遂拔安肅。特离補攝通判事，[6]降將胡愈陰結衆謀亂，[7]特离補勒兵擒愈及其衆五十餘人。安肅軍改爲州，就除同知州事。[8]改磁州，[9]捕獲太行群盗。元帥府以磁、相二州屯兵屬之，[10]擒王會、孫小十、苗清等，[11]群盗遂平。遷濱州刺史，[12]廉入優等。

以母憂去官，起復本職，改涿州刺史。[13]

[1]松山：州名。遼置，治所在今内蒙古自治區赤峰市西南。

[2]薊：州名。治所在今天津市薊縣。

[3]軍馬猛安：日本學者三上次男《金代女真研究》認爲應是“馬軍猛安”之誤。

[4]遂：遼州名。治所在今遼寧省彰武縣西北。　安：遼州名。治所在今遼寧省昌圖縣北四面城。

[5]安肅軍：軍名。治所在今河北省徐水縣。金天會七年（1129）改爲徐州。

[6]攝通判事：宋制，通判爲府、州副長官。凡民政、財政、户口、賦役、司法等事務文書，都須知州或知府與通判連署方能生效。有監察所在州府官員之權。金初沿宋制設通判，後取消。代理之官稱攝。

[7]胡愈：本書僅此一見。

[8]同知州事：刺史州屬官。負責協助刺史處理本州政務。正七品。

[9]磁州：此指磁州同知。刺史州屬官。正七品。磁州治所在今河北省磁縣。

[10]相：州名。治所在今河南省安陽市。金明昌三年（1192）改爲彰德府。

[11]王會、孫小十、苗清：本書中皆一見。

[12]濱州刺史：刺史州長官。正五品。濱州治所在今山東省濱州市。

[13]涿州刺史：刺史州長官。正五品。涿州治所在今河北省涿州市。

入爲工部郎中，[1]從張浩營繕東京宫室。[2]及田瑴黨事起,[3]朝省爲之一空，特离補攝行六部事,[4]遷大理卿,[5]出爲同知東京留守。[6]天德三年，復爲大理卿，同知南京留守。[7]

[1]工部郎中：尚書工部屬官。從五品。

[2]張浩：渤海人。本書卷八三有傳。

[3]田瑴：本書卷八九有傳。

[4]行六部：在地方設的行尚書省六部。中央尚書省的派出機構。

[5]大理卿：大理寺長官。掌審斷天下奏案，詳核疑獄。正四品。

[6]同知東京留守：東京留守司屬官，兼同知本府尹、本路兵馬都總管。正四品。

[7]同知南京留守：南京留守司屬官。正四品。

丁父憂，起復洺州防禦使。[1]正隆盜起，州縣無兵，不能禦。洺舊有河附于城下，特离補乃引水注濠中以爲固，盜弗能近，州賴以安。遷崇義軍節度使,[2]未幾，告老歸田里，卒。

[1]洺州防禦使：防禦州長官。從四品。

[2]崇義軍節度使：節度州長官。從三品。崇義軍設在義州，治所在今遼寧省義縣。

特离補爲人孝謹，爲政簡静，不積財，常曰："俸禄已足養廉，衣食之外，何用蓄積。"凡調官，行李止車一乘、婢僕數人而已。

耶律懷義本名孛迭，遼宗室子。年二十四，以戰功累遷同知點檢司事。[1]宗翰已取西京，遼主謀奔于夏，懷義諫止之，不見聽，乃竊取遼主厩馬來降。

[1]同知點檢司事：遼官名。

太祖自燕還師，留宗翰、斡魯經略西方，懷義領謀克從軍。天會初，帥府以新降諸部大小遠近不一，令懷義易置之，承制以爲西南路招討使。[1]乃擇諸部衝要之地，建城市，通商賈。諸部兵革之餘，人多匱乏，自是衣食歲滋，畜牧蕃息矣。

[1]西南路招討使：西南路招討司長官。正三品。

從宗翰伐宋，降馬邑，[1]破雁門屯兵，[2]進攻太原，以所部别降清源縣徐溝鎮，[3]遂與諸將列屯汾州之境。[4]時河東、陝西路兵來救太原，[5]劉光世、折可求栅于文水西山，[6]懷義捕得生口，盡知宋兵屯守要害，乃分兵襲敗之。

[1]馬邑：縣名。治所在今山西省朔州市東北馬邑。金貞祐二年（1214）升爲固州。

[2]雁門：縣名。治所在今山西省代縣。

[3]清源縣：治所在今山西省清徐縣。　徐溝鎮：在今山西省清徐縣東南徐溝鎮。

[4]汾州：治所在今山西省汾陽縣。

[5]河東：唐以後泛指今山西全境爲河東。北宋至道三年

(997) 置河東路，治所在今山西省太原市。金天會六年（1128）分爲河東南路與河東北路。河東北路治太原府，河東南路治平陽府。

[6]劉光世：宋將。《宋史》卷三六九有傳。　折可求：仕宋，官至安撫使，以麟、府、豐三州降金。　文水：縣名。治所在今山西省文水縣。

明年，再伐宋，從婁室取汾州及其屬邑，遂過平陽，[1]出澤、潞以趨河陽，[2]所至皆降。及大軍圍汴，懷義屯京西，汴城既下，宋兵之出奔者，邀擊盡之。從攻鄭、鄧州及討平鄭州叛者，[3]攻下濮州及雷澤縣，[4]從破大名、東平府，徐、兗等州，[5]皆有功。七年，還鎮。十年，加尚書左僕射，[6]改西北路招討使。[7]

[1]平陽：府名。北宋政和六年（1116）以晋州改置，治所在今山西省臨汾市。

[2]澤：州名。治所在今山西省晋城市。金天會六年（1128）改名爲南澤州。　潞：州名。治所在今山西省長治市。　河陽：縣名。治所在今河南省孟縣境内。

[3]鄭：州名。治所在今河南省鄭州市。　鄧：州名。治所在今河南省鄧州市。

[4]雷澤縣：治所在今山東省荷澤市東北。金貞元二年（1154）降爲鎮。

[5]東平府：治所在今山東省東平縣。　兗：州名。治所在今山東省兗州市。

[6]尚書左僕射：金初襲宋、遼之制，以尚書左、右僕射爲宰相。按本書卷七八《韓企先傳》"太祖始定燕京，始用漢官宰相賞左企弓等"，卷七五《左企弓傳》"企弓守太傅、中書令，仲文樞

密使、侍中、秦國公，勇義以舊官守司空，公弼同中書門下平章事、樞密副使權知院事、簽中書省”，則是時尚無尚書左僕射一官。“太宗初年，無所更改”，“斜也、宗幹當國，勸太宗改女直舊制，用漢官制度。天會四年，始定官制，立尚書省以下諸司府寺”，則此官之設當在天會四年（1126）。本書卷七八《韓企先傳》天會“十二年，以企先爲尚書右丞相”，則至晚到天會十二年，已取消尚書左僕射一職，改爲尚書左丞相。此爲金初舊制，故本書《百官志》不載。

［7］西北路招討使：西北路招討司長官。正三品。

懷義在西陲幾十年，撫御有恩，及去，老幼遮道攀戀，數日不得發。天眷初，爲太原尹，治有能聲。改中京留守。[1]從宗弼過烏納水，[2]還中京，以老乞致仕，不許。改大名尹，命不赴治所，止以俸傔給之。每歲春水扈從，[3]餘聽自便。明年，再請老得謝，給俸傔之半。海陵即位，封漆水郡王，[4]進封莘王。[5]久之，進封蕭王。[6]正隆例封景國公。[7]

［1］中京留守：中京留守司長官，例兼本府府尹、本路兵馬都總管。正三品。

［2］烏納水：即今黑龍江上源的斡難河，舊與納兀水（今嫩江）相混而誤。

［3］春水：即春捺鉢。指皇帝在春季出外游獵。

［4］漆水郡王：封爵名。

［5］莘王：封爵名。天眷格，爲小國封號第二十九。

［6］蕭王：封爵名。天眷格，爲小國封號第二十八。

［7］景國公：封爵名。天眷格，爲小國封號第五。

其子神都斡爲西北路招討都監，[1]迎侍之官。神都斡從海陵南征，懷義卒于雲中，年八十二。

[1]神都斡：契丹人。即移剌神都斡，金世宗時以右宣徽使爲賀宋生日使。

蕭王家奴，奚人也，居庫党河。[1]爲人魁偉多力，未冠仕遼，爲太子率府率。[2]天輔七年，都統杲定奚地，王家奴率其鄉人來降，命爲千户領之。奚王回离保既死，[3]其親黨金臣阿古者猶保撒葛山，[4]王家奴與突撚往討之，[5]生擒金臣阿古者，降其餘衆。時平、灤多盜，[6]王家奴以所部屢破賊兵，斬馘執俘，數被賞賚。

[1]庫党河：當在中京奚境内，具體所指不詳。

[2]太子率府率：遼官名。東宫下屬機關太子率府的長官。

[3]奚王回离保：奚人。一名翰，挼懶。遼奚六部大王，奚王忒鄰之後。事迹見本書卷六七與《遼史》卷一一四。

[4]金臣阿古者：本書僅此一見。　撒葛山：山名。當在奚境内，不詳。

[5]突撚（niǎn）：女真人。金初將領，完顔婁室的部下。事迹另見於本書卷三、七二。

[6]灤：州名。治所在今河北省灤縣。

宗望伐宋，敗郭藥師於白河，[1]亦與有功。至河上，宋兵扼津要，與諸將擊敗之。進圍汴，破其東門兵。明年，再伐宋，宗望軍至中山，[2]諸門分兵出戰，焚我攻具，祁州、河間各以兵來援，[3]皆敗之。

[1]郭藥師：本書卷八二有傳。

[2]中山：宋府名。北宋政和三年（1113）升定州置，治所在今河北省定州市。金天會中降爲定州，後又升爲中山府。

[3]祁州：治所在今河北省安國市。原作“祈州”，從中華點校本改。

師還，屯鎮河朔。濱州賊葛進聚衆數萬臨淄，[1]孛堇照里以騎兵二千討之，[2]王家奴領謀克先登力戰，大破其衆。

[1]葛進：本書僅此一見。　臨淄：縣名。舊治在今山東省淄博市東北臨淄北，金移治今山東省淄博市東北。

[2]照里：女真人。又作照立，金初將領，參加過對遼、對宋的戰役。

明年，攻滄州，[1]宋兵拒戰，復從照里擊走之。宋將徐文以舟百艘泊海島，[2]即以商船十八進襲，斬首七百級，獲舟二十。

[1]滄州：治所在今河北省滄州市東南四十里舊州鎮。

[2]徐文：本書卷七九有傳。

天會八年，除静江軍節度使，授世襲千户。從梁王宗弼征伐，爲萬户，還爲五院部節度使。[1]天德二年，改烏古迪烈招討都監，[2]卒。

[1]五院部節度使：五院部長官。從三品。五院部，契丹部族名。遼太祖析迭剌部爲五院、六院兩部。五院部原有大蔑孤、小蔑孤兩個石烈。遼會同二年（939）增置甌昆、乙習本兩石烈，居烏古之地。

[2]烏古敵烈招討都監：烏古敵烈招討司屬官。

田顥字默之，興中人。遼天慶八年進士，[1]歷官金部員外郎，[2]權歸德節度使。[3]太祖定燕，顥舉四州版圖歸朝，[4]加都官郎中，[5]權節度使事，四遷知真定府事。[6]招降齊博、游貴等賊衆五千餘人。[7]已而，貴復叛去，顥遣齊博僞叛從貴，因令伺間殺之，降其衆，賊壘悉平。

[1]天慶：遼天祚帝年號（1111—1120）。

[2]金部員外郎：曹魏有尚書金部郎，後多沿置。唐爲户部諸司之一，掌國庫錢帛出納帳簿的審核及度量衡的改制。此當是遼沿唐制所設之官。

[3]權歸德節度使：遼節度州長官。歸德軍設在來州，治所在今遼寧省綏中縣西南前衛鎮。《遼史》無“權”字。

[4]顥舉四州版圖歸朝：《遼史》卷二九《天祚紀》保大三年（1123）二月，“來州歸德軍節度使田顥、權隰州刺史杜師回、權遷州刺史高永昌、權潤州刺史張成，皆籍所管户降金”。即指此事。本傳“顥”後當加一“等”字爲是。

[5]都官郎中：本書僅此一見，品秩不詳。

[6]知真定府事：帶京朝官銜及試職者任府尹時稱知府事，簡稱知府。正三品。

[7]齊博、游貴：本書僅見於此。

三遷行臺左丞、彰德軍節度使。[1]是時，新定力役，顥蠲籍之半而上之，[2]故相之繇賦比他州獨輕。徙同知河北東路都總管，[3]改同簽燕京留守司事，[4]民遮留不得出，易服夜去。改河東南路轉運使，[5]尋改絳陽軍節度使。[6]居三年，以疾請謝事，徑解印歸。數奏不允，移鎮振武軍。[7]入爲刑部尚書，[8]居三月，請老，卒于家。

[1]行臺左丞：行臺尚書省屬官。位在領行臺尚書省事、行臺左右丞相、行臺平章政事之下。從二品。　彰德軍節度使：節度州長官。從三品。彰德軍設在相州。

[2]蠲（juān）：免除。

[3]同知河北東路都總管：河北東路總管府屬官。負責協助都總管統諸城隍兵馬甲仗，參掌府事。從四品。河北東路，路名，治所在今河北省河間市。

[4]同簽燕京留守司事：即同知燕京留守司事，燕京留守司屬官。正四品。

[5]河東南路轉運使：河東南路轉運司長官。掌稅賦錢穀、倉庫出納及度量衡之制。正三品。

[6]絳陽軍節度使：節度州長官。從三品。絳陽軍設在絳州，治所在今山西省新絳縣。

[7]振武軍：此指振武軍節度使，爲節度州長官。從三品。本書卷九七稱巨構爲“振武軍節度副使”，卷一一一稱完顔蒲剌都爲“振武軍節度使”，振武軍於本書凡三見，所在地不詳。

[8]刑部尚書：尚書刑部長官。掌律令、刑名、監户、官户、配隸、功賞、捕亡等事。正三品。

趙隇字德固，遼陽人。其婦翁以優伶得倖於遼主，溉補閤門祗候，[1]累遷太子左衛率。[2]後居灤州。宗望討張覺，溉踰城出降，授洛苑副使，[3]爲灤州千户。遷洛苑使，檢校工部尚書。[4]

[1]閤門祗候：遼官名。閤門所屬辦事員。

[2]太子左衛率：遼官名。東宫下屬機關太子率府的長官。

[3]洛苑副使：金初承宋制設，無職掌，僅爲武臣遷轉之階。官制改革後取消，故本書《百官志》不載。下洛苑使同。

[4]檢校工部尚書：金初承宋制而設檢校官，爲由詔除而非正命的一種加官。工部尚書爲工部長官。正三品。

從伐宋，至汴，遷棣州刺史、侍衛步軍都虞候。[1]及再伐宋，攻真定與有功，改商州刺史，[2]檢校尚書右僕射。五年，同知信德府路統押軍兵，[3]兼沿邊安撫司事。[4]明年，權知濟州事。[5]八年，從定河南，授隴州團練使。[6]十年，改知石州。[7]溉久在兵間，不善治民，坐謗議，謫監平州甜水鹽。[8]

[1]棣州刺史：刺史州長官。正五品。據本書卷二五《地理志中》，棣州爲防禦州。本卷《黄摑敵古本傳》皇統六年（1146）授棣州防禦使，則棣州金初爲刺史州，但至晚在皇統六年已經升爲防禦州。　侍衛步軍都虞候：侍衛步軍長官。本書《百官志》不載，品秩不詳。

[2]商州刺史：刺史州長官。正五品。商州治所在今陝西省商州市。

[3]同知信德府路統押軍兵：爲信德府屯駐軍統領之一。信德府，北宋宣和中升邢州置，治所在今河北省邢臺市。金天會七年

(1129) 復爲邢州。

[4]沿邊安撫司事：即沿邊安撫司長官安撫使，負責邊境各地的軍務、治安工作。

[5]權知濟州事：帶京朝官銜及試職者主持州事時稱知州事，代理、攝守之官稱權。濟州治所在今山東省濟寧市。

[6]隴州團練使：金初沿宋制設團練使，主持本州政務，地位高於刺史，低於防禦使。後取消，故本書《百官志》不載。

[7]石州：所在今山西省離石縣。

[8]監平州甜水鹽：鹽使司下屬官員。負責本處鹽場的具體工作，爲無品級小官。甜水，鹽場名，當在今河北省昌黎縣至秦皇島市一帶海邊，具體地點不詳。

齊國廢，河南皆以宿將守之，授臧宿州防禦使，統本路軍兵。臧重義，接儒士。嘗以事至汴，有故人子負官錢百萬，臧以槖金贈之，[1]其子悉爲私費，復代輸之。頃之，有訟徐帥不法者，朝廷使臧鞠治，臧委曲營護，坐是廢罷，寓居於燕。

[1]槖（tuó）：一種口袋。此指私人財産。

海陵出領行臺省，[1]至燕，臧往見之，因訴其事。及海陵即位，起爲保大軍節度使。[2]貞元初，[3]改内省使。[4]未幾，爲中都路都轉運使。[5]明年，再徙順義、興平，[6]入爲太子詹事，[7]鎮沁南，[8]以疾卒，年六十六。

[1]領行臺省：也稱領行臺尚書省事，爲行臺尚書省長官。

[2]保大軍節度使：節度州長官。從三品。保大軍設在鄜州，

治所在今陕西省富平縣。

[3]貞元：金海陵王年號（1153—1156）。

[4]内省使：本書《百官志》不載，待考。

[5]中都路都轉運使：中都都轉運司長官。正三品。中都路，京路名，治所在今北京市。

[6]順義：此指順義軍節度使，爲節度州長官。從三品。順義軍設在朔州，治所在今山西省朔州市。　興平：此指興平軍節度使，爲節度州長官。從三品。興平軍設在平州，治所在今河北省盧龍縣。

[7]太子詹事：東宫屬官。詹事院長官。掌總統東宫内外庶務。從三品。

[8]沁南：軍鎮名。設在懷州，治所在今河南省沁陽市。

後十餘年，晀子孫、司徒張通古子孫，[1]皆不肖淫蕩，破貲産，賣田宅。世宗聞之，詔曰："自今官民祖先亡没，子孫不得分割居第，止以嫡幼主之，毋致鬻賣。"仍著于令。

[1]司徒：三公之一。正一品。　張通古：渤海人。本書卷八三有傳。

金史　卷八二

列傳第二十

郭藥師 子安國　耶律塗山　烏延胡里改　烏延吾里補　蕭恭　完顔習不主　紇石烈胡剌　耶律恕　郭企忠　烏孫訛論　顔盞門都　僕散渾坦　鄭建充　烏古論三合　移剌温　蕭仲恭 子拱　蕭仲宣　高松　海陵諸子 光英 元壽　矧思阿補　廣陽

郭藥師，渤海鐵州人也。[1]遼國募遼東人爲兵，[2]使報怨于女直，號曰"怨軍"，[3]藥師爲其渠帥。斡魯古攻顯州，[4]敗藥師于城下。遼帝亡保天德，[5]耶律捏里自立，[6]改"怨軍"爲"常勝軍"，擢藥師諸衛上將軍。[7]

[1]鐵州：渤海鐵州在今吉林省敦化市西南馬號村。遼鐵州在遼寧省營口市東南湯池，一説遼鐵州治所在今遼寧省鞍山市。據下句"募遼東人爲兵"，此句當爲"鐵州渤海人也"。

[2]遼東：遼末政區名。爲契丹天下八路之一。其範圍大體上相當於金東京路轄區，故金代也用來代指東京路。

[3]怨軍：遼末軍名。遼天慶六年（1116），秦晋國王耶律淳爲都元帥，募中京道及東京道西部饑民爲怨軍，取報怨於金人之意。天慶七年，置怨軍八營共二萬八千人。遼保大元年（1121），

怨軍作亂，事平後，選二千人爲四營，由奚六部大王回离保統率，其餘約二萬四千人分置南京（今北京）周圍。保大二年，回离保等挾怨軍擁立耶律淳爲帝，怨軍改號常勝軍。同年末，郭藥師率怨軍大部降宋。後曾助宋擊敗奚王回离保部，進攻遼南京。金天會三年（1125）郭藥師降金。後怨軍被遣散。

[4]斡魯古：女真人。即斡魯古勃堇，金宗室子。本書卷七一有傳。　顯州：遼州名。治所在今遼寧省北寧市西南北鎮廟。金天輔七年（1123）升爲廣寧府，治所移至今遼寧省北寧市。

[5]天德：軍名。治所在今内蒙古自治區烏拉特前旗東北。

[6]耶律捏里：契丹人。又名耶律淳，受封爲秦晋國王。事詳《遼史》卷三〇《天祚紀》。

[7]諸衛上將軍：遼官名。爲遼諸衛官之一，位在諸衛大將軍之下。具體爲何衛不詳。

捏里死，其妻蕭妃稱制，[1]藥師以涿、易二州歸于宋。[2]藥師以宋兵六千人奄至燕京，甄五臣以五千人奪迎春門，[3]皆入城。蕭妃令閉城門與宋兵巷戰。藥師大敗，失馬步走，踰城以免。宋人猶厚賞之。

[1]蕭妃：耶律捏里之妻。事詳《遼史》卷三〇《天祚紀》。

[2]涿：遼州名。治所在今河北省涿州市。　易：遼州名。治所在今河北省易縣。

[3]燕京：京路名。遼開泰元年（1012）改原南京爲燕京，金初因之。海陵貞元元年（1153）遷都於此，改名中都。治所在今北京市。　甄五臣：宋將。本書僅此一見。　迎春門：燕京城門名。按《遼史》卷四〇《地理志四》燕京“八門：東曰安東、迎春”，此爲燕京東門之一。

太祖割燕山六州與宋人，[1]宋使藥師副王安中守燕山。[2]及安中不能庇張覺而殺之，[3]函其首以與宗望，[4]藥師深尤宋人，而無自固之志矣。宗望軍至三河，[5]藥師等拒戰于白河。[6]兵敗，藥師乃降。宗望遂取燕山。

[1]太祖：廟號。本名阿骨打，漢名旻。1115 年至 1123 年在位。　割燕山六州與宋人：金天輔七年（1123）金人如約割燕京及涿、易、檀、順、景、薊六州給宋。金天會三年（1125）宋金間發生戰争，金人奪回上述地區。

[2]王安中：宋將。《宋史》卷三五二有傳。

[3]張覺：本書卷一三三有傳。

[4]宗望：女真人。本名斡魯補，又作斡离不，金太祖子。本書卷七四有傳。

[5]三河：縣名。治所在今河北省三河市。

[6]白河：即古之沽河，源出獨石口外沽源之土山，南流至北京市密雲縣與潮河合，亦稱潮白河，南至北京市通州區爲北運河。

太宗以藥師爲燕京留守，[1]給以金牌，[2]賜姓完顔氏。從宗望伐宋，凡宋事虚實，藥師盡知之。宗望能以懸軍深入，駐兵汴城下，[3]約質、納幣、割地，全勝以歸者，藥師能測宋人之情，中其肯綮故也。及兩鎮不受約束，命諸將討之，藥師破順安軍營，[4]殺三千餘人。海陵即位，[5]詔賜諸姓者皆復本姓，[6]故藥師子安國仍姓郭氏。

[1]太宗：廟號。本名吴乞買，漢名晟。1123 年至 1135 年在位。　燕京留守：燕京留守司長官，兼本府府尹、本路兵馬都總

管。正三品。

[2]金牌：金代牌符的一種。金太祖時始製金牌、銀牌、木牌，分賜給萬户、猛安、謀克等官佩帶，以爲符信。其中以金牌最爲高貴。

[3]汴：京路名。爲北宋都城，金初爲汴京，海陵貞元元年（1153）改爲南京。治所在今河南省開封市。

[4]順安軍：遼軍鎮名。治所在今河北省高陽縣境。

[5]海陵：封號。即完顏迪古迺，漢名亮。1149年至1161年在位。

[6]賜諸姓者：施國祁《金史詳校》卷八上認爲，"賜諸"當作"諸賜"。本書卷一三二《完顏元宜傳》："天德三年，詔凡賜姓者皆復本姓。"

郭安國，藥師子也。累遷奉國上將軍、南京副留守。[1]貞元三年，[2]南京大内火，海陵使右司郎中梁銶、同知安武軍節度事王全按問失火狀。[3]留守馮長寧、都轉運使左瀛各杖一百，[4]除名。安國及留守判官大良順各杖八十，[5]削三官。火起處勾當官南京兵馬都指揮使吴濬杖一百五十，[6]除名。失火位押宿兵吏十三人並斬。諭之曰："朕非以宫闕壯麗也。自即位以來，欲廵省河南，[7]汝等不知防慎，致外方姦細，燒延殆盡。本欲處爾等死罪，特以舊人寬貸之。押宿人兵法當處死，疑此輩容隱姦細，故皆斬也。"

[1]奉國上將軍：武散官。爲從三品上階。　南京副留守：南京留守司屬官，兼本府少尹、本路兵馬副都總管。從四品。

[2]貞元：金海陵王年號（1153—1156）。

[3]右司郎中：尚書省屬官。掌本司奏事，總察兵、刑、工三

部受事付事，兼帶修起注。正五品。　梁銶：海陵時爲右司郎中，世宗初爲户部尚書，因李石冒支倉粟事削官四階，降知火山軍。　同知安武軍節度事：節度州屬官。爲節度使之佐，協助節度使處理一州政務。正五品。安武軍，軍鎮名，設在冀州，治所在今河北省冀州市。　王全：本書共計四人名王全，此人僅此處一見。

[4]留守：此指南京留守，爲南京留守司長官。正三品。　馮長寧：本書僅此一見。　都轉運使：都轉運司長官。掌税賦錢穀，倉庫出納，權衡度量之制。正三品。按本書卷五七《百官志三》，“惟中都路置都轉運司，餘置轉運司”，與此異。本書卷五《海陵紀》，“以汴京路都轉運使左瀛等爲賀宋正旦使”，證更名南京前亦爲都轉運使司。《百官志》誤。　左瀛：左企弓次子。金天德四年（1152）曾爲賀宋正旦使。

[5]留守判官：此處指南京留守判官，爲南京留守司屬官。掌總理衆務，分判兵案之事。從五品。　大良順：渤海人。另見於本書卷八七。

[6]南京兵馬都指揮使：南京兵馬司長官。掌巡捕盜賊，提控禁夜，糾察賭博及宰牛馬，總判司事。正五品。　吴濬：本書僅此一見。

[7]河南：指南京路。

安國性輕躁，本無方略。海陵將伐宋，[1]以安國將家子，擢拜兵部尚書，[2]改刑部尚書。[3]軍興，領武捷軍都總管，[4]與武勝、武平軍爲前鋒。[5]海陵授諸將方略，安國前奏曰：“趙構聞王師至，[6]其勢必逃竄。臣等不以遠近，追之獲而後已，但置之何地？”海陵大喜曰：“卿言是也。得構即置之寺觀，嚴兵守之。”及聞世宗即位，海陵謀北還，更置浙西道兵馬都統制府，[7]以完顔元宜爲都統制，[8]安國副之。[9]及海陵遇弑，衆惡安國所爲，與李通輩皆殺之。[10]

[1]海陵將伐宋：據本書卷五《海陵紀》，海陵公布伐宋事在正隆四年（1159）二月，是時兵部尚書是蕭恭，非郭安國。

[2]兵部尚書：尚書省兵部長官。掌兵籍、軍器、城隍、厩牧、鋪驛、車輅、儀仗、郡邑圖志、險阻、障塞、遠方歸化等事。正三品。

[3]刑部尚書：尚書省刑部長官。掌律令、刑名、監户、官户、配隸、功賞、捕亡等事。正三品。

[4]武捷軍都總管：海陵南征時分天下兵馬爲三十二路，每路設都總管、副總管。此爲三十二都總管之一，爲武捷軍指揮官，負責統領本路兵馬對宋作戰。南征失敗後取消，故本書《百官志》不載。

[5]武勝、武平軍：皆金部隊名。海陵南征時分天下兵馬爲三十二路，武勝、武平皆當時部隊稱號。

[6]趙構：即宋高宗。

[7]浙西道兵馬都統制府：官署名。南征途中增設的臨時性軍事機構，長官爲浙西道兵馬都統制，負責指揮各總管的部隊作戰。南征失敗後取消，故本書《百官志》不載。

[8]完顏元宜：契丹人。本姓耶律，本名阿列，一名移特輦。本書卷一三二有傳。　都統制：全稱爲浙西道兵馬都統制，爲南征途中增設的臨時性軍事機構浙西道兵馬統制府的長官。原脱“制”字，據中華點校本補。

[9]副之：是時郭安國官爲浙西道兵馬副統制，負責協助浙西道兵馬都統制完顏元宜，指揮各總管的部隊作戰。

[10]李通：本書卷一二九有傳。

贊曰：郭藥師者，遼之餘孽，宋之厲階，金之功臣也。以一臣之身而爲三國之禍福，如是其不侔也。魏公叔痤勸其君殺衛鞅，[1]豈無所見歟。

[1]魏公叔痤：戰國時魏國大臣。曾連任魏武侯、魏惠王相國。他臨終前向魏王舉薦他的門客商鞅，並勸魏王如不能任用就殺了他，免爲他國所用。　衛鞅：即商鞅（約前390—前338）。姓公孫氏，名鞅，因爲是衛國人，故又名衛鞅。初爲魏公叔痤門客，後入秦。秦孝公時執掌秦國内政，實行變法。秦孝公死後被誣害處死。

耶律塗山系出遥輦氏，[1]在遼世爲顯族。塗山仕至金吾衛大將軍、遥里相温。[2]遼帝奔天德，塗山以所部降，宗翰承制授尚書，[3]爲西北路招討使。[4]

[1]遥輦氏：契丹部族名。唐玄宗時，契丹大賀氏聯盟潰散，重建部落聯盟之後，由遥輦氏阻午可汗任聯盟長。此後的聯盟長均由遥輦氏族中選充，稱可汗。遥輦可汗凡傳九世。耶律阿保機建國以後，遥輦九可汗的後裔各有斡魯朵，稱遥輦九帳，與皇族、后族諸帳並立。

[2]金吾衛大將軍：武散官。即後來的金吾衛上將軍，金爲正三品，遼制不詳。　遥里相温：遥里，遼部族名，下轄三石烈，爲遼聖宗三十四部之一。據《遼史》卷三三《營衛志》："遥里部居潭、利二州間。"相温，應是詳穩的同音異譯。爲部族詳穩司長官，掌本部族軍、政事務。據《遼史》卷三五《兵衛志》，遥里部隸東北路統軍司。

[3]宗翰：女真人。本名粘没喝，漢語訛爲粘罕，國相撒改之子。本書卷七四有傳。　尚書：尚書省下屬機構六部的長官。此時金尚未置尚書省，應是沿遼舊制以賞遼降官。不詳其爲何部尚書。

［4］西北路招討使：遼於鎮州設西北路招討司，以招討使主之。金初改爲都統司，時以宗翰爲西南、西北兩路都統。從下文來看，塗山率遥里部降後，“率本部爲先鋒”，成爲宗翰部軍事首領，故此尚書、西北路招討使皆爲金人襲遼制授予的官稱，其職務與官名無關。

宗翰伐宋，塗山率本部爲先鋒。至汾州，[1]遇宋將折家軍，[2]請濟師，併力破之。從攻太原、隆德府，[3]從入汴，克洛陽。[4]及從婁室平陝右。[5]

［1］汾州：遼州名。治所在今山西省汾陽縣。

［2］折家軍：折氏家族在北宋時世出名將，駐守西北，抵抗西夏，號折家軍。金初與金作戰，兵敗後降金。

［3］太原：府名。治所在今山西省太原市。　隆德府：北宋崇寧三年（1104）以潞州改置，治所在今山西省長治市。金復降爲潞州。

［4］洛陽：縣名。治所在今河南省洛陽市。

［5］婁室：女真人。本書卷七〇有傳。

天會七年，[1]授太子少保。[2]十年，遷尚書左僕射。[3]致仕，卒，年九十一。正隆例贈特進、郜國公。[4]

［1］天會：金太宗年號（1123—1134），金熙宗初年沿用不改（1135—1137）。

［2］太子少保：東宫屬官。宫師府三少之一。正三品。

［3］尚書左僕射：金初襲宋、遼之制，以尚書左、右僕射爲宰相。按本書卷七八《韓企先傳》，“太祖始定燕京，始用漢官宰相賞左企弓等”，卷七五《左企弓傳》，“企弓守太傅、中書令，仲文樞

密使、侍中、秦國公，勇義以舊官守司空，公弼同中書門下平章事、樞密副使權知院事、簽中書省”，則是時尚無尚書左僕射一官。“太宗初年，無所更改”，“斜也、宗幹當國，勸太宗改女直舊制，用漢官制度。天會四年，始定官制，立尚書省以下諸司府寺”，則此官之設當在天會四年（1126）。本書卷七八《韓企先傳》天會“十二年，以企先爲尚書右丞相”，則至晚到天會十二年，已取消尚書左僕射一職，改爲尚書左丞相。此爲金初舊制，故本書《百官志》不載。

[4]正隆：金海陵王年號（1156—1161）。　特進：文散官。爲從一品中次階。　部國公：封爵名。天眷格，爲小國封號第十二。

烏延胡里改，曷懶路星顯水人也。[1]後授愛也窟謀克，[2]因家焉。

[1]曷懶路：一作合懶路，治所在今朝鮮咸鏡南道咸興城南五里處。　星顯水：即今吉林省延吉市境内的布林哈通河。

[2]愛也窟謀克：謀克名。日本學者三上次男《金代女真研究》認爲，愛也窟河即今圖們江上游。此謀克居住地當在此處。烏延胡里改是因爲任此職而由布林哈通河流域遷居到圖們江上游地區，所以下文纔説“因家焉”。　謀克：百夫長。爲女真族的軍事與地方行政設置名稱及職名，也用作世襲榮譽爵稱。

從闍母圍平州，[1]有功。及伐宋，圍汴，五謀克與宋兵萬人遇于城南，胡里改先馳擊，敗之，元帥府遂賞良馬一匹。[2]天會五年，[3]攻宗城縣，[4]敵棄城走恩州，[5]胡里改追殺千餘人，獲車四百兩。[6]帥府賞牛三十頭、馬一匹。七年，討泰山群盜，[7]平之，毀其營栅。兖州群寇三千餘保據山險,[8]胡里改復破之。賞牛二十二頭、馬四匹。八年，攻廬州,[9]至柘皋鎮,[10]胡里改領甲士三十爲前鋒，執宋所遣持書與劉四厢錡者七人。[11]復以先鋒軍攻和州,[12]比至含山縣五里,[13]獲甲士二人，乃知宋三將將兵且至，胡里改伏其軍，遂獲姚觀察。[14]帥府賞馬二匹。九年，定陝右，胡里改以所部遇敵千人，敗之，生擒甲士一人，盡得敵之虛實。又從蒲魯渾徇地熙、秦,[15]敗敵兵二千於秦州，賞馬一匹。宋人屯襄陽府,[16]監軍按補遣胡里改領四猛安往攻之。[17]宋兵三千已渡江，方營壁壘，乘其未就，突戰破之。梁王宗弼復河南,[18]將攻陳州,[19]遣胡里改以甲士三十捕偵候人。至蔡州西,[20]遇兵八十餘，戰敗之，獲南頓縣令。[21]及攻陳州，夜將四更，忽聞敵開門潰走，胡里改亟領二謀克軍追及之，而猛安突葛速亦領軍繼至,[22]大敗之。

[1]闍母：女真人。本書卷七一有傳。　平州：治所在今河北省盧龍縣。金天輔七年（1123）建號南京，天會四年（1126）復爲平州。

[2]元帥府：官署名。金於天會二年設元帥府，掌征討之事。長官爲都元帥，從一品。下設左、右副元帥，元帥左、右監軍，元帥左、右都監。

[3]天會五年：原脱“天會”二字，從中華點校本補。

[4]宗城縣：治所在今河北省威縣東邵固村。

[5]恩州：北宋慶曆八年（1048）改貝州置。治所在今河北省清河縣西，金移治山東省武城縣東北舊城。

[6]兩：同“輛”。

[7]泰山：五嶽之一。在今山東省泰安市。

[8]兖州：治所在今山東省兖州市。

[9]廬州：治所在今安徽省合肥市。

[10]柘皋鎮：北宋屬巢湖。在今安徽省巢湖市西北柘皋。

[11]劉四廂錡：指劉錡，字叔信。建炎中爲隴右都護，爲夏人所畏。南宋紹興中充東京副留守，率八字軍赴任，於順昌敗金軍。次年與張浚、楊沂中取得柘皋之捷。旋爲秦檜、張俊所忌，罷兵權，知荆南府。海陵南征時起爲江淮浙西制置使，守淮東，老病不能治事。次年病死。廂爲北宋部隊第一級編制單位，一廂轄十軍，一軍轄五至十指揮，一指揮轄五都，一都百人。一廂的編制應爲二萬五千人，而實際往往不足額。廂的統兵官稱廂都指揮使。此稱四廂，則此時宋兵當是號稱十萬。

[12]和州：治所在今安徽省和縣。

[13]含山縣：治所在今安徽省含山縣。

[14]姚觀察：觀察即觀察使，宋官名。宋承唐制設諸州觀察使，無職掌，無定員，不駐本州，僅爲武臣寄禄之官，高於防禦使而低於承宣使。此處指姚姓觀察使，本書僅此一見。名不詳。

[15]蒲盧渾：女真人。即烏延蒲盧渾。本書卷八〇有傳。　熙：州名。治所在今甘肅省臨洮縣。　秦：州名。治所在今甘肅省天水市。

[16]襄陽府：北宋宣和元年（1119）以襄州改置，治所在今湖北省襄陽市。

[17]監軍：軍官名。爲行軍中部隊的指揮官，不同於元帥府屬官監軍。　按補：本書僅此一見。

[18]梁王：封爵名。天眷格，爲大國封號第三。　宗弼：女真人。本名斡啜，又作兀术，亦作斡出，或作晃斡出，金太祖之子。本書卷七七有傳。

[19]陳州：治所在今河南省淮陽縣。

[20]蔡州：治所在今河南省汝南縣。

[21]南頓縣令：宋縣官名。南頓縣治所在今河南省項城市

西南。

[22]猛安：千夫長。女真族的軍事和地方行政設置名稱及職名，也用爲世襲榮譽爵號。　突葛速：女真人。一作突合速，本書卷八〇有傳。

皇統二年，[1]遷定遠大將軍。[2]八年，授臨洮少尹，[3]兼熙秦路兵馬副都總管。[4]九年，改同知京兆尹，[5]兼本路兵馬都總管。[6]天德，[7]改同知平陽尹，[8]兼河東南路兵馬都總管。[9]貞元三年，改同知曷懶路總管。[10]大定四年，[11]授胡里改節度使。[12]七年，改歸德軍節度使。[13]十年，移鎮顯德。[14]卒官，年六十九。十九年，詔授其子五十六武功將軍，[15]世襲本路婆朶火河謀克。[16]

[1]皇統：金熙宗年號（1141—1149）。

[2]定遠大將軍：武散官。爲從四品中階。

[3]臨洮少尹：府屬官。爲府尹之佐，負責協助府尹處理本府政務。正五品。臨洮即臨洮府，治所在今甘肅省臨洮縣。

[4]熙秦路兵馬副都總管：熙秦路總管府屬官，例兼本府少尹。負責協助總管統領部隊，處理本府政務。正五品。熙秦路，路名，始設於金皇統二年（1142），大定二十七年（1187）改名爲臨洮路，治所在今甘肅省臨洮縣。

[5]同知京兆尹：府屬官。爲府尹之副佐，協助府尹處理本府政務。正四品。京兆即京兆府，治所在今陝西省西安市。

[6]本路兵馬都總管：諸總管府長官。掌統諸城兵馬甲仗，總判府事。正三品。本路指京兆府路，治所在今陝西省西安市。

[7]天德：此處應指海陵王的年號天德（1149—1153）。此下

疑有脱文，少“某年”或“年間”。施國祁《金史詳校》卷八上認爲“天德”下當加“間”字。

[8]同知平陽尹：爲府尹之副佐。正四品。平陽即平陽府，治所在今山西省臨汾市。

[9]河東南路兵馬都總管：河東南路總管府長官。正三品。河東南路治平陽府。

[10]同知曷懶路總管：總管府屬官，例兼本府同知。負責協助總管統領部隊，處理本府政務。從四品。

[11]大定：金世宗年號（1161—1189）。

[12]胡里改節度使：節度州長官。掌鎮撫諸軍防刺，總判本鎮兵馬之事。從三品。胡里改路治所在今黑龍江省依蘭縣喇嘛廟。

[13]歸德軍節度使：節度州長官。從三品。原與殿本同作“歸順軍”，按金無歸順軍，中華點校本從施國祁《金史詳校》卷八上改爲“歸德軍”，今從之。歸德軍設在宗州，治所在今遼寧省綏中縣西南前衛鎮。

[14]顯德：此指顯德軍節度使，爲節度州長官。從三品。顯德軍，軍鎮名。本書共九見，《地理志》不載，具體地點不詳。考之卷一〇三《紇石烈桓端傳》，“婆速路温海甲世襲猛安、權同知府事温迪罕哥不靄遷顯德軍節度使，兼婆速府治中”，則顯德軍當屬婆速府路。

[15]五十六：女真人。即烏延五十六。本書僅此一見。　武功將軍：武散官名。另見於本書卷八一、八七、九一、一二〇，皆用於封贈功臣之子。“武功”疑即“武略”，見中華點校本卷八七校勘記。武略即武略將軍，武散官，爲從六品下階。

[16]婆朶火河謀克：謀克名。婆朶火河不詳。

烏延吾里補，曷懶路禪嶺人也。[1]從大名路。[2]天會中，從其父達吉補隸元帥右監軍麾下。[3]撻懶以事赴闕，[4]以達吉補自隨。吾里補領其父謀克，從大軍攻滄州。[5]方夷濠隍，城中兵來拒，吾里補以本部擊却之。王師下青州，[6]力戰有功，獲馬百匹以獻，降獲賊黨甚衆。

[1]禪嶺：山名。所在地不詳。施國祁《金史詳校》卷八上認爲，“禪”下脱“春”字。

[2]大名路：即大名府路。治大名府，治所在今河北省大名縣東。

[3]達吉補：女真人。按天會中伐宋，元帥右監軍爲完顔希尹，屬西路軍。撻懶爲六部路軍帥，屬東路軍。以下文進軍路綫來看，達吉補、吾里補父子屬東路軍，應是撻懶部下。此稱隸元帥右監軍，疑誤。　元帥右監軍：都元帥府屬官。位在都元帥、左右副元帥、元帥左監軍之下。正三品。

[4]撻懶：女真人。即完顔昌，金穆宗子。本書卷七七有傳。

[5]滄州：治所在今河北省滄州市東南四十里舊州鎮。

[6]青州：治所在今山東省青州市。

青州戍將覵吉補以萊州兵衆，[1]請濟於帥府。吾里補將十二謀克兵往救之。遂降其四營，拔其一營，得户四千。又敗賊兵五萬于恩州，攻破其營，降户五萬，獲牛畜萬餘。將至臨清縣，[2]遇敵兵三千，又敗之，俘獲甚衆，生擒賊首以獻。帥府嘉其功，以奴婢百、牛三十賞之。時覵吉補敗于恩州之境，吾里補復以兵四千往救之，破敵萬餘。

[1]覵吉補：本書僅此一見。　萊州：治所在今山東省掖縣。

[2]臨清縣：舊治所在今河北省臨西縣西，金移至山東省臨清市西南。

宋兵十萬在單父間，[1]總管宗室移剌屋選步卒一萬、騎兵四千往討之。[2]吾里補領其親管謀克以從，遇敵先登，力戰有功。大軍經略密州，[3]吾里補將兵二千爲前鋒，遇敵萬人于高密，[4]遂敗其衆，追至城下，殺戮殆盡，獲馬牛三千餘。吾里補與孛太欲敗賊王義軍十餘萬于州南。[5]是夜，賊兵數千來襲營，吾里補以兵横擊走之。後從大軍攻楚、揚、通、泰等州。[6]

[1]單父：縣名。治所在今山東省單縣南。

[2]移剌屋：女真人。本書僅此一見。

[3]密州：治所在今山東省諸城市。

[4]高密：治所在今山東省高密市。

[5]孛太欲：本書僅此一見。施國祁《金史詳校》卷八上認爲，“孛”下脱“菫”字，以太欲爲人名。　王義：此名本書中共三見，但應分别是三人。

[6]楚：州名。治所在今江蘇省淮安市。　揚：州名。治所在今江蘇省揚州市。　通：州名。治所在今江蘇省南通市。　泰：州名。治所在今江蘇省泰州市。

天眷二年，[1]襲其父世襲猛安，授寧遠大將軍。[2]皇統七年，益以親管謀克。天德三年，除同知歸德尹。[3]正隆初，爲唐古部族節度使。[4]大定二年，爲保大軍節度使。[5]是歲，改鎮通遠。[6]是時，宋軍十萬餘入河、隴，[7]據險要，攻郡邑。元帥左都監合喜奏益兵。[8]詔益兵七千，遣吾里補與彰化軍節度使宗室璋等七人偕往，[9]以備任使。進階龍虎衛上將軍。[10]卒于軍中。

[1]天眷：金熙宗年號（1138—1140）。

[2]寧遠大將軍：武散官。烏延蒲轄奴與僕散忠義都是以此官階任防禦使，烏延吾里補以此官階任同知歸德尹，可證爲從四品。本書卷五五《百官志一》，從四品上階爲安遠大將軍、中階爲定遠大將軍、下階爲懷遠大將軍，無寧遠大將軍。《大金國志》卷三四同。此爲何階不詳。

[3]同知歸德尹：府屬官。爲府尹之副佐。正四品。歸德即歸德府，治所在今河南省商丘市南。

[4]唐古部族節度使：唐古部長官。掌統制所部，鎮撫諸軍，總判部事。從三品。唐古爲女真部族名，世與金皇室通婚，居住地在呼蘭河北支通肯河與雙陽河流域。

[5]保大軍節度使：節度州長官。從三品。保大軍設在鄜州，治所在今陝西省富縣。

[6]通遠：此指通遠軍節度使，爲節度州長官。從三品。通遠軍設在鞏州，治所在今甘肅省隴西縣。

[7]河隴：原作“阿隴”，從中華點校本改。

[8]元帥左都監：都元帥府屬官。位在都元帥、左右副元帥、左右監軍之下。從三品。　合喜：女真人。即徒單合喜。本書卷八七有傳。

[9]彰化軍節度使：節度州長官。從三品。彰化軍設在涇州，治所在今甘肅省涇川縣。　璋：女真人。本名胡麻愈。本書卷六五有傳。

[10]龍虎衛上將軍：武散官。爲正三品上階。

蕭恭字敬之，[1]乃烈奚王之後也。[2]父翊，天輔間歸朝，[3]從攻興中，[4]遂以爲興中尹。[5]師還，以恭爲質子。宗望伐宋，翊當領建、興、成、川、懿五州兵爲萬户，[6]軍帥以恭材勇，使代其父行，時年二十三。至中山，[7]宋兵出戰，恭先以所部擊敗之。經山東，[8]及渡淮，[9]襲康王，[10]皆在軍中。

[1]蕭恭：《大金國志》卷一三《海陵煬王上》作蕭德温。

[2]乃烈奚王：本書僅此一見。

[3]天輔：金太祖年號（1117—1123）。

[4]興中：府名。治所在今遼寧省朝陽市。

[5]興中尹：府長官，即府尹。掌宣風導俗，肅清所部，總判府事。正三品。

[6]建：州名。治所在今遼寧省朝陽市西黄荘灘上的喀喇城。　興：遼州名。治所在今遼寧省瀋陽市東北懿路村。金廢。　成：州名。治所在今遼寧省阜新市西北紅帽子村。　川：州名。遼置，治所在今遼寧省朝陽市東北。金大定中廢，承安中復置，治所在今遼寧省北票市東北八十里黑城子古城。泰和中又廢。　懿：州名。遼置，治所在今遼寧省阜新市東北塔營子村北。金移治今遼寧省阜新市東北塔營子村。　萬户：軍官名。金太祖時，對“材堪統衆”的軍官授以萬户官職，統領猛安、謀克，隸屬於都統，子孫世襲。海陵王天德三年（1151）取消，此後不復設。

[7]中山：府名。金天會七年（1129）降爲定州，後復爲府。治所在今河北省定州市。

[8]山東：路名。指山東東、西路。山東東路治所在今山東省青州市。山東西路治所在今山東省東平縣。

[9]淮：即今淮河。

[10]康王：指宋高宗趙構。

師還，帥府承制授德州防禦使，[1] 奚人之屯濱、棣間者，[2] 皆隸焉。改棣州防禦使。皇統間，改同知横海軍節度使。[3] 丁父憂，起復爲太原少尹，用廉，遷同知中京留守事。[4] 累遷兵部侍郎，[5] 授世襲謀克。坐問禁中起居狀，[6] 决杖，奪一官。貞元二年，爲同知大興尹。[7] 歲餘，遷兵部尚書，爲宋國生日使。以母憂去官，起復爲侍衛親軍馬步軍都指揮使。[8] 正隆四年，[9] 遷光禄大夫，[10] 復爲兵部尚書。

[1] 德州防禦使：防禦州長官。從四品。德州治所在今山東省陵縣。

[2] 濱：州名。治所在今山東省濱州市北濱城。　棣：州名。治所在今山東省惠民縣。

[3] 同知横海軍節度使：節度州屬官。正五品。横海軍設在滄州，治所在今河北省滄州市東南四十里舊州鎮。

[4] 同知中京留守事：中京留守司屬官。例兼同知本府尹、本路兵馬都總管，負責協助中京留守處理本路軍政事務。正四品。中京，京路名。治所在今内蒙古自治區寧城縣西大明城。

[5] 兵部侍郎：尚書兵部屬官。正四品。

[6] 坐問禁中起居狀：施國祁《金史詳校》卷八上認爲，此句前當加“天德初”三字。

[7] 同知大興尹：府屬官。府尹之副佐，從四品。大興即大興府，治所在今北京市西南。

[8] 侍衛親軍馬步軍都指揮使：侍衛親軍長官，例由殿前都點檢兼任。亦省稱爲侍衛親軍都指揮使。掌行從宿衛，關防門禁。正三品。金正隆五年（1160）罷侍衛親軍司後并入殿前都點檢司。

[9] 正隆四年：原無“正隆”二字，從中華點校本補。

[10]光禄大夫：文散官。爲從二品上階。

是歲，經畫夏國邊界，還過臨潼，[1]失所佩金牌。至太原，憂恚成疾。時已具其事，驛聞於朝，海陵復命給之，仍遣諭恭曰："汝失信牌，亦猶不謹。朕方俟汝，欲有委使，乃稱疾耶？必以去日身佩信牌，歸則無以爲辭，欲朕先知耳。"使至，恭已疾篤，稽顙受命，俄頃而卒。海陵方遣使與其子護衛九哥馳視，[2]乃戒府官使善護之，至保州，[3]已聞訃矣，海陵深悼惜之。命九哥護喪以還，所過州府設奠。[4]喪至都，命百官致祭。親臨奠，賻贈甚厚，并賜廄馬一。謂九哥曰："爾父銜命，卒於道途，甚可悼惜。朕乘此馬十年，今賜汝父，可常控至柩前。既葬，汝則乘之。"

[1]臨潼：縣名。治所在今陝西省臨潼縣。

[2]護衛：皇帝的衛戍部隊。定員二百人，由五至七品官子孫及宗室、親軍、諸局分承應人中選拔，考試合格方可録用，負責皇宫的警衛及行從宿衛。　九哥：本書僅此一見。

[3]保州：治所在今河北省保定市。

[4]州：地方建置名。金代州分節度州、防禦州、刺史州三種，節度州長官爲節度使，從三品；防禦州長官爲防禦使，從四品；刺史州長官爲刺史，正五品。隸屬於路或府，下轄縣。　府：地方建置名。金五京十四總管府所治皆設府，以留守或都總管兼府尹領之。另有散府九，以尹、同知、少尹各一員領之，下設府判、推官、府教授、知法各一員。下轄州、縣。

完顏習不主，年十六從伐宋，攻下懷仁縣，[1]功居最。從睿宗經略陝西，[2]以兵七百人入丹州諸山，[3]遇盜三千，擊敗之。又破賊四千，生擒其將帥。出隴州，以兵四百敗敵數千。宋兵七千來取鞏州，[4]復擊走之。又以五千兵敗吴玠之衆三萬。[5]白塔口遇敵五千，[6]復敗之。别降定遠等寨。[7]皇統二年，授同知臨洮尹，以憂去官。未期，以舊職起復，改孟州防禦使，[8]遷臨洮尹。復以罪罷。正隆三年，起爲京兆尹，改河南尹。[9]卒，年五十八。

[1]懷仁縣：治所在今江蘇省贛榆縣西北舊贛榆。金大定七年（1167）改名贛榆縣。

[2]睿宗：廟號。即完顔宗輔，女真人。本名訛里朶，金太祖子，金世宗父。大定年間追尊爲帝，改諱宗堯。見本書卷一九《世紀補》。　陝西：指陝西六路。即鄜延路、麟府路、涇原路、熙河路、環慶路和秦鳳路。金皇統二年（1142）并省爲四路，即京兆府路、熙秦路、鄜延路和慶原路。

[3]丹州：治所在今陝西省宜川縣。

[4]鞏州：治所在今甘肅省隴西縣。

[5]吴玠：宋將。《宋史》卷三六六有傳。

[6]白塔口：地名。所在地不詳。

[7]定遠：寨名。北宋元祐七年（1092）築，即今甘肅省榆中縣西北定遠鎮。

[8]孟州防禦使：防禦州長官。從四品。孟州治所在今河南省孟縣。

[9]河南尹：府長官，即府尹。正三品。河南即河南府，治所在今河南省洛陽市。

紇石烈胡剌，晦發川唵敦河人，[1]徙西北路。[2]識契丹字，爲帥府小吏。梁王宗弼復陝西，久不通問。睿宗在燕京，遣胡剌往候之。是時，宗弼自鳳翔攻和尚原，[3]使胡剌視彼中地形，修道築城。天會十二年，[4]往濱州密訪南邊事體，及觀劉豫治齊狀，[5]盡得其虚實。睿宗甚嘉之。

[1]晦發川：河名。即今輝發河。　唵敦河：河名。即今統河。

[2]西北路：指西北路招討司。長官爲招討使，掌招懷降附，征討携離。正三品。西北路招討司最初設在撫州，後遷至桓州。撫州治所在今河北省張北縣，一説在今内蒙古自治區興和縣境内。桓州治所在今内蒙古自治區正藍旗南黑城子。後北遷三十里建新桓州城，在今内蒙古自治區正藍旗北四郎城。

[3]鳳翔：府名。治所在今陝西省鳳翔縣。　和尚原：地名。在今陝西省寶鷄市西南。

[4]天會十二年：原脱“天會”二字，據中華點校本補。

[5]劉豫：本書卷七七與《宋史》卷二三四有傳。　齊：天會八年（1130），金太宗册立宋降將劉豫爲帝，國號齊。天會十五年廢，以原齊國統治區設行臺尚書省。

皇統初，從宗弼渡淮，及下廬、和二州，大破張浚、韓世忠等軍。[1]遣胡剌馳奏，賞以金盂、重綵五端、絹五匹。七年，授同知景州軍州事，[2]以廉，加忠武校尉。[3]天德初，以監察御史分司行臺，[4]歷同知濟州防禦使事，[5]入爲監察御史。秩滿再任。大定二年，遷刑部員外郎，[6]與御史大夫白彦敬往西北部族市馬。[7]累轉泗州防禦使，[8]三遷蒲與路節度使，[9]移寧昌軍，[10]卒。

[1]張浚：宋將。《宋史》卷三六一有傳。　韓世忠：宋將。《宋史》卷三六四有傳。

[2]同知景州軍州事：刺史州屬官。協助刺史處理本州軍政事務。正七品。景州治所在今河北省東光縣。

[3]忠武校尉：武散官。爲從七品上階。

[4]監察御史：御史臺屬官。掌糾察内外非違。正七品。　行臺：即行臺尚書省，官署名。管理原齊國統治區。金天眷元年（1138）改燕京樞密院爲行臺尚書省。天眷三年復移置於汴京。行臺尚書省各官品級較尚書省相應各官品級低一級。

[5]同知濟州防禦使事：防禦州屬官。掌通判防禦使事。正六品。濟州治所在今山東省濟寧市。

[6]刑部員外郎：尚書省刑部屬官。從六品。

[7]御史大夫：御史臺長官。掌糾察朝儀，彈劾官吏，勘察官府公事。原正三品，金大定十二年（1172）升從二品。　白彦敬：本名遥設。本書卷八四有傳。

[8]泗州防禦使：防禦州長官。從四品。泗州治所在今江蘇省盱眙縣。

[9]蒲與路節度使：蒲與路長官。從三品。蒲與路治所在今黑龍江省克東縣金城鄉古城。

[10]寧昌軍：此指寧昌軍節度使，爲節度州長官。從三品。寧昌軍設在懿州，遼置州，治所在今遼寧省阜新市東北塔營子村北。金移治今遼寧省阜新市東北塔營子村。

耶律恕字忠厚，本名耨里，遼横帳秦王之族也。[1]爲人謹愿有志，喜讀書，通契丹大小字。與耶律高八來歸。[2]婁室問高八曰："與爾同來者，誰可任用治軍旅事？"高八對曰："耨里可。"

[1]横帳：遼宗室宫帳名。遼太祖祖父匀德實生四子，長子麻魯早卒，次子岩木後裔爲孟父房，三子釋魯後裔爲仲父房，四子德祖撒剌的後裔爲季父房。合稱三父房。三房族屬宫帳稱横帳，爲遼皇族顯貴。　秦王：遼封爵名。

[2]耶律高八：契丹人。本書僅見於本卷。

婁室與宗翰伐宋，恕隸前鋒，取和尚原，攻仙人關，[1]特爲睿宗所知，再除太原、真定少尹。[2]撒离喝辟署陝西參謀，[3]委以軍務，遷行臺兵部侍郎，[4]再遷尚書左司郎中。[5]

[1]仙人關：在今甘肅省徽縣東南。

[2]真定少尹：府屬官。府尹佐貳。正五品。真定即真定府，治所在今河北省正定縣。

[3]撒离喝：女真人。一作撒剌喝，又作撒离合，漢名杲。本書卷八四有傳。　陝西參謀：元帥府陝西屬官。

[4]行臺兵部侍郎：行臺尚書省兵部屬官。從五品。

[5]尚書左司郎中：尚書省屬官。掌本司奏事，總察吏、户、禮三部受事付事，兼帶修起居注官。

海陵爲平章政事，[1]謂恕曰："君亦有黨乎？"恕正色曰："窮則獨善其身，達則兼善天下。不以其道得之，非恕之志也。何朋黨之有。"海陵徐曰："前言戲之耳。"

[1]平章政事：尚書省宰相。掌丞天子，平章萬機。從一品。

久之，爲沁南軍節度使，[1]遷行臺工部尚書。[2]行臺罷，改安國軍節度使，[3]爲參知政事。[4]以疾求解，爲興中尹，入爲太子少保。正隆元年，致仕。封廣平郡王。[5]薨，年六十九。二年，例贈銀青光禄大夫。[6]

[1]沁南軍節度使：節度州長官。從三品。沁南軍設在懷州，治所在今河南省沁陽市。

[2]行臺工部尚書：行臺尚書省工部長官。從三品。

[3]安國軍節度使：節度州長官。從三品。安國軍設在邢州，治所在今河北省邢臺市。

[4]參知政事：爲執政官，宰相之貳，佐治省事。從二品。

[5]廣平郡王：封爵名。爲封王之郡號第二。

[6]銀青光禄大夫：文散官。即正二品下階的銀青榮禄大夫。

郭企忠字元弼，唐汾陽王子儀之後。[1]郭氏自子儀至承勳，皆節鎮北方。唐季，承勳入于遼，子孫繼爲天德軍節度使，[2]至昌金降爲副使。[3]

[1]唐汾陽王子儀：即唐代名將郭子儀。《舊唐書》卷一二〇與《新唐書》卷一三七有傳。

[2]天德軍節度使：遼州官名。爲節度州長官。

[3]副使：即節度副使。爲節度使之佐，參掌本州政、軍務。從五品。

企忠幼孤，事母孝謹。年十三，居母喪，哀毁如成人。服除，襲父官，加左散騎常侍。[1]天輔中，[2]大軍至雲中，遣耶律坦招撫諸部。[3]企忠來降。軍帥命同勾當天德軍節度使事，[4]徙所部居于韓州。[5]及見太祖，問知其家世，禮遇優厚，以白鷹賜之。

[1]左散騎常侍：遼官名。門下省屬官。

[2]雲中：縣名。治所在今山西省大同市。

[3]耶律坦：本書卷七六作“耶律坦招西南招討司及所屬諸部”。

[4]同勾當天德軍節度使事：天德軍屬官。協助節度使處理本州政務。

[5]韓州：治所在今吉林省梨樹縣偏臉城。

天會三年，伐宋，領西南諸部番、漢軍兵，爲猛安，從破雁門，[1]屯兵，加桂州管内觀察留後，[2]鎮代州。[3]明年，賊楊麻胡等聚衆數千于五臺，[4]企忠與同知州事迪里討平之。[5]遷知汾州事。[6]

[1]雁門：縣名。治所在今山西省代縣。

[2]桂州管内觀察留後：桂州本唐静江軍節度使治所。遼金設此官乃是遥領虛置，並無此地。留後，官名，據下文即以此加官留鎮代州。

[3]代州：治所在今山西省代縣。

[4]楊麻胡：本書僅此一見。　五臺：縣名。治所在今山西省五臺縣。金貞祐四年（1216）升爲臺州。

[5]同知州事：爲刺史之佐。據本書卷二六《地理志下》，代州“天會六年置震武軍節度使”。　迪里：本書共三人名迪里，此人僅此一見。

[6]知汾州事：帶京朝官銜或試職者主持州事時稱知州事。

是時，汾州初下，居民多爲軍士掠去，城邑蕭然。企忠詣帥府力請，願聽其親舊贖還，帥府從之。未幾，完實如故。石州賊閻先生衆數萬至城下，[1]僚屬慮有内變，請爲備。企忠曰："吾於汾人有德，保無他。"乃率吏民城守。會援至，合擊破之。

[1]石州：治所在今山西省離石縣。　閻先生：本書僅此一見。

六年，改静江軍節度留後，[1]遷天德軍節度使、汴京步軍都指揮使，[2]累遷金吾衛上將軍。[3]秩滿，權沁州刺史。[4]到官歲餘，卒，年六十八。

[1]静江軍節度留後：唐設静江軍，遼金無此地名，此職爲遥領虚置。

[2]汴京步軍都指揮使：汴京兵馬司屬官。從六品。

[3]金吾衛上將軍：武散官。爲正三品中階。

[4]權沁州刺史：刺史州長官。正五品。代理攝守之官稱"權"。沁州治所在今山西省沁縣。

烏孫訛論，善騎射，襲父撒改謀克，[1]從蒙刮攻東京及廣寧，[2]擊北京山賊，[3]皆有功。蕭霸哲來攻恩州，[4]訛論以六十騎偵之。逮夜，遇敵數百騎，掩擊之，生獲三人，知霸哲衆九萬且至，故蒙刮得以爲備，遂破霸哲。

[1]撒改：本書僅此一見。

[2]蒙刮（kuò）：女真人。即大定間定衍慶亞次功臣銀青光禄

大夫蒙適。本書卷二、七一、七二、七七作“蒙刮”，卷六五作“蒙葛”，卷七一作“瞢葛”，唯卷八〇作“蒙适”。“适”，與“刮”“葛”皆同音異譯。　東京：京路名。治所在今遼寧省遼陽市。　廣寧：府名。金天輔七年（1123）升顯州置，治所在今遼寧省北寧市。

［3］北京：京路名。治所在今内蒙古自治區寧城縣西大明城。

［4］蕭霸哲：本書僅此一見。

宗望伐宋，已至汴，訛論破尉氏、中牟援兵，[1]取其城。久之，以兵百五十人破敵一千於滄州西。明年，再伐宋。蒙刮戍開州，[2]訛論以騎四百守河，復敗千餘人，斬首七百餘。宗弼渡淮，阿里先具舟于江上，[3]聞王善兵扼其前。[4]宗弼使訛論濟師，敗王善于和州北。李成以兵七萬據烏江，[5]訛論帥二千人直前敗之。宗弼遂渡江至江寧。[6]

［1］尉氏：縣名。治所在今河南省尉氏縣。　中牟：縣名。治所在今河南省中牟縣境。

［2］開州：治所在今河南省濮陽市。

［3］阿里：女真人。即斜卯阿里。本書卷八〇有傳。

［4］王善：宋將。後降宗弼。事迹另見於本書卷七七、八〇、八一。

［5］李成：宋將。本書卷七九有傳。傳祇載其爲雄州人，歸齊，不記歸齊前與金戰事。本書卷一一八之“别遣李成等分保外垣”的李成爲另一人。　烏江：即今安徽省和縣東北烏江。

［6］江寧：宋府名。治所在今江蘇省南京市。

十五年，沂州竇防禦叛。[1]訛論敗之，獲竇防禦。録前後功，授猛安，加昭武大將軍。[2]宗弼再取河南，訛論以五十騎敗楊家賊五百於徐州東。[3]以功受賞，不可勝計。

[1]沂州：治所在今山東省臨沂市。　竇防禦：竇姓防禦使，其人不詳。本書僅此一見。

[2]昭武大將軍：武散官。爲正四品上階。

[3]徐州：治所在今江蘇省徐州市。

天德二年，除唐州刺史，[1]移淄州，[2]遷石壘部族節度使。[3]行至北京，病卒。

[1]唐州刺史：刺史州長官。正五品。唐州治所在今河南省唐河縣。

[2]淄州：此指淄州刺史，爲刺史州長官。正五品。淄州治所在今山東省淄博市東。

[3]石壘部族節度使：石壘部長官。從三品。石壘，部族名，居住地在今嫩江中游以西雅魯、綽爾兩河流域之地。

顏盞門都，隆州帕里干山人也。[1]身長，美鬚髯。天會間，從其兄羊艾在軍中。[2]方取汴京，其兄戰歿，遂擐甲代其兄充軍。

[1]帕里干山：張博泉認爲，帕里干山與本書卷七二《婁室傳》的婆剌趕山、卷九一《孛术魯阿魯罕傳》的隆州琶離葛山爲同一山。日本學者三上次男認爲，帕里干山是今吉林省農安縣東邊

的一座山，確切地點不詳。據《婁室傳》，山在移燉益海路與益改、捺末懶之間。移燉，即輝發河支流的一統河；捺末懶，即《遼東行部志》之南謀懶，在太平嶺。則帕里干山當位於隆州南部，可能是黑山山脉。

[2]羊艾：本書僅此一見。

睿宗定陝右，以門都爲蒲輦，[1]隸監軍杲親管萬户，[2]攻饒風關。[3]至坊州，[4]杲欲與總管蒲魯虎會於鳳翔，[5]遣門都領六十騎先往期會。及還，備得地形險阨，賞銀五十兩。其後梁王宗弼駐軍山東，遣人詣陝西，特召門都至。令齎廢齊及安撫百姓詔書，往諭監軍宗室杲。門都既還，宗弼賞以良馬銀絹。事畢，復遣從杲。

[1]蒲輦：謀克的副職。又譯作蒲里衍。一謀克轄兩蒲里衍，一蒲里衍管正軍（即甲軍）五十名。

[2]監軍：按本書卷八四《完顔杲傳》"天會十四年，爲元帥右監軍"，在此之後。　杲：女真人。本名撒离喝。本書卷八四有傳。

[3]饒風關：關名。在今陝西省石泉縣西北饒風嶺上。

[4]坊州：治所在今陝西省黄陵縣西南故邑。

[5]總管蒲魯虎：女真人。即烏延蒲魯虎，又作蒲盧渾，時爲河北西路兵馬都總管。本書卷八〇有傳。

天眷初，叛將定國軍節度使李世輔僞邀杲至私署，[1]以獻甲爲名，遂以兵劫執而去。門都突出，以告押軍猛安完顔撻懶，[2]同率兵追及，首出與戰，杲由此得脱，以功遷明威將軍。[3]復從杲招復陝西，進至鳳翔。齊國初廢，諸路多反覆不一。杲授門都牌劄，令往撫定。門都所至，多張甲兵，從者安之，違者討之，帖然無復叛者，杲甚嘉之。

[1]定國軍節度使：節度州長官。從三品。定國軍設在同州，治所在今陝西省大荔縣。　李世輔：原爲蘇尾九族巡檢。金攻陷宋延安之後，與父俱被俘，後投西夏，又歸宋，改名顯忠。《宋史》卷三六七有傳。執杲事詳見本書卷七二《完顏彀英傳》。

[2]撻懶：女真人。漢名彀英。本書卷七二有傳。

[3]明威將軍：武散官。爲正五品下階。

皇統初，遷廣威將軍。[1]四年，授同知通遠軍節度使事，[2]改知保安軍事。[3]天德三年，爲丹州刺史兼知軍事。正隆初，爲寧州刺史。[4]

[1]廣威將軍：武散官。爲正五品上階。

[2]同知通遠軍節度使事：節度州屬官。協助節度使處理本州政務，兼州事者例兼同知管内觀察使。正五品。

[3]知保安軍事：帶京朝官銜或試職者主持軍鎮事時稱知軍事。保安軍，金大定二十二年（1182）升爲保安州，治所在今陝西省志丹縣。

[4]寧州刺史：刺史州長官。正五品。寧州治所在今甘肅省寧縣。

大定初，[1]宋將吴璘等以軍數十萬人據秦、隴，[2]元帥府承制以門都爲勇烈軍都總管，[3]領軍討之。宋人保據德順。[4]都監合喜遣武威軍副都總管夾谷查剌，[5]會宗室璋議征討之策。璋與門都曰："須都監親至，敵必退矣。”合喜領軍四萬來赴，遂復德順州。明年，秦、隴平，以功遷金吾衛上將軍，授通遠軍節度使。

[1]大定：金世宗年號（1161—1189）。

[2]吴璘：宋將。《宋史》卷三六六有傳。金宋於德順附近曾有大戰，金人不利而退。詳見《宋史》卷三六六。

[3]勇烈軍都總管：勇烈軍的最高指揮官。

[4]德順：州名。治所在今寧夏回族自治區隆德縣。

[5]都監：官名。此時徒單合喜官爲元帥左都監，從三品。武威軍副都總管：武威軍都總管的副佐。海陵南征設三十二都總管、副都總管，此爲其一。據本書卷八六《夾谷查剌傳》：“海陵南征，爲武威軍副都總管。軍還，大定二年，授景州刺史，遷同知京兆尹……元帥左都監徒單合喜遣查剌與諸將議破敵策。”則此時夾谷查剌官職應爲同知京兆尹。本書卷六五《完顔璋傳》載，“都監合喜使武威軍副總管夾谷查剌來問策”，則與此同。或此時未撤武威軍，而夾谷查剌以同知京兆尹爲武威軍副都總管。待考。　夾古查剌：女真人。本書卷八六有傳。

五年，改慶陽尹，[1]兼本路兵馬都總管，卒于官。十九年，録功，以子六哥世襲本路曷懶兀主猛安敵骨論窟申謀克，[2]授武功將軍。

[1]慶陽尹：府長官。即府尹。正三品，慶陽即慶陽府，北宋宣和七年（1125）升慶州置。治所在今甘肅省慶陽市。

[2]六哥：本書僅此一見。　曷懶兀主猛安敵骨論窟申謀克：曷懶兀主猛安即合懶合兀主猛安，合懶合最後一個“合”字是“河”的同音字，兀主，即女真語的“兀住”，意思是“頭”。合懶合兀主，即“合懶河頭”。合懶河，即今吉林省延邊之海蘭江。此

猛安原居住地應在海蘭江上游。窟申即忽申，滿語爲噶珊，意思是“村”。此謀克因敵骨論村而得名，屬曷懶兀主猛安下十謀克之一。敵骨論村所在地不詳。

門都性忠厚謹慤，[1]安置營壁，尤能慎密。有敵忽來，雖矢石至前，泰然自若，迺號令士卒如平時，由是人益安附，而功易成焉。

[1]慤（què）：誠篤，忠厚。

僕散渾坦，蒲與路挾懣人也。[1]身長七尺，勇健有力，善騎射。年十六，從其父胡没速征伐。[2]初授脩武校尉，[3]爲宗弼扎也。[4]天眷二年，與宋岳飛相拒。[5]渾坦領六十騎，深入覘伺，至鄢陵，[6]敗宋護粮餉軍七百餘人，多所俘獲。皇統九年，除慈州刺史，[7]再遷利涉軍節度使，[8]授世襲濟州和术海鸞猛安涉里斡設謀克。[9]貞元初，以憂去官。起復舊職，歷泰寧、永定軍，[10]改咸平尹。[11]

[1]挾懣：所在地不詳。

[2]胡没速：女真人。本書僅此一見。

[3]脩武校尉：武散官。爲從八品上階。

[4]扎也：也作“扎野”，女真語。《中國歷史大辭典（遼夏金元史）》謂“扎也”爲“金代軍事將領的勤雜服役人員，選勇敢及家庭富有者充任。”張博泉認爲：“女真‘扎也’是由高級軍事將領選擇的，它没有成爲女真軍事編制系統中的一個編制官職名稱，是賦予高級軍事將領的權力而選擇的身邊一種特定的官職名稱。由

‘扎也’而轉升後，則成爲國家官職中的軍政要職，‘扎也’是入仕的一個階梯。”（張博泉《女真新論》，吉林文史出版社 1993 年版，第 252 頁）

[5]岳飛：宋將。《宋史》卷三六五有傳。

[6]鄢陵：縣名。治所在今河南省鄢陵縣。

[7]慈州刺史：刺史州長官。正五品。慈州治所在今山西省吉縣。金天德三年（1151）改爲耿州。

[8]利涉軍節度使：節度州長官。從三品。利涉軍設在隆州，治所在今吉林省農安縣。

[9]濟州和朮海鸞猛安涉里斡設謀克：猛安謀克名。張博泉認爲：“三上次男謂即《戰迹圖》之和珠嶺，可從。”（張博泉《金史論稿》第一卷，第 288 頁）

[10]泰寧：此指泰寧軍節度使，爲節度州長官。從三品。泰寧軍設在兖州，治所在今山東省兖州市。　永定：此指永定軍節度使，爲節度州長官。從三品。永定軍設在雄州，治所在今河北省雄縣。

[11]咸平尹：府長官。咸平即咸平府，治所在今遼寧省開原市開原老城。

海陵殺渾坦弟樞密使忽土，[1]召渾坦至南京。既見，沈思久之，謂之曰：“汝有功舊，[2]不因忽土得官，以此致罪，甚可矜憫。”遂釋之。改興平軍節度使。[3]世宗即位，[4]以爲廣寧尹。窩斡反，[5]爲行軍都統，[6]與曷懶路總管徒單克寧俱在左翼。[7]敗窩斡於長濼。[8]改臨潢尹。[9]賊平，賜金帛。改曷懶路兵馬都總管。徙顯德軍、慶陽尹。[10]致仕。大定十二年，上思舊功，起爲利涉軍節度使，復以金紫光禄大夫致仕。[11]卒，年七十二。

［1］樞密使：樞密院長官。掌軍興武備機密之事。從一品。　忽土：女真人。即僕散忽土，又名僕散師恭。本書卷一三二有傳。

［2］功舊：施國祁《金史詳校》卷八上認爲，當作“舊功”。

［3］興平軍節度使：節度州長官。從三品。興平軍設在平州，治所在今河北省盧龍縣。

［4］世宗：廟號。本名烏禄，漢名雍。1161年至1189年在位。

［5］窩斡：契丹人。即移剌窩斡。本書卷一三三有傳。

［6］行軍都統：按本書卷八六《尼厖古鈔兀傳》載，“與都統吾札忽、副統渾坦討窩斡”，卷九二《徒單克寧傳》載，“遷左翼都統，詔與廣寧尹僕散渾坦、同知廣寧尹完顔巖雅、肇州防禦使唐括烏也，從右副元帥完顔謀衍討契丹窩斡”，似僕散渾坦應爲副都統。

［7］曷懶路總管：全稱爲曷懶路兵馬都總管。正三品。　徒單克寧：女真人。本名習顯。本書卷九二有傳。

［8］長濼：濼名。一説在今内蒙古自治區奈曼旗境工程廟泡子（一名烏蘭浪泡），一説在今吉林省乾安、農安縣之間。

［9］臨潢尹：府長官，即府尹。正三品。臨潢即臨潢府，治所在今内蒙古自治區巴林左旗林東鎮南舊城址。

［10］顯德軍：此指顯德軍節度使，爲節度州長官。從三品。顯德軍設於何處不詳。

［11］金紫光禄大夫：文散官。正二品上階。

渾坦歷一十七官，未嘗爲佐貳。性沈厚有識，雖未嘗學問，明於聽斷，所至有治聲云。

鄭建充字仲實，其先京兆人，占籍鄜州。[1]仕宋，累官知延安府事。[2]天會七年來降，[3]仍知延安府，屯兵三千。宋劉光烈兵八萬來攻建充，[4]相距四十餘日。攻益急，建充遣人會斜喝軍，[5]夾擊破之，俘其裨將賀貴。[6]遷節制司統制軍馬。[7]改京兆府路兵馬都監。[8]敗宋曲端於彭原。[9]高昌宗據延安，[10]爲宋守，建充擊之，盡復城邑。復知延安軍府事。

[1]鄜州：治所在今陝西省富縣。

[2]知延安府事：宋府官。帶京朝官銜及試職者任府尹時稱知府事，簡稱知府，總理本府兵民之政。延安府治所在今陝西省延安市。

[3]天會七年來降：本書卷九一《楊仲武傳》作“婁室入關，仲武與鄜延路兵馬都監鄭建充俱降”。

[4]劉光烈：宋將。另見於本書卷七二。

[5]斜喝：另見於本書卷八〇。

[6]賀貴：本書僅此一見。

[7]節制司統制軍馬：官名。不詳。

[8]京兆府路兵馬都監：京兆府路都總管府屬官。

[9]曲端：宋將。本書僅此一見。　彭原：縣名。治所在今甘肅省鎮原縣東。

[10]高昌宗：本書僅此一見。

齊國建，累遷博州團練使，[1]知寧州。齊國廢，朝廷以地賜宋，爲宋環慶路經略安撫副使，[2]仍知寧州。天眷復取陝西，仍以爲經略安撫使，知慶陽。[3]從破甘谷城，[4]改平凉尹。[5]

[1]博州：治所在今山東省聊城市。　團練使：州長官。負責本州政務。位在刺史之上，防禦使之下。

[2]環慶路經略安撫副使：宋官名。協助安撫使負責本路軍務

與治安。環慶路，北宋康定二年（1041）分陝西路置環慶路經略安撫使，治所在今甘肅省慶陽市。金皇統二年（1142）改置慶原路。

[3]知慶陽：原作“知慶州”，據中華點校本改。

[4]甘谷城：城名。北宋熙寧元年（1068）置，在今甘肅省通渭縣西南，金升爲縣。

[5]平涼尹：府長官，即府尹。正三品。平涼即平涼府，治所在今甘肅省平涼市。

是時營建南京宮室，大發河東、陝西材木，[1]浮河而下，經砥柱之險，[2]筏工多沉溺，有司不敢以聞，乃誣以逃亡，錮其家。建充白其事，請至砥柱解筏，順流散下，令善游者下流接出之，而錮者得釋。正隆軍興，括筋角造軍器，百姓往往椎牛取之，或生拔取其角，牛有泣下者。建充白其事於朝。

[1]河東：路名，指河東南路與河東北路。河東南路治所在今山西省臨汾市，河東北路治所在今山西省太原市。

[2]砥柱：即砥柱山。一作底柱山，又名三門山，在今河南省陝縣東北黄河中。

建充性剛暴，常畜猘犬十數，[1]奴僕有罪既笞，已復嗾犬囓之，骨肉都盡。雖謙遜下士，於敵已上一無所屈。省部文移有不應法度，[2]輒置之坐下，或即毀裂，由是在位者銜之。軍胥李换竊用公帑，[3]自度不得免，乃誣建充藏甲欲反，更再鞫，皆無狀。方奏上，攝事者素與建充有隙，恐其得釋，使吏持文書紿建充曰：[4]“朝省有命，奈何？”建充曰：“惟汝所爲。”是夜，死于獄中。長子愬亦死焉。

[1]猘（zhì）犬：即瘋狗。

[2]省部：指尚書省及下屬的六部。

[3]軍胥：軍中小吏。　李换：本書僅此一見。

[4]紿（dài）：哄騙。

烏古論三合，曷懶路愛也窟河人，[1]後徙真定。睿宗爲右副元帥，[2]聞三合勇略，選充扎也。後從宗弼征伐，補麯院都監。[3]未幾，從伐宋。與宋兵遇於潁州，[4]三合先登破之。皇統元年，領漢軍千户，帥府再以軍四千隸焉。除同知鄭州防禦使事，[5]再遷太子少詹事。[6]

[1]愛也窟河：即愛呼河，今圖們江上游（張博泉《金史論稿》第一卷，第296頁）。

[2]右副元帥：元帥府屬官。正二品。

[3]麯院都監：酒稅不及二萬貫的地區設麯院，都監爲麯院之長，負責簽署文書、檢查釀酒之事。正八品。

[4]潁州：治所在今安徽省阜陽市。

[5]同知鄭州防禦使事：防禦州屬官。正六品。鄭州治所在今河南省鄭州市。

[6]太子少詹事：東宫太子詹事院屬官。協助太子詹事總統東宫内外庶務。從四品。

大定六年，改洺州防禦使。[1]上曰："卿昔事睿宗，積勞苦。逮事朕，輔佐太子，宣力多矣。今典名郡，所以勞卿也。"遷永定軍節度使，歷臨潢、鳳翔尹，陝西路統軍使，[2]東平尹。[3]節制州郡，躬行儉約，政先寬簡，邊庭久寧，人民獲安。召爲簽書樞密院事。[4]卒。

[1]洺州防禦使：防禦州長官。從四品。洺州治所在今河北省永年縣東南永年古城遺址。

[2]陝西路統軍使：陝西統軍司長官。掌督領軍馬，鎮攝封陲，分營衛，視察奸。正三品。

[3]東平尹：府長官，即府尹。正三品。東平即東平府，治所在今山東省東平縣。

[4]簽書樞密院事：樞密院屬官。正三品。

十八年，世宗追録三合舊勞，授其子大興河北西路愛也窟河世襲猛安阿里門河謀克，[1]階武功將軍。

[1]大興：人名。本書僅此一見。　河北西路：路名。金天會七年（1129）析置，治所在今河北省正定縣。　阿里門河謀克：謀克名。阿里門河，一作阿里民忒石水，爲紇石烈部居住地，即今綏芬河入海附近之阿敏河。此謀克最初居於阿敏河，後徙居河北西路（張博泉《金史論稿》第一卷，第324頁）。

移剌温本名阿撒，遼横帳人，工契丹小字。睿宗爲左副元帥伐宋，[1]温從大臭渡江，[2]辟江寧府都巡檢。[3]江寧、太平初下，[4]宋遣諜人扇構百姓，應者數萬人。温擒其諜者，遂不敢竊發。宗弼嘉之，賜銀千兩、重綵百端、絹二百匹。宗弼每出征伐，未嘗不在行間。除同知河北西路轉運使事。[5]會宗弼巡邊，温從軍，不之官。

[1]左副元帥：元帥府屬官。正二品。

[2]大臭：渤海人。本名撻不野。本書卷八〇有傳。

[3]江寧府都巡檢：負責本地治安。正七品。

[4]太平：州名。治所在今安徽省當塗縣。

[5]同知河北西路轉運使事：河北西路轉運司屬官。從四品。

宗弼入朝，熙宗宴群臣，宗弼欲有奏請，已被酒失次，温掖而出宫。明日，熙宗謂宗弼曰："阿撒事叔甚謹，不可去左右。"由是宗弼益親信之。嘗謂女壻紇石烈志寧曰：[1]"汝可効阿撒之爲人也，可以幾古人矣。"未幾，除同知中京路都轉運使事，[2]累遷左諫議大夫兼修起居注。[3]正隆伐宋，以本官爲濟州路行軍萬户，[4]從至揚州。軍還，除同知宣徽院事。[5]

[1]紇石烈志寧：女真人。本名撒曷輦。本書卷八七有傳。

[2]同知中京路都轉運使事：中京路都轉運司屬官。從四品。

[3]左諫議大夫：諫院屬官。正四品。　修起居注：屬記注院。負責記録皇帝的言行。

[4]濟州路行軍萬户：爲濟州路外出作戰部隊的指揮官，負責統領猛安、謀克作戰，隸都統府。濟州治所在今吉林省農安縣。

[5]同知宣徽院事：宣徽院屬官。參掌朝會燕享、殿庭禮儀及監知御膳。正四品。

世宗御饌不適口，召温嘗之。奏曰："味非不美也，蓋南北邊事未息，聖慮有所在耳。"上意遂釋。

歷永定、震武、崇義節度使，[1]移臨海軍。[2]州治近水，秋雨，水潦暴至城下，城頗决，百姓惶駭，不知所爲。温躬督役夫繕完之，雖臨不測，無所避。僚屬或止温，温曰："爲政疵癘，水泛溢爲災，守臣之罪。當以此身爲百姓謝，雖死不恨。"移鎮武定，[3]歲旱且蝗，温割指以血瀝酒中，禱而酹之。既而雨霑足，有群鴉啄蝗且盡，由是歲熟，人以爲至誠之感云。以老致仕，卒。

[1]震武：此指震武軍節度使，爲節度州長官。從三品。震武軍設在代州，治所在今山西省代縣。　崇義：此指崇義軍節度使，爲節度州長官。從三品。崇義軍設在義州，治所在今遼寧省義縣。

[2]臨海軍：此指臨海軍節度使，爲節度州長官。從三品。臨海軍設在錦州，治所在今遼寧省錦州市。

[3]武定：此指武定軍節度使，爲節度州長官。從三品。武定軍設在奉聖州，治所在今河北省涿鹿縣。

贊曰：軍旅之事，鋒鏑在前，不計其死。耳屬金鼓，目屬旌旗，心屬號令，此行列之任也。自收國用兵，[1]至于大定和宋以前，用命之士，雖細必録，所以明功也。

[1]收國：金太祖年號（1115—1116）。

蕭仲恭本名术里者。祖撻不也，[1]仕遼爲樞密使，[2]守司徒，[3]封蘭陵郡王。[4]父特末，[5]爲中書令，[6]守司空，[7]尚主。[8]仲恭性恭謹，動有禮節，能被甲超橐駞，[9]遼故事，宗戚子弟别爲一班，號"孩兒班"，仲恭嘗爲班使，歷宫使、本班詳穩。[10]

[1]撻不也：本書僅此一見。《遼史》無傳。

[2]樞密使：遼官名。樞密院長官。

[3]司徒：三公之一。正一品。

[4]蘭陵郡王：遼封爵名。

[5]特末：另見於本書卷二《太祖紀》，其官名爲駙馬。《遼史》卷六五《公主表》記其官名爲都統，應是以駙馬都尉出任都統。

[6]中書令：遼官名。中書省長官。

[7]司空：遼官名。三公之一。

[8]尚主：按《遼史》卷六五《公主表》，遼道宗季女名特里，“太康八年，以駙馬都尉蕭酬斡得罪，離之。大安初，改適蕭特末”。

[9]槖（tuó）駞（tuó）：即“駱駝”。

[10]宮使：遼官名。爲十二宮長官之一，位在副使、太師、太保、侍中之上。蕭仲恭爲何宮宮使不詳。　本班詳穩：遼官名。《遼史》卷四五《百官志》，祗候郎君班詳穩司本班局，有本班郎君，無本班詳穩。此爲何職不詳。據本傳，本班似指“孩兒班”，爲孩兒班詳穩。

遼帝西奔天德，仲恭爲護衛太保，[1]兼領軍事。至霍里底泊，[2]大軍奄至，倉卒走。[3]仲恭母馬乏不能進，謂仲恭兄弟曰：“汝等盡節國家，無以我爲也。”仲恭母，遼道宗季女也。[4]遼主傷之，命弟仲宣留侍其母。[5]仲恭從而西。時大雪，寒甚，遼主乏食，仲恭進衣并進乾糒。遼主困，仲恭伏冰雪中，遼主藉之以憩。[6]凡六日，乃至天德，始得食。

[1]護衛太保：據《遼史》卷四五《百官志》，遼有南、北二

護衛府，有南、北護衛太保。二護衛府下又各設左、右護衛司，有左、右護衛太保。未知蕭仲恭所任爲何職。

[2]霍里底泊：本書同卷《蕭仲宣傳》作石輦鐸。其地待考。

[3]倉卒：即倉促，卒通“猝”。

[4]遼道宗：即耶律洪基。1055年至1101年在位。

[5]仲宣：契丹人。本名野里補。本卷有傳。

[6]藉：通“借”。憑借、依靠。

後與遼主俱獲，太宗以仲恭忠於其主，特加禮待。

天會四年，仲恭使宋。且還，宋人意仲恭、耶律余睹皆有亡國之感，[1]而余睹爲監軍，[2]有兵權，可誘而用之，乃以蠟丸書令仲恭致之余睹，使爲内應。仲恭素忠信，無反覆志，但恐宋人留不遣，遂陽許。還見宗望，即以蠟丸書獻之。[3]宗望察仲恭無他，薄罰之。於是再舉伐宋，執二帝以歸。

[1]耶律余睹：契丹人。一作余睹姑。本書卷一三三與《遼史》卷一〇二有傳。

[2]監軍：元帥府屬官。位在都元帥、左右副元帥之下。正三品。按本書卷三《太宗紀》，天會三年（1125）十月，“左金吾衛上將軍耶律余睹爲元帥右都監”。此云監軍，誤。

[3]以蠟丸書獻之：宋寫給余睹蠟丸書事，按《宋史·邢恕傳》記載，以賜余睹書納金使者趙倫衣領中，倫歸獻其書粘罕，粘罕大怒，以聞金主。該傳稱趙倫爲都管，其地位似爲金使之隨員，而蕭仲恭爲正使。趙倫是與宋直接聯繫者，其得宋與余睹暗結的蠟丸書必先呈正使，而所達者既非粘罕亦非金主而是宗望。《宋史》記事不確，當從本傳。

累遷右宣徽使,[1]改都點檢。[2]宗磐與宗幹争辯于熙宗前,[3]宗磐拔刀向宗幹，仲恭呵之乃止。既而宗磐以反罪誅，仲恭衛禁有備，以功加銀青光禄大夫，遷尚書右丞。[4]

[1]右宣徽使：宣徽院長官。正三品。

[2]都點檢：即殿前都點檢。爲殿前都點檢司長官，兼侍衛親軍都指揮使。掌行從宿衛，關防門禁，督攝隊仗，總判司事。正三品。

[3]宗磐：女真人。本名蒲魯虎，金太宗子。本書卷七六有傳。宗幹：女真人。本名斡本，金太祖庶長子。本書卷七六有傳。

[4]尚書右丞：尚書省屬官。爲執政官，宰相之貳，佐治省事。正二品。

皇統初，封蘭陵郡王,[1]授世襲猛安，進拜平章政事，同監修國史,[2]封濟王。[3]詔葬遼豫王於廣寧,[4]仲恭請往會葬，熙宗義而許之。改行臺左丞相。[5]居無何，入爲尚書右丞相,[6]拜太傅,[7]領三省事,[8]封曹王。[9]

[1]蘭陵郡王：封爵名。

[2]同監修國史：應爲國史院屬官，本書《百官志》不載。疑"同"字衍，應爲監修國史。

[3]濟王：封爵名。天眷格，爲小國封號第二。

[4]遼豫王：金封爵名。天眷格，爲大國封號第十六。指遼天祚帝耶律延禧，死時所受金封號爲豫王。

[5]行臺左丞相：行臺尚書省屬官。正二品。

[6]尚書右丞相：爲宰相，掌丞天子，平章萬機。從一品。

[7]太傅：三師之一。正一品。

[8]領三省事：官名。屬於金初中央官制改革期間，由勃極烈制向三省制轉變過程中的過渡性官稱。原勃極烈以三師的身份出任領三省事，爲三省實際負責人。

[9]曹王：封爵名。天眷格，爲大國封號第二十。

天德二年，封越國王，[1]除燕京留守。海陵親爲書，以玉山子賜之。是歲，薨，年六十一。謚貞簡。正隆例降王爵，改儀同三司、鄭國公。[2]子拱。

[1]越國王：封爵名。天眷格，爲大國封號第十一。

[2]儀同三司：文散官。爲從一品中階。　鄭國公：封爵名。天眷格，爲次國封號第三。

拱本名迪輦阿不，初爲蘭子山猛安。[1]海陵爲宰相，徼取人譽，薦大臣子以爲達官，遂以拱爲禮部侍郎。[2]

[1]蘭子山猛安：契丹族猛安，可能在松山縣附近。松山縣治所在今内蒙古自治區赤峰市松山區城子鄉西北土城子古城。

[2]禮部侍郎：尚書省禮部屬官。協助禮部尚書掌禮樂、祭祀、燕享、學校、貢舉、儀式、制度、符印、表疏、圖書、册命、祥瑞、天文、漏刻、國忌、廟諱、醫卜、釋道、四方使客、諸國進貢、犒勞張設等事。正四品。

耶律彌勒，[1]拱妻女弟也，海陵將納爲妃，使拱自汴取之。還過燕，是時仲恭爲燕京留守，見彌勒身形不類處子，竊憂之，曰："上多猜嫌，拱其及禍矣。"拱去不數日，仲恭卒。拱至上京，聞訃，以本官起復，佩信牌，往燕京治葬事。未行，彌勒入宫，果如仲恭所相度，即遣出宫。夜半召拱至禁中，詰問無狀。海陵終疑之，乃罷拱禮部侍郎，奪其信牌。拱待命，踰年不報，歸蘭子山治猛安事。

[1]耶律彌勒：契丹人。參見本書卷六三《海陵諸嬖傳》。

是時，蕭恭、張九坐語禁中事得罪，[1]拱至蘭子山，與客會語及之。有阿納與拱有隙，[2]乃誣拱言張九無罪被誅，語涉怨謗。海陵遣使鞫之，戒使者曰："此子狂妄，宜有此語，不然彼中安得知此事。"使者不復問拱，但榜掠其左驗，使如告語證之，拱遂見殺。

[1]張九：本書僅見於本卷。此事另見卷七六《宗幹諸子傳》中。

[2]阿納：本書僅此一見。

仲宣本名野里補，仲恭母弟。聰敏好學，沈厚少言。五歲，遥授郡刺史，累加太子少師，[1]爲本班詳穩。從天祚西，爲護衛太保左右班詳穩。[2]至石輦鐸，遼主留仲宣侍母，遂與其母皆見獲。[3]太宗嘉之，且謂仲宣能知遼國故事，命權宣徽使，從睿宗伐康王。師還，家居者久之。

[1]太子少師：東宫屬官。宫師府三少之一。金爲正三品，遼

官品級不詳。

［2］護衛太保左右班詳穩：遼官名。

［3］石輦鐸：本書同卷《蕭仲恭傳》作“霍里底泊”。按《遼史》卷六五《公主表》，蕭特末“與金人戰，敗于石輦鐸，被擒”，則此時蕭特末夫婦與次子仲宣皆被擒。

皇統二年，特授鎮國上將軍，[1]歷順義、永定、昭義、武寧四鎮節度使。[2]爲政平易，小吏不敢爲奸賄賂，禁絶奴婢入郡，人莫識其面。朔、潞百姓皆爲立祠刻石頌之。正隆二年卒，年六十四。[3]

［1］鎮國上將軍：武散官。爲從三品下階。

［2］順義：此指順義軍節度使，爲節度州長官。從三品。順義軍設在朔州，治所在今山西省朔州市。　昭義：此指昭義軍節度使，爲節度州長官。從三品。昭義軍設在潞州，治所在今山西省長治市。　武寧：此指武寧軍節度使，爲節度州長官。從三品。武寧軍設在徐州。

［3］年六十四：原脱“年”字，從中華點校本補。

高松本名檀朶，澄州析木人。[1]年十九，從軍爲蒲輦，有力善戰。宗弼聞其名，召置左右，從破汴京及和尚原，累官咸平總管府判官。[2]世宗即位，充管押東京路渤海萬户。

［1］澄州：金天德三年（1151）以海州改名，治所在今遼寧省海城市。此應稱海州爲是。　析木：縣名。治所在今遼寧省海城市東南析木城。

[2]咸平總管府判官：即總管判官。掌紀綱衆務，分判户、禮案事，掌通檢推排簿籍。從六品。

兵部尚書可喜謀反，[1]前同知延安尹李老僧曰：[2]“我與萬户高松謀之，必從我矣。”衆曰：“若得此軍，舉事易矣。”老僧往見松，説松曰：“君有功舊人，至今不得大官，何也?”松曰：“我一縣令也，每念聖恩，累世不能報，尚敢有望乎。”老僧遂不敢言。可喜、布輝、阿瑣知事不可成，[3]遂上變，共捕斡論赴有司。[4]

[1]可喜：女真人。金太祖孫。本書卷六九有傳。

[2]同知延安尹：同知爲府尹之佐。從四品。延安即延安府。李老僧：渤海人。又名李惟忠、李惟中。本書卷一三二有傳。

[3]布輝：女真人。金宗室子。本書卷六六有傳。　阿瑣：女真人。金太祖孫。本書卷六九有傳。按本書卷六五《完顔璋傳》記此事作“説萬户高松不從，璋知事不成，乃與可喜共執斡論詣有司陳”。卷六九《完顔可喜傳》作“可喜、璋、布輝乃擒斡論”。皆有璋而無阿瑣。卷六九《完顔阿瑣傳》中也未提及此事。疑此“阿瑣”當作“璋”。

[4]斡論：本書名斡論者共七人，此人另見於卷六五、六六以及六九。

松從征窩斡，以功遷咸平少尹，四遷崇義軍節度使。卒，年七十四。

贊曰：忠信行己，豈不大哉。蕭仲恭盡心故主，而富貴福澤嚮之，與宗室舊臣等矣。仲恭廷叱宗磐而朝廷尊，高松誼遏李老僧而社稷安，[1]皆有古烈丈夫之風焉。

[1]誼：同“義”。

海陵后徒單氏生太子光英，[1]元妃大氏生崇王元壽，[2]柔妃唐括氏生宿王矧思阿補，[3]才人南氏生滕王廣陽。[4]

[1]徒單氏：女真人。徒單恭之女。本書卷六三有傳。

[2]元妃：内命婦稱號。位在貴妃、淑妃、德妃、賢妃之上。正一品。　大氏：渤海人。大臭之女。事迹另見於本書卷六三。　崇王：封爵名。天眷格，爲小國封號第七。

[3]柔妃：内命婦稱號。金貞祐以後始設此稱號，位在元妃、貴妃、真妃、淑妃、麗妃之下。正一品。　唐括氏：女真人。即唐括石哥。本書卷六三有傳。　宿王：封爵名。天眷格，爲小國封號第八。

[4]才人：内命婦稱號。爲二十七世婦之一，位在婕妤、美人之下。正五品。　南氏：本書僅見於本卷。　滕王：封爵名。天眷格，爲次國封號第十四。

光英本名阿魯補，徒單后所生。是時燕京轉運使趙襲慶多男，[1]故又名曰趙六。養于同判大宗正方之家，[2]故崇德大夫沈璋妻張氏嘗爲光英保母，[3]於是贈璋銀青光禄大夫，賜宗正方錢千萬。

[1]燕京轉運使：燕京路轉運司長官。正三品。　趙襲慶：本書僅此一見。

[2]同判大宗正：大宗正府屬官。以皇族中屬親者充，金泰和

六年（1206）改爲同判大睦親事。協助判大宗正事掌敦睦糾率宗屬欽奉王命。從二品。　方：女真人。阿离補之子。本書卷八〇有傳。據《完顔方傳》載，“以宗室子累官京兆少尹，遷陝西路統軍都監”。方於大定時官爲同簽大宗正事（正三品）。而此爲同判大宗正事（從二品），當是後來因事貶官，但具體原因不詳。

[3]崇德大夫：按本書卷五五《百官志一》無崇德大夫。據本書卷一二五，蔡松年自正三品的吏部尚書升至正二品的尚書右丞，稱自崇德大夫升至金紫光禄大夫，則此崇德大夫應即後來的資德大夫，爲文散官。正三品上階。　沈璋：事迹另見於本書卷七五。

天德四年二月，立光英爲皇太子。是月，安置太祖畫像于武德殿，[1]盡召國初嘗從太祖破寧江州有功者，[2]得百七十六人，並加宣武將軍，[3]賜酒帛。其中有忽里罕者，[4]解其衣進光英曰：“臣今年百歲矣，有子十人。願太子壽考多男子與小臣等。”海陵使光英受其衣，海陵即以所服并佩刀賜忽里罕，答其厚意。後以“英”字與“鷹隼”字聲相近，改“鷹坊”爲“馴鷙坊”。[5]國號有“英國”又有“應國”，[6]遂改“英國”爲“壽國”，“應國”爲“杞國”。宋亦改“光州”爲“蔣州”，[7]“光山縣”爲“期思縣”，[8]“光化軍”爲“通化軍”云。[9]

[1]武德殿：宫殿名。在上京會寧府（今黑龍江省阿城市白城）。

[2]寧江：州名。治所在今何地説法甚多。一説即今吉林省永吉縣烏拉街，一説即今吉林省蛟河市天崗，一説即今吉林省松原市三岔河鄉石頭城子，一説在今吉林省松原市榆樹溝，一説在今吉林

省松原市小城子或五家站，一説在今吉林省松原市伯都訥古城，一説在今吉林省榆樹市大坡古城。

[3]宣武將軍：武散官。爲從五品下階。

[4]忽里罕：本書僅見於本卷。

[5]鷹坊：官署名。殿前都點檢司下屬機構。負責爲皇帝訓養鷹、鶻等鳥。

[6]英：封爵名。天眷格，爲次國封號第二十九。　應：封爵名。天眷格，爲小國封號第十九。

[7]光州：治所在今河南省光山縣。

[8]光山縣：治所在今河南省光山縣。

[9]光化軍：軍名。治所在今湖北省老河口市西北。

太醫院保全郎李中、保和大夫薛遵義俱以醫藥侍光英，[1]李中超換宣武將軍、太子左衛副率，[2]薛遵義丁憂，起復宣武將軍、太子右衛副率。[3]光英襁褓時，養于宗正方家，其後養于永寧宫及徒單斜也家。[4]貞元元年，詔朝官，京官五品以下奉引自通天門入，[5]居于東宫。[6]

[1]太醫院：官署名。宣徽院下屬機構。設有提點一名，正五品；太醫使一名，從五品；太醫副使一名，從六品；判官一名，從八品。　保全郎：太醫官。爲從六品下階。　李中：本書僅此一見。　保和大夫：太醫官。爲正五品上階。　薛遵義：本書僅此一見。

[2]太子左衛副率：東宫下屬機構左衛率府屬官。掌周衛導從儀仗。從五品。

[3]太子右衛副率：東宫下屬機構右衛率府屬官。從五品。

[4]永寧宫：據本書卷六三《后妃傳》海陵生母“大氏居西

宫，號永寧宫”，則此宫應是上京宫殿，爲海陵生母寢宫。是時，光英當與祖母一起生活。　徒單斜也：女真人。即徒單恭。事迹另見於本書卷一二〇。

[5]通天門：中都路大興府皇宫中宫門名。本書卷二四《地理志上》：“應天門舊名通天門，大定五年更。”“應天門十一楹，左右有樓，門内有左、右翔龍門，及日華、月華門，前殿曰大安，左、右掖門，内殿東廊曰敷德門。”

[6]東宫：宫殿名。在中都路大興府。本書卷二四《地理志上》載，“大安殿之東北爲東宫”，“明昌五年復以隆慶宫爲東宫，慈訓殿爲承華殿。承華殿者，皇太子所居之東宫也”。

正隆元年三月二十七日，光英生日，宴百官于神龍殿，[1]賜京師大酺一日。四年八月，光英射鴉，獲之。海陵大喜，命薦原廟，[2]賜光英馬一匹，黄金三斤，班賜從者有差。正隆六年，海陵行幸南京，次安肅州。[3]光英獲二兔，遣使薦于山陵。居數日，復獲麈兔，從官皆稱賀。賜光英名馬弓矢，復遣使薦于山陵。六月，海陵至南京，群臣迎謁，海陵與徒單后、光英共載而入。

[1]神龍殿：在中都路大興府皇宫中。

[2]原廟：另立的太廟。金天眷元年（1138）以春亭名天元殿，安太祖、太宗、熙宗及諸后御容，爲原廟。天眷二年九月，另立太祖原廟於慶元宫。但上述兩處原廟皆在上京，海陵遷都後，已毁於正隆二年（1157）。此處原廟當指建於中都的原廟。據本書卷三三《禮志六》，中都原廟建於天德四年（1152）。

[3]安肅州：治所在今河北省徐水縣。

海陵嘗言："俟太子年十八，以天下付之。朕當日遊宴於宮掖苑囿中以自娱樂。"光英頗警悟，海陵謂侍臣曰："上智不學而能，中性未有不由學而成者。太子宜擇碩德宿學之士，使輔導之，庶知古今，防過失。詩文小技，何必作耶。至於騎射之事，亦不可不習，恐其懦柔也。"及將親征，后與光英挽衣號慟，海陵亦泣下曰："吾行歸矣。"

後誦《孝經》。一日，忽謂人曰："《經》言三千之罪，莫大於不孝，何爲不孝?"對者曰："今民家子博弈飲酒，不養父母，皆不孝也。"光英默然良久，曰："此豈足爲不孝耶。"蓋指言海陵弑母事。

及伐宋，光英居守，以陁滿訛里也爲太子少師兼河南路統軍使，[1]以衛護之。完顔元宜軍變，海陵遇害，都督府移文訛里也，殺光英于汴京，[2]死時年十二。後與海陵俱葬於大房山諸王墓次。[3]

[1]陁滿訛里也：女真人。事迹另見於本書卷六三、六九、八六。　河南路統軍使：河南統軍司長官。正三品。

[2]都督府：官署名。即左、右領軍大都督府，爲海陵南征時所設的臨時性軍事機構，南征失敗後取消，故本書《百官志》不載。其長官爲左、右領軍大都督。據本書卷八四《完顔昂傳》，海陵南伐，"以昂爲左領軍大都督"，"世宗即位于遼陽，昂使人殺皇太子光英于南京"，卷一三二《完顔元宜傳》，"元宜行左領軍副大都督事，使使者殺皇太子光英于南京"。時掌都督府大權者爲完顔昂與完顔元宜。

[3]大房山：在今北京市房山區。

訛里也，咸平路窟吐忽河人，[1]襲其父忽土猛安。[2]除邳州刺史，[3]三遷昌武軍節度使、歸德尹、南京留守、河南路統軍使、太子少師。[4]大定二年，遷元帥右都監。[5]宋人陷陳、蔡，訛里也師久無功，已而兵敗于宋，解職。俄起爲京兆尹。世宗謂之曰："卿爲河南統軍，門多私謁，百姓惡之。其後經略陳、蔡，不惟無功，且復致敗。以汝舊勞，故復用汝。京兆地近南邊，宜善理之。"大定三年，卒。

[1]窟吐忽河：河名。不詳。

[2]忽土：女真人。本書卷七一作陁滿忽吐。一説忽土猛安即王寂《遼東行部志》的胡底千户寨，在今吉林省農安縣八面城東太平嶺附近；一説忽土即窟吐忽，河名。

[3]邳州刺史：刺史州長官。正五品。邳州治所在今江蘇省睢寧縣北古邳鎮。

[4]昌武軍節度使：節度州長官。從三品。昌武軍設在許州，治所在今河南省許昌市。　歸德尹：府長官。歸德即歸德府。

[5]元帥右都監：元帥府屬官。位在都元帥、左右副元帥、元帥左右監軍、元帥左都監之下。從三品。

元壽，天德元年封崇王。[1]三年，薨。

[1]天德元年：施國祁《金史詳校》卷八上認爲當作"天德二年"。　封崇王：按本書卷五《海陵紀》作天德二年（1150）二月，"封子元壽爲崇王"，與此異。

矧思阿補，[1]正隆元年四月生。小底東勝家保養之，[2]賜東勝錢千萬，仍爲起第。五月己酉，彌月，封其母唐括氏爲柔妃，賜京師貧者五千人錢，人錢二百。二年，矧思阿補生日，海陵與永壽太后及皇后、太子光英幸東勝家。[3]三年正月五日，矧思阿補薨。海陵殺太醫副使謝友正、醫者安宗義及其乳母，[4]杖東勝一百，除名。明日，追封矧思阿補爲宿王，葬大房山。

[1]矧思阿補：又作矧思阿不、慎思阿不。

[2]小底：殿前都點檢司下屬機構近侍局屬官。分兩種，一種爲入寢殿小底，也稱寢殿小底，定員十六人，金大定十二年（1172）改名奉御；一種爲不入寢殿小底，也稱外帳小底，定員三十人，大定十二年改名奉職。　東勝：本書僅見於此。

[3]永壽太后：女真人。即海陵嫡母徒單氏。本書卷六三有傳。

[4]太醫副使：太醫院屬官。掌諸醫藥，總判院事。從六品。謝友正：事迹另見於本書卷五。　安宗義：本書僅此一見。

諫議大夫楊伯雄入直禁中，[1]因與同直者相語，伯雄曰："宿王之死，盖養于宫外，供護雖謹，不若父母膝下。豈國家風俗素尚如此。"或以此言告海陵。海陵大怒，謂伯雄曰："爾，臣子也，君父所爲，豈得言風俗。宫禁中事，豈爾當言。朕或體中不佳，間不視朝，秖是少得人幾拜耳。而庶事皆奏決便殿，縱有死刑不即論决，盖使囚者得緩其死。至於除授宣勅雖復稽緩，有何利害。朕每當閒暇，頗閲教坊聲樂，聊以自娱。《書》云：'内作色荒，外作禽荒，酣酒嗜音，峻宇雕墻，有一於此，未或不亡。'此戒人君不恤國事溺於此者耳。

如我，雖使聲樂喧動天地，宰相敢有濫與人官而吏敢有受賕者乎？外間敢有竊議者乎？爾，諫官也，有可言之事，當公言之。言而不從，朕之非也。而乃私議，可乎？”伯雄對曰：“陛下至德明聖，固無竊議者。愚臣失言，罪當萬死，惟陛下哀憐。”海陵曰：“本欲殺汝，今秖杖汝二百。”既決杖至四十，使近臣傳詔諭伯雄曰：“以爾藩邸有舊，今特釋之。”

[1]諫議大夫：諫院屬官。正四品。　楊伯雄：時爲右諫議大夫。本書卷一〇五有傳。

滕王廣陽，母南氏，本大臭家婢，隨元妃大氏入宫，海陵幸之，及有娠，即命爲殿直。正隆二年九月二十六日，生廣陽。十月滿月，海陵分施在京貧民，凡用錢千貫。三年二月，封南氏爲才人。七月，封廣陽爲滕王。九月，薨。

贊曰：海陵伐宋，光英居守，使阹滿訛里也以宫師兼統軍之任，[1]計至悉也，豈料死其手乎。荀首有言，[2]“不以人子，吾子其可得耶。”海陵睨人之子不翅魚肉，[3]而獨己子之謀安，不可得矣。

[1]宫師：指宫師府的太子太師、太子太傅、太子太保、太子少師、太子少傅、太子少保。時阹滿訛里也官爲太子少師，故有此稱。

[2]荀首有言：荀首，春秋時晋人。封於知，其後爲知氏。其子知罃（亦稱荀罃）於邲之戰中没於楚軍，首求於楚，歸之。其言

見《左傳》宣公十年。

［3］翅：通“啻”。

金史　卷八三

列傳第二十一

張通古　張浩　張汝霖　張玄素　張汝弼　耶律安禮　納合椿年　祁宰

張通古字樂之，易州易縣人。[1]讀書過目不忘，該綜經史，善屬文。遼天慶二年進士第，[2]補樞密院令史。[3]丁父憂，起復，懇辭不獲，因遁去，屏居興平。[4]太祖定燕京，[5]割以與宋。宋人欲收人望，召通古。通古辭謝，隱居易州太寧山下。[6]

[1]易州易縣：治所在今河北省易縣。

[2]天慶：遼天祚帝年號（1111—1120）。

[3]樞密院：遼官署名。遼太宗滅晋後，在漢地設立樞密院（南樞密院），掌漢人軍政。遼世宗又設契丹樞密院（北樞密院），統領契丹軍兵。　令史：樞密院下屬官員。

[4]興平：鎮名。治所在今山西省天鎮縣東北六十里。

[5]太祖：廟號。本名阿骨打，漢名旻。1115年至1123年在位。　燕京：京路名。遼聖宗改南京爲燕京，金初因之。治所在今北京市。

[6]太寧山：在今河北省易縣西。

宗望復燕京，[1]侍中劉彦宗與通古素善，[2]知其才，召爲樞密院主奏，[3]改兵刑房承旨。[4]天會四年，[5]初建尚書省，[6]除工部侍郎，[7]兼六部事。[8]高慶裔設磨勘法，[9]仕宦者多奪官，通古亦免去。遼王宗幹素知通古名，[10]惜其才，遣人諭之使自理。通古不肯，曰："多士皆去，而己何心獨求用哉。"宗幹爲論理之。除中京副留守，[11]爲詔諭江南使，[12]宋主欲南面，使通古北面。通古曰："大國之卿當小國之君。天子以河南、陜西賜之宋，[13]宋約奉表稱臣，使者不可以北面。若欲貶損使者，使者不敢傳詔。"遂索馬欲北歸。宋主遽命設東西位，使者東面，宋主西面，受詔拜起皆如儀。

[1]宗望：女真人。本名斡魯補，又作斡离不，金太祖第二子。本書卷七四有傳。

[2]侍中：門下省長官。宗望復燕京於金天會三年（1125），劉彦宗當時的官職爲"同中書門下平章事，知樞密院事，加侍中"。劉彦宗：本書卷七八有傳。

[3]樞密院：金於天輔七年（1123）仿遼南樞密院設樞密院，掌漢人軍政。後變成最高軍事機構。泰和六年（1206）改爲元帥府，泰和八年恢復。　樞密院主奏：樞密院屬官。主奏院事。金初仿遼制設此官，後則無，是以本書《百官志》不載。

[4]兵刑房承旨：樞密院屬官。金初設樞密院時仿遼制設此官，後則無，故本書《百官志》不載。

[5]天會：金太宗年號，熙宗初年沿用（1123—1137）。

[6]尚書省：官署名。金太宗天會四年（1126）置於燕京，管理黄河以北原遼宋統治區的漢人，後演變爲最高政務機構。

［7］工部侍郎：尚書工部屬官。協助工部尚書掌修造營建法式、諸作工匠、屯田、山林川澤之禁、江河堤岸、道路橋梁等事。正四品。

［8］六部事：六部指吏、户、禮、兵、刑、工六部。

［9］高慶裔：渤海人。時爲雲中留守。　磨勘法：本書卷九〇《趙元傳》作"磨勘格"。其法爲考察文武官員的出身、轉官、冒濫，以定升黜。據《大金國志》，制定磨勘法是在天會十年（1132）。

［10］遼王：封爵名。天眷格，爲大國封號第一。　宗幹：女真人。金太祖庶長子。本書卷七六有傳。

［11］中京副留守：中京留守司屬官。位次於留守、同知留守事，例兼本府少尹與本路兵馬副都總管。從四品。治所在今內蒙古自治區寧城縣西大明城。

［12］爲詔諭江南使：按此句上缺出使時官名。據本書卷四《熙宗紀》、卷六〇《交聘表上》，應補"以右司侍郎爲詔諭江南使"。

［13］河南：指後來南京路治下的地區。　陝西：指陝西六路，即鄜延路、環慶路、麟府路、涇原路、秦鳳路和熙河路。

使還，聞宋已置戍河南，謂送伴韓肖胄曰：[1]"天子裂壤地益南國，[2]南國當思圖報大恩。今輒置守戍，自取嫌疑，若興師問罪，將何以爲辭？江左且不可保，況齊乎？"[3]肖胄惶恐曰："敬聞命矣。"即馳白宋主。宋主遽命罷戍。通古至上京，[4]具以白宗幹，且曰："及其部置未定，當議收復。"宗幹喜曰："是吾志也。"即除參知行臺尚書省事。[5]

[1]送伴：官名，即送伴使。外國使者返回，以使相送，稱“送伴”。 韓肖胄：時爲宋端明殿學士。《宋史》卷三七九有傳。《三朝北盟會編》卷一九一稱韓肖胄以同簽書樞密院事爲大金國信報謝使。

[2]南國：此指南方的宋朝。

[3]齊：指劉豫齊國。此時齊國已廢，這里指的是原齊國的河南、陝西地。

[4]上京：京路名。時金國都城在上京路會寧府，治所在今黑龍江省阿城市金上京舊城址。

[5]行臺尚書省：官署名。金天會十五年（1137）撤劉豫的齊國以後置於汴京，統治原齊國統治區。天眷元年（1138），以河南地與宋，改燕京樞密院爲行臺尚書省。天眷三年復置於汴京。行臺尚書省各官員的品級較尚書省相應各官員的品級低一級。 參知行臺尚書省事：又作行臺參知政事，參知行臺事，爲行臺尚書省宰相的副佐。正三品。《建炎以來繫年要録》卷一一七引《僞齊録》，“燕人張通古行臺右丞”。《大金國志》卷九《熙宗孝成皇帝一》則爲“張通古右丞相”。《三朝北盟會編》卷一八二同。皆與此異。

未幾，詔宗弼復取河南，[1]通古請先行至汴諭之。[2]比至汴，宋人已去矣。或謂通古曰：“宋人先退，詐也，今聞將自許、宿來襲我。”[3]通古曰：“南人宣言來者，正所以走耳。”迺使人覘之，宋人果潰去。宗弼撫髀笑曰：“誰謂書生不能曉兵事哉。”

[1]宗弼：女真人。本名斡啜，又作兀术，亦作斡出，或晃斡出，金太祖第四子。本書卷七七有傳。

[2]汴：即汴京。原爲北宋都城，金貞元元年（1153）更名爲南京，治所在今河南省開封市。

[3]許：州名。治所在今河南省許昌市。　宿：州名。治所在今安徽省宿州市。

河南卒孫進詐稱“皇弟按察大王”，[1]謀作亂。是時海陵爲相，[2]内懷覬覦，欲先除熙宗弟胙王常勝，[3]因孫進稱皇弟大王，遂指名爲胙王以誣構之。熙宗自太子濟安薨後，[4]繼嗣未定，深以爲念。裴滿后多專制，[5]不得肆意後宫，頗鬱鬱，因縱酒，往往迷惑妄怒，手刃殺人。及海陵中傷胙王，熙宗以爲信然不疑，遣護衛特思就汴京鞫治。[6]行臺知熙宗意在胙王，[7]導引孫進連屬之。通古執其咎，極力辯止。[8]及孫進引服，蓋假托名稱，將以惑衆，規取財物耳，實無其人也。特思奏狀，海陵譖之曰：[9]“特思且將徼福於胙王。”熙宗益以海陵爲信，遂殺胙王，并特思殺之。行臺諸人乃責通古曰：“爲君所誤，今坐死矣。”通古曰：“以正獲罪死，賢於生。”海陵既殺胙王，不復緣害他人，由是坐止特思，行臺不坐。

[1]孫進：本書僅見於本卷。

[2]海陵：封號。即完顔迪古迺，漢名亮。1149 年至 1161 年在位。

[3]熙宗：廟號。本名合剌，漢名亶。1135 年至 1149 年在位。　胙王：封爵名。天眷格，爲小國封號第二十三。　常勝：女真人。又名元，本書卷六七有傳。

[4]太子濟安：金熙宗悼平皇后所生，未滿歲而死，此爲金立太子之始。本書卷八〇有傳。

[5]裴滿氏：即熙宗悼平皇后。本書卷六三有傳。

[6]特思：另見於本書卷四、五、六九、一三二。

[7]行臺：即行臺尚書省。

[8]極力辯止：施國祁《金史詳校》卷八上認爲，“止”當作“正”。

[9]譖（zèn）：誣陷，中傷。

天德初，[1]遷行臺左丞，[2]進拜平章政事，[3]封譚王，[4]改封鄆王。[5]以疾求解機務，不許。拜司徒，[6]封瀋王。[7]海陵御下嚴厲，收威柄，親王大臣未嘗少假以顏色，惟見通古，必以禮貌。

[1]天德：金海陵王年號（1149—1153）。

[2]行臺左丞：爲行臺尚書省宰相副佐，佐治省事。從二品。

[3]平章政事：尚書省宰相。掌丞天子，平章萬機。從一品。據本書卷五《海陵紀》，天德二年（1150）十一月“以行臺尚書左丞張通古爲尚書左丞”，貞元元年（1153）三月“左丞張通古爲平章政事”，則張通古在爲平章政事以前官職爲“尚書左丞”，而非行臺左丞。其爲平章政事應是在貞元初，而非天德初。此處疑有脱文。

[4]譚王：封爵名。天眷格，爲小國封號第十八。

[5]鄆王：封爵名。天眷格，爲次國封號第二十三。

[6]司徒：三公之一。正一品。

[7]瀋王：封爵名。天眷格，爲次國封號第九。

會磁州僧法寶欲去，[1]張浩、張暉欲留之不可得，[2]朝官又有欲留之者。海陵聞其事，詔三品以上官上殿，責之曰：“聞卿等每到寺，僧法寶正坐，卿等皆坐其側，朕甚不取。佛者本一小國王子，能輕舍富貴，自苦修行，由是成佛。今人崇敬，以希福利，皆妄也。況僧者，往往不第秀才，市井游食，生計不足，乃去爲僧，較其貴賤，未可與簿尉抗禮。[3]閭閻老婦，迫於死期，多歸信之。卿等位爲宰輔，乃復効此，失大臣體。張司徒老成舊人，三教該通，足爲儀表，何不師之。”召法寶謂之曰：“汝既爲僧，去住在己，何乃使人知之？”法寶戰懼不知所爲。海陵曰：“汝爲長老，當有定力，今乃畏死耶？”遂於朝堂杖之二百，張浩、張暉杖二十。

[1]磁州：治所在今河北省磁縣。　法寶：僧人名。事迹另見於本書卷五。

[2]張浩：渤海人。本卷有傳。　張暉：即赤盞暉。本書卷八〇有傳。

[3]簿尉：簿指主簿，尉指縣尉，皆縣令之佐。正九品。此泛指低級小官。

正隆元年，[1]以司徒致仕，進封曹王。[2]是年，薨，年六十九。

[1]正隆：金海陵王年號（1156—1161）。

[2]曹王：封爵名。天眷格，爲大國封號第二十。

通古天資樂易，不爲表襮，[1]雖居宰相，[2]自奉如寒素焉。子沉，天德三年，賜楊建中牓及第。[3]

[1]表襮（bó）：表露，自我標榜。

[2]宰相：金於尚書省設尚書令一員、左右丞相各一員、平章政事二員，皆爲宰相。

[3]楊建中牓：金海陵天德三年（1151）楊建中舉進士第一名。金常以每舉的進士第一人名榜，“楊建中榜”即屬此。

張浩字浩然，遼陽渤海人。[1]本姓高，東明王之後。[2]曾祖霸，[3]仕遼而爲張氏。天輔中，[4]遼東平，浩以策干太祖，太祖以浩爲承應御前文字。[5]天會八年，賜進士及第，授祕書郎。[6]

[1]遼陽：指東京遼陽府。治所在今遼寧省遼陽市。

[2]東明王：名朱蒙，傳説中高句麗人的祖先。詳見朝鮮《三國史記·高句麗本紀》。

[3]霸：本書僅此一見。

[4]天輔：金太祖年號（1117—1123）。

[5]承應御前文字：金官制改革以前之官名，所掌當與後來的翰林學士院大體相同。官職低者爲承應御前文字，或稱御前承應文字，官職高者稱管勾御前文字，或稱御前管勾文字。

[6]祕書郎：秘書監屬官。掌經籍圖書。正七品。

太宗將幸東京，[1]浩提點繕修大内。超遷衛尉卿，[2]權簽宣徽院事，[3]管勾御前文字，[4]初定朝儀。求養親，去職。起爲趙州刺史。[5]官制行，以中大夫爲大理卿。[6]天眷二年，[7]詳定内外儀式，歷户、工、禮三部侍郎，[8]遷禮部尚書。[9]田瑴黨事起，[10]臺省一空，[11]以浩行六部事。簿書叢委，决遣無留，人服其才。以疾求外補，除彰德軍節度使，[12]遷燕京路都轉運使。[13]俄改平陽尹。[14]平陽多盗，臨汾男子夜掠人婦，浩捕得，榜殺之，盗遂衰息。近郊有淫祠，郡人頗事之。廟祝、田主争香火之利，累年不决。浩撤其祠屋，投其像水中。强宗黠吏屏迹，莫敢犯者，郡中大治。乃繕葺堯帝祠，[15]作擊壤遺風亭。[16]

[1]太宗：廟號。本名吴乞買，漢名晟。1123 年至 1135 年在位。　東京：京路名。治所在今遼寧省遼陽市。

[2]衛尉卿：按本書卷五六《百官志二》，衛尉司的長官爲中衛尉，而非衛尉卿。宋、遼則皆設衛尉寺，衛尉卿爲衛尉寺的長官。此爲金初襲遼、宋舊官名，後則無，故《百官志》不載。

[3]權簽宣徽院事：即同簽宣徽院事，參掌朝會、燕享、殿庭禮儀及兼知御膳。正五品。代理、攝守之官稱"權"。

[4]管勾御前文字：張浩自管勾御前文字改趙州刺史（正五品），則此職務應不超過五品。本書卷四《熙宗紀》，李德固自管勾御前契丹文字升参知政事（從二品），此官又似不應低於三品。待考。按本書卷三《太宗紀》，天會十二年（1134）正月"甲子，初改定制度，詔中外。丙寅，如東京"。則本卷所説的"幸東京""初定朝儀"，皆是天會十二年正月間事。張浩繕修東京宫殿雖然當在此前，但因此而升遷則一定在此時。本傳提到的"衛尉卿""權簽宣徽院事""管勾御前文字"皆是張浩負責修繕東京宫殿以後所授官職。從時間上看，張浩剛被任命上述各官銜，即借"改定制度"之機求去，其擔任上述官職的時間當不足一個月。

[5]趙州刺史：刺史州長官。總領一州政務。正五品。趙州治所在今河北省趙縣。

[6]中大夫：文散官。爲從四品中階。按本書卷四《熙宗紀》，天眷元年（1138）"八月甲寅朔，頒行官制"。本傳所説"官制行"當指該年的官制改革。　大理卿：大理寺長官。掌審斷天下奏案，

詳核疑獄。正四品。

[7]天眷：金熙宗年號（1138—1140）。

[8]户、工、禮三部侍郎：户部侍郎爲尚書户部屬官，協助户部尚書掌户口、錢糧、田土的政令及貢賦出納、金幣通轉、府庫收藏等事，正四品。禮部侍郎爲禮部屬官，協助禮部尚書掌禮樂、祭祀、燕享、學校、貢舉、儀式、制度、符印、表疏、圖書、册命、祥瑞、天文、漏刻、國忌、廟諱、醫卜、釋道、四方使客、諸國進貢、犒勞張設等事，正四品。

[9]禮部尚書：尚書禮部長官。正三品。

[10]田瑴：本書卷八九有傳。

[11]臺省：皆官署名。臺指御史臺，掌糾察朝儀，彈劾官邪，勘鞫官府公事，受理因所屬部門理斷不當引起上訴的案件。長官爲御史大夫，正三品。金大定十二年（1172）升爲從二品。省指尚書省，爲金最高政務機構，長官爲尚書令，正一品。下屬機構有吏、户、禮、兵、刑、工六部及左、右司。此處臺省應是泛指中央重要機構。

[12]彰德軍節度使：節度州長官。掌鎮撫諸軍防刺，總判本鎮兵馬之事，兼本州管内觀察使。從三品。宋相州彰德軍，金初因之，明昌三年（1192）升爲彰德府，治所在今河南省安陽市。

[13]燕京路都轉運使：燕京路都轉運司長官。掌賦税錢穀，倉庫出納，權衡度量之制。正三品。

[14]平陽尹：府長官，即府尹。掌宣風導俗，肅清所部，總判府事。正三品。平陽即平陽府，爲河東南路首府，治所在今山西省臨汾市。

[15]堯帝祠：堯，古帝陶唐氏之號，稱帝堯，亦稱堯帝，爲傳説中原始社會末期之聖君。

[16]擊壤遺風：指堯時盛世太平之遺風。傳堯時有老人擊壤而歌，見漢王充《論衡》之《感虚》《藝增》，晋皇甫謐《帝王世紀》及《樂府詩集》卷八三《擊壤歌》。

海陵召爲户部尚書，[1]拜参知政事。[2]天德二年，丁母憂。起復参知政事，進拜尚書右丞。[3]天德三年，廣燕京城，營建宫室。浩與燕京留守劉筈、大名尹盧彦倫監護工作，[4]命浩就擬差除。既而暑月，工役多疾疫。詔發燕京五百里内醫者，[5]使治療，官給藥物，全活多者與官，其次給賞，下者轉運司舉察以聞。

[1]户部尚書：户部長官。正三品。

[2]参知政事：爲執政官，宰相之貳，佐治省事。從二品。

[3]尚書右丞：尚書省屬官。爲執政官，宰相之貳，佐治省事。正二品。

[4]燕京留守：燕京留守司長官。例兼本府府尹、本路兵馬都總管。正三品。　劉筈：劉彦宗之子，本書卷七八有傳。　大名尹：府長官，即府尹。正三品。大名即大名府，大名府路首府，治所在今河北省大名縣境内。　盧彦倫：本書卷七五有傳。

[5]燕京：京路名。海陵貞元元年（1153）從上京遷都於此，改名爲中都，治所在今北京市。

貞元元年，[1]海陵定都燕京，改燕京爲中都，改析津府爲大興府。[2]浩進拜平章政事，賜金帶、玉帶各一，賜宴于魚藻池。[3]浩請凡四方之民欲居中都者，給復十年，以實京城，從之。拜尚書右丞相兼侍中，[4]封潞王，[5]賜其子汝霖進士及第。[6]未幾，改封蜀王，[7]進拜左丞相。[8]

[1]貞元：金海陵王年號（1153—1156）。

［2］改析津府爲大興府：元好問《續夷堅志》卷三“永安錢”條載：“海陵天德（應是貞元）初，卜宅于燕，建號中都，易析津府爲大興。始營造時，得古錢地中，文曰‘永安一千’，朝議以爲瑞，乃取長安例，地名永安。改東平中都縣曰汶陽，河南永安縣曰芝田，中都永安坊曰長寧。”本書卷七《世宗紀中》大定十三年，“自海陵遷都永安”，考卷二五《地理志中》，“芝田，宋名永安，貞元元年更”；“汶上，本名中都，貞元元年更爲汶陽”。皆與《續夷堅志》的記載相合。知析津府曾於貞元元年（1153）改名爲永安府。據本書卷二四《地理志》：“大興，倚，遼名析津，貞元二年更今名。”知析津府在貞元二年更名爲大興府。

［3］魚藻池：在金中都大興府皇宫中。據本書卷二四《地理志上》：“魚藻池、瑶池殿位，貞元元年建。”考之本書卷五《海陵紀》，張浩任平章政事在貞元元年三月。可能這是在新落成的魚藻池舉行的第一次宴會。魚藻池與瑶池殿位的工程不可能於冬季開工並趕在三月之前完成，其動工當在上一年或更早，《地理志》稱貞元元年建，應是説的最終落成時間。

［4］尚書右丞相：尚書省屬官。爲宰相，掌丞天子，平章萬機。從一品。按本書卷五《海陵紀》，貞元二年“二月甲申朔，以平章政事張浩爲尚書右丞相兼中書令”。張浩的此次升遷是在貞元二年，本傳承上作“貞元元年”，誤。應在本句話前面補入“二年”兩字。且張浩是以右丞相“兼中書令”，與此“兼侍中”異。

［5］潞王：封爵名。天眷格，爲次國封號第七。

［6］張汝霖：渤海人。本書卷八三有傳。

［7］蜀王：封爵名。天眷格，爲次國封號第一。

［8］左丞相：即尚書左丞相。爲宰相，掌丞天子，平章萬機。從一品。按本書卷五《海陵紀》，貞元三年二月，“右丞相張浩爲左丞相兼侍中”。張浩的此次升遷是在貞元三年，應在本句話前面補入“三年”兩字。

正隆二年，改封魯國公。[1]表乞致仕。海陵曰：“人君不明，諫不行，言不聽，則宰相求去。宰相老病不能任事則求去。卿於二者何居？”浩對曰：“臣羸病不堪任事，宰相非養病之地也，是以求去。”不許。

[1]魯國公：封爵名。天眷格，爲大國封號第十四。

海陵欲伐宋，將幸汴，而汴京大内失火，[1]於是使浩與敬嗣暉營建南京宫室。[2]浩從容奏曰：“往歲營治中都，天下樂然趨之。今民力未復，而重勞之，恐不似前時之易成也。”不聽。浩朝辭，海陵問用兵利害。浩不敢正諫，乃婉詞以對，欲以微止海陵用兵，奏曰：“臣觀天意欲絶趙氏久矣。”海陵愕然曰：“何以知之？”對曰：“趙構無子，[3]樹立疏屬，其勢必生變，可不煩用兵而服之。”海陵雖喜其言，而不能從也。浩至汴，海陵時時使宦者梁珫來視工役，[4]凡一殿之成，費累鉅萬。珫指曰：“某處不如法式。”輒撤之。浩不能抗而與之均禮。汴宫成，海陵自燕來遷居之。浩拜太傅、尚書令，[5]進封秦國公。[6]

[1]汴京大内失火：按本書卷二五《地理志中》：“南京路，國初曰汴京，貞元元年更號南京。”據本書卷八二《郭安國傳》，汴京大内失火是在貞元三年（1155），修南京宫室是在正隆三年（1158）。按汴京在貞元元年已更名南京，此處應稱南京，不應稱爲汴京。

[2]敬嗣暉：本書卷九一有傳。

[3]趙構：即南宋高宗。

[4]梁琉：本書卷一三一有傳。

[5]太傅：三師之一。正一品。　尚書令：尚書省長官。正一品。

[6]秦國公：封爵名。天眷格，爲大國封號第五。

海陵至汴，累月不視朝，日治兵南伐，部署諸將。浩欲奏事，不得見。會海陵遣周福兒至浩家，[1]浩附奏曰："諸將皆新進少年，恐誤國事。宜求舊人練習兵者，以爲千户謀克。"[2]而海陵部署已定，惡聞其言，乃杖之。海陵自將發汴京，皇后、太子居守。浩留治尚書省事。

[1]周福兒：事迹另見於本書卷七六、一三二。

[2]千户謀克：金代軍事組織實行猛安謀克編制，一百人爲謀克，長官稱謀克，也稱百夫長。十謀克爲猛安，長官稱猛安，也稱千夫長、千户。謀克之下，每五十人設一位蒲里衍，爲謀克的副從。女真猛安謀克士卒亦有副從，稱阿里喜，以驅丁充當。

世宗即位于遼陽，[1]揚州軍變，[2]海陵遇害。都督府使使殺太子光英于南京。[3]浩遣户部員外郎完顔謀衍上賀表。[4]明年二月，浩朝京師，入見。世宗謂曰："朕思天位惟艱，夙夜惕懼，不遑寧處。卿國之元老，當戮力贊治，宜令後世稱揚德政，毋失委注之意也。"俄拜太師、尚書令，[5]封南陽郡王。[6]世宗曰："卿在正隆時爲首相，不能匡救，惡得無罪。營建兩宫，殫竭民力，汝亦嘗諫，故天下不以咎汝，惟怨正隆。而卿在省十餘年，練達政務，故復用卿爲相，當自勉，毋負朕意。”浩頓首謝。居數日，世宗謂浩曰：“卿爲尚書令，凡人材有可用者，當舉用之。”浩舉紇石烈志寧等，[7]其後皆爲名臣。

[1]世宗：廟號。本名烏禄，漢名雍。1161年至1189年在位。

[2]揚州：治所在今江蘇省揚州市。

[3]都督府：官署名，即左、右領軍大都督府。爲海陵南征時所設的臨時性軍事機構，負責指揮各路部隊對宋作戰，南征失敗後取消，故本書《百官志》不載。其長官爲左、右領軍大都督。　光英：女真人。本名阿魯補，又名趙六。本書卷八二有傳。

[4]户部員外郎：户部屬官。從六品。　完顔謀衍：女真人。婁室之子。本書卷七二有傳。

[5]太師：三師之一。正一品。

[6]南陽郡王：封爵名。爲封王郡號第四。

[7]紇石烈志寧：女真人。本名撒合輦，海陵時賜名懷忠。本書卷八七有傳。

浩有疾，在告者久之，遣左司郎中高衎及浩姪汝弼宣諭。[1]浩力疾入對，即詔入朝毋拜，許設座殿陛之東，若有咨謀，然後進對。或體中不佳，不必日至省中，大政可就第裁决。浩雖受詔，然每以退爲請。三年夏，復申前請。乃除判東京留守。[2]疾不能赴任，因請致仕。

[1]左司郎中：尚書省屬官。掌本司奏事，總察吏、户、禮三部受事付事。正五品。　高衎：渤海人。本書卷九〇有傳。　汝弼：渤海人。即張汝弼，本卷有傳。

[2]判東京留守：東京留守司長官。正三品。張浩當時以正一品官任此職，故稱“判”。

初，近侍有欲罷科舉者，上曰：“吾見太師議之。”浩入見，上曰：“自古帝王有不用文學者乎？”浩對曰：“有。”曰：“誰歟？”浩曰：“秦始皇。”上顧左右曰：“豈可使我爲始皇乎？”事遂寢。

是歲，薨。上輟朝一日。詔左宣徽使趙興祥率百官致奠，[1]賻銀千兩、重綵五十端、絹五百匹。謚曰文康。明昌五年，[2]配享世宗廟廷。泰和元年，[3]圖像衍慶宫。[4]子汝爲、汝霖、汝能、汝方、汝猷。[5]

[1]左宣徽使：宣徽院長官。正三品。　趙興祥：本書卷九一有傳。

[2]明昌：金章宗年號（1190—1196）。

[3]泰和：金章宗年號（1201—1208）。

[4]衍慶宫：爲金之原廟所在地，在中都路大興府皇宫中。據本書卷三三《禮志六》：“名其宫曰衍慶，殿曰聖武，門曰崇聖。”據本書卷三一《禮志四》，最初畫功臣二十人像於衍慶宫是在金大定八年（1168），大定十六年、十八年、二十二年續有更定。

[5]汝爲：本書僅此一見。　汝霖：本卷有傳。　汝能：本書僅此一見。　汝方：事迹另見於本書卷一一、一二六。　汝猷：事迹另見於本書卷九、六四。

汝霖字仲澤，少聰慧好學，浩嘗稱之曰：“吾家千里駒也。”貞元二年，賜吕忠翰牓下進士第，特授左補闕，[1]擢大興縣令，[2]再遷禮部員外郎、翰林待制。[3]大定八年，[4]除刑部郎中，[5]召見於香閤，[6]諭之曰："卿以待制除郎中，勿以爲降。朕以刑部闕漢官，[7]故以授卿。且卿入仕未久，姑試其能耳。如職事修舉，當有陞擢。爾父太師以户部尚書升諸相位，由崇德大夫躐遷金紫，[8]卿所自見也。當既厥心，無忝乃父。"明年，授太子左諭德兼禮部郎中。[9]

[1]吕忠翰榜：金海陵貞元二年（1154）吕忠翰中進士第一名。該年進士榜名，即爲"吕忠翰"榜。　左補闕：諫院屬官。正七品。

[2]大興縣令：縣長官。掌養百姓，按察所部，宣導風化，勸課農桑，平理獄訟，捕除盜賊，禁止游惰，兼管常平倉及通檢推排簿籍，總判縣事。從六品。大興縣治所在今北京市。

[3]禮部員外郎：禮部屬官。從六品。　翰林待制：翰林學士院屬官。分掌詞命文字，分判院事，凡應奉文字，銜内帶"同知制誥"。正五品。本書卷一二五《鄭子聘傳》載張汝霖曾任宣徽判官（從六品），當在此前。

[4]大定：金世宗年號（1161—1189）。

[5]刑部郎中：刑部屬官。協助刑部尚書掌律令、刑名、監户、官户、配隸、功賞、捕亡等事。從五品。張汝霖自正五品翰林待制任此職爲降，所以纔有下文金世宗的一番話。

[6]香閤：宫殿名。在中都大興府皇宫中。

[7]刑部：官署名。尚書省下屬機構。長官爲刑部尚書，正三品。闕，義同"缺"。

[8]崇德大夫：文散官名。本書卷五五《百官志一》中無崇德大夫。按上文"以户部尚書（正三品）升諸相位"，此崇德大夫應即後來的正三品上階的資德大夫。金紫，指金紫光禄大夫，文散官。正二品上階。　躐（lèi），超越，躐遷指破格提升。因按正常

晋升次序，自正三品上階的資德大夫至正二品上階的金紫光禄大夫，中間還要經過從二品下階的榮禄大夫、從二品上階的光禄大夫、正二品下階的銀青榮禄大夫。從資德大夫進金紫光禄大夫故稱躐遷。

[9]太子左諭德：東宫屬官。掌贊諭道德，侍從文章。正五品。禮部郎中：禮部屬官。從五品。

先是，知登聞檢院王震改禮部郎中，[1]世宗諭宰臣曰："此除未允人望，禮官當選有學術士，如張汝霖者可也。"於是，命汝霖兼之而除震别職。擢刑部侍郎。[2]以憂解，起復爲太子詹事，[3]遷太子少師兼御史中丞。[4]世宗召謂曰："卿嘗言，監察御史所察州縣官多因沽買以得名譽，[5]良吏奉法不爲表襮，必無所稱。朕意亦然。卿今爲臺官，[6]可革其弊。"尋改中都路都轉運使、太子少師兼禮部尚書，[7]俄轉吏部，[8]爲御史大夫。[9]

[1]知登聞檢院：登聞檢院長官。掌奏御進告尚書省、御史臺理斷不當事。從五品。　王震：本書中凡兩見。卷八七記其官職爲"中都轉運副使"。

[2]刑部侍郎：尚書刑部屬官。正四品。卷六一《交聘表中》載張汝霖大定十三年（1173）爲"國子司業（正五品）兼户部郎中（從五品）"，當在此前。

[3]太子詹事：太子詹事院長官。掌總統東宫内外庶務。從三品。

[4]太子少師：宫師府三少之一。正三品。　御史中丞：御史臺屬官。從三品。

[5]監察御史：御史臺屬官。掌糾察内外非違，刷磨諸司察帳

并監祭禮及出使之事。正七品。

[6]臺官：即指御史臺官員，包括御史大夫、御史中丞、侍御史、治書侍御史、殿中侍御史與監察御史等。此授張汝霖爲御史中丞，故稱其爲臺官。

[7]中都路都轉運使：中都路都轉運司長官。正三品。

[8]吏部：此指吏部尚書，爲尚書吏部長官。掌文武選授、勳封、考課、出給制誥等事。正三品。

[9]御史大夫：御史臺長官。原正三品，金大定十二年（1172）升從二品。

時將陵主簿高德温大收税户米，[1]逮御史獄。[2]汝霖具二法上。世宗責之曰："朕以卿爲公正，故登用之。德温有人在宫掖，故朕頗詳其事。朕肯以宫掖之私撓法耶？不謂卿等顧徇如是。"汝霖跪謝。久之，上顧左諫議大夫楊伯仁曰：[3]"臺官不正如此。"伯仁奏曰："罪疑惟輕，故具二法上請，在陛下裁斷耳。且人材難得，與其材智而邪，不若用愚而正者。"上作色曰："卿輩皆愚而不正者也。"未幾，復坐失出大興推官高公美罪，[4]謫授棣州防禦使。[5]頃之，復爲太子少師兼禮部尚書，拜參知政事，太子少師如故。是日，汝霖兄汝弼亦進拜尚書左丞，[6]時人榮之。

[1]將陵主簿：爲縣令佐貳，協助縣令掌養百姓、按察所部、宣導風化等事。正九品。將陵治所在今山東省德州市。　高德温：另見於本書卷九五。

[2]御史獄：指御史臺所屬監獄。

[3]左諫議大夫：諫院長官。正四品。　楊伯仁：本書卷一二

五有傳。

[4]大興推官：府屬官。掌糾正非違，紀綱政務。從六品。大興即大興府。　高公美：本書僅此一見。

[5]棣州防禦使：防禦州長官。總判一州政務，防捍不虞，禦制盜賊。從四品。棣州治所在今山東省惠民縣。

[6]尚書左丞：尚書省屬官。爲執政官，宰相之貳，佐治省事。正二品。汝弼爲汝霖族兄，下文《汝弼傳》："與族弟參知政事汝霖同日拜。"則此處"兄"字上應脱"族"字。

後因朝奏日論事上前，世宗謂曰："朕觀唐史，見太宗行事初甚厲精，[1]晚年與群臣議多飾辭，朕不如是也。"又曰："唐太宗，明天子也，晚年亦有過舉。朕雖不能比迹聖帝明王，然常思始終如一。今雖年高，敬慎之心無時或怠。"汝霖對曰："古人有言，'靡不有初，鮮克有終'，[2]有始有卒者其惟聖人乎。魏徵所言守成難者，[3]正謂此也。"上以爲然。

[1]太宗：廟號。指唐太宗李世民。

[2]靡不有初，鮮克有終：語出《詩經·大雅·蕩》。意爲做人、做事、做官没有人不肯善始，但很少有人能够善終。

[3]魏徵：唐大臣。《新唐書》卷九七與《舊唐書》卷七一有傳。

二十五年，章宗以原王判大興府事，[1]上命汝霖但涓視事，日且加輔導。尋坐擅支東宮諸皇孫食料，奪官一階。久之，遷尚書右丞。

[1]章宗：廟號。本名麻達葛，漢名璟。1190 年至 1208 年在位。　原王：封爵名。大定格，爲次國封號第十五。　判大興府事：大興府長官。章宗此時官至一品，而府尹爲正三品官，散官遠高於職務，故稱“判”。

是時，世宗在位久，熟悉天下事，思得賢材與圖致治，而大臣皆依違苟且，無所薦達。一日，世宗召宰臣謂曰：“卿等職居輔相，曾無薦舉何也？且卿等老矣，殊無可以自代者乎？惟朕嘗言某人可用，然後從而言之。卿等既無所言，必待朕知而後進用，將復有幾？”因顧汝霖曰：“若右丞者，亦因右丞相言而知也。”汝霖對曰：“臣等苟有所知，豈敢不薦，但無人耳。”上曰：“春秋諸國分裂，土地褊小，皆稱有賢。今天下之大，豈無人才，但卿等不舉而已。今朕自勉，庶幾致治。他日子孫誰與共治乎？”汝霖等皆有慙色。

二十八年，進拜平章政事，兼修國史，[1]封芮國公。[2]世宗不豫，與太尉徒單克寧、右丞相襄同受顧命。[3]章宗即位，加銀青榮禄大夫，[4]進封莘。[5]

[1]修國史：國史院屬官。掌修國史，判院事。

[2]芮國公：封爵名。大定格，爲小國封號第三十。

[3]太尉：三公之一。正一品。　徒單克寧：女真人。原名習顯。本書卷九二有傳。　右丞相襄：本名唵，昭祖五世孫。本書卷九四有傳。

[4]銀青榮禄大夫：文散官。爲正二品下階。

[5]莘：封爵名。大定格，爲小國封號第二十九。

先是，右丞相襄言："熙宗聖節蓋七月七日，[1]爲係景宣忌辰，[2]更用正月受外國賀。[3]今天壽節在七月，[4]雨水淫暴，外方人使赴闕，有礙行李，乞移他月爲便。"汝霖言："帝王之道當示信於天下。昔宋主構生日，亦係五月。是時，都在會寧，[5]上國遣使賜禮，不聞有霖潦礙阻之説。今與宋構好日久，[6]遽以暑雨爲辭，示以不實。萬一雨水踰常，愆期到闕，猶愈更用别日。"參知政事劉瑋、御史大夫唐括貢、中丞李晏、刑部尚書兼右諫議大夫完顔守貞、修起居注完顔烏者、同知登聞檢院事孫鐸亦皆言其不可。[7]帝初從之，既而竟用襄議。

[1]熙宗聖節：據本書卷四《熙宗紀》，熙宗生辰改於正月十七受賀。

[2]景宣：即金太祖第二子宗峻，本名繩果，熙宗生父，熙宗即位後追謚爲景宣皇帝。見本書卷一九《世紀補》。"宣"，原作"祖"，從中華點校本改。

[3]正：原作"五"，從中華點校本改。

[4]天壽節：金章宗生辰。

[5]會寧：金舊都上京會寧府，治所在今黑龍江省阿城市白城。

[6]與宋構好日久：施國祁《金史詳校》卷八上認爲，"構"當作"講"。

[7]劉瑋：本書卷九五有傳。　唐括貢：女真人。本名達哥。本書卷一二〇有傳。　中丞：指御史中丞。御史臺屬官。從三品。李晏：本書卷九六有傳。　刑部尚書：尚書刑部長官。正三品。右諫議大夫：諫院長官。正四品。　完顔守貞：女真人。完顔希尹之孫。本書卷七三有傳。原作"完顔守道"，據中華點校本改。修起居注：記注院長官。掌記皇帝的言、行。金貞祐三年（1215）

以左、右司首領官兼，爲定制。　完顔烏者：女真人。事迹另見於本書卷九。　同知登聞檢院事：登聞檢院屬官。正六品。　孫鐸：本書卷九九有傳。

時帝在諒陰，初出獵，諫院聯章言心喪中未宜。[1]其後冬獵，汝霖諫之。詔答曰："卿能每事如此，朕復何憂。然時異事殊，難同古昔，如能斟酌得中，斯爲當矣。"

[1]諫院：官署名。掌諫議。長官爲左、右諫議大夫，正四品。下設左、右司諫，左、右補闕，左、右拾遺。

一日，帝謂宰臣曰："今之用人，太拘資歷，如此何能得人？"汝霖奏曰："不拘資格，所以待非常之材。"帝曰："崔祐甫爲相，[1]未踰年薦八百人，豈皆非常材耶。"

[1]崔祐甫：唐宰相名。《舊唐書》卷一一九、《新唐書》卷一四二有傳。

時有司言民間收藏制文，恐因而滋訟，乞禁之。汝霖謂："王者之法，譬猶江、河，欲使易避而難犯。本朝法制，坦然明白，今已著爲不刊之典，天下之人無不聞誦。若令私家收之，則人皆曉然不敢爲非，亦助治之一端也。不禁爲便。"詔從之。[1]

［1］本書卷四五《刑志》却云："以衆議多不欲，詔姑令仍舊禁之。"與此異。

明昌元年三月，表乞致仕，不許。十二月，卒。時帝獵饒陽，[1]訃聞，勅百官送葬，賻禮加厚，謚曰文襄。

［1］饒陽：縣名。治所在今河北省饒陽縣。

汝霖通敏習事，凡進言必揣上微意，及朋附多人爲説，故言不忤而似忠也。初，章宗新即位，有司言改造殿庭諸陳設物，日用繡工一千二百人，二年畢事。帝以多費，意輟造。汝霖曰："此非上服用，未爲過侈。將來外國朝會，殿宇壯觀，亦國體也。"其後奢用浸廣，蓋汝霖有以導之云。

張玄素字子真，與浩同曾祖。祖祐，[1]父匡，[2]仕遼至節度使。玄素初以廕得官。高永昌據遼陽，[3]玄素在其中。斡魯軍至，[4]乃開門出降，特授世襲銅州猛安。[5]天會間，歷西上閤門使、客省使、東宫計司。[6]天眷元年，以静江軍節度使知涿州，[7]察廉最，進官一階。皇子魏王道濟遥領中京，[8]以玄素爲魏王府同提點，[9]尋改鎮西軍節度使，[10]遷東京路都轉運使，[11]改興平軍節度使。[12]正隆末年，天下盜起，玄素發民夫增築城郭，同僚諫止之，不聽。未幾，寇掠鄰郡，皆無備，而興平獨安。

[1]祐：渤海人。本書共兩人名張祐，此人僅此一見。

[2]匡：渤海人。本書僅此一見。

[3]高永昌：渤海人。遼天祚帝時爲東京裨將。遼天慶六年（1116），東京渤海人民殺遼東京留守起義，他亦起兵反遼，稱大渤海皇帝，建年號隆基，攻占遼東五十餘州。遼兵攻東京，高永昌曾向金兵求救，欲與金兵聯合抗遼，爲金太祖所拒。後東京爲金兵所破，高永昌因曾試圖反金而被擒斬。事見本書卷七一。

[4]斡魯：女真人。本書卷七一有傳。

[5]銅州：遼置，治所在今遼寧省海城市東南析木城。金皇統三年（1143）廢。

[6]西上閤門使：宣徽院下屬機構閤門屬官。掌贊導殿庭禮儀。原爲正五品，金明昌六年（1195）改爲從五品。　客省使：宣徽院下屬機構客省的負責人。掌接伴人使見辭之事。正五品。　東宫計司：官名。其餘不詳。

[7]静江軍節度使：唐設静江軍節度使。遼金無此地名，此官爲遥領虚置，金設此職，往往是留鎮某地。　知涿州：州長官。帶京朝官銜或試銜者主持州事時稱知州事，簡稱知州。涿州治所在今河北省涿州市。

[8]魏王：封爵名。天眷格，爲大國封號第九。　道濟：女真人。金熙宗之子。本書卷八〇有傳。　中京：京路名。海陵貞元元年（1153）改名爲北京，治所在今内蒙古自治區寧城縣西大明城。

[9]魏王府同提點：負責協助魏王府提點管理魏王府内外庶務。本書《百官志》不載，當是官制改革以前的舊官名。

[10]鎮西軍節度使：節度州長官。從三品。鎮西軍，設在嵐州，治所在今山西省嵐縣北。

[11]東京路都轉運使：東京路轉運司長官。正三品。按本書卷五七《百官志三》載，“惟中都路置都轉運司，餘置轉運司”，與此異。據本書卷五《海陵紀》載，“以汴京路都轉運使左瀛爲賀宋正旦使”，卷八二《郭安國傳》亦稱左瀛爲都轉運使。證《百官志》

有誤。

[12]興平軍節度使：節度州長官。從三品。興平軍設在平州，治所在今河北省盧龍縣。

世宗即位，玄素來見于東京。玄素在東京，希海陵旨，言世宗嘗取在官黄粮，及摭其數事。[1]至是來見，世宗一切不問。玄素與李石力言宜早幸燕京，[2]上深然之。遷户部尚書，出鎮定武，[3]遂致仕。年八十四，卒。

玄素厚而剛毅，人畏憚之。往往以片紙署字其上治瘧疾，輒愈，人皆異之。

[1]摭（zhí）：摘取，拾取。

[2]李石：渤海人。本書卷八六有傳。

[3]定武：此指定武軍節度使，爲節度州長官。從三品。定武軍設在定州，治所在今河北定州市。

汝弼字仲佐，父玄徵，[1]彰信軍節度使，[2]玄素之兄也。汝弼初以父蔭補官。正隆二年，中進士第，調瀋州樂郊縣主簿。[3]玄徵妻高氏與世宗母貞懿皇后有屬，[4]世宗納玄徵女爲次室，是爲元妃張氏，[5]生趙王允中。[6]世宗即位于遼陽，汝弼與叔玄素俱往歸之，擢應奉翰林文字。[7]

[1]玄徵：事迹另見於本書卷六四、九二。

[2]彰信軍節度使：節度州長官。從三品。彰信軍設在信州，治所在今吉林省公主嶺市秦家屯古城。

[3]瀋州樂郊縣主簿：縣令之佐。正九品。治所在今遼寧省瀋

陽市。

[4]貞懿皇后：渤海人。本書卷六四有傳。

[5]元妃：内命婦稱號，位在貴妃、淑妃、德妃、賢妃之上。正一品。此指張玄徵女，渤海人。本書卷六四有傳。

[6]趙王：封爵名。大定格，爲大國封號第八。　允中：女真人。本名實魯剌，金世宗子。本書卷八五有傳。

[7]應奉翰林文字：翰林學士院屬官。從七品。

世宗御翠鑾閣，[1]召左司郎中高衎及汝弼問曰："近日除授，外議何如？宜以實奏，毋少隱也。有不可用者當改之。"衎、汝弼皆無以對。

[1]翠鑾閣：在中都大興府皇宫中。

自皇統以來，[1]内藏諸物費用無度，吏夤緣爲姦，多亡失。汝弼與宫籍直長高公穆、入殿小底王添兒閲實之，[2]以類爲籍，作四庫以貯之。於是，内藏庫使王可道等皆杖一百，[3]汝弼等各進階。頃之，兼修起居注，轉右司員外郎。[4]母憂去官。起復吏部郎中[5]，累遷吏部尚書，拜參知政事。

[1]皇統：金熙宗年號（1141—1149）。　宫籍直長：宫籍監屬官。正八品。　高公穆：本書僅此一見。

[2]入殿小底：又作入寢殿小底，寢殿小底。金大定十二年（1172）更名爲奉御，定員十六人，以内駙馬充。爲殿前都點檢司下屬機構近侍局所屬小官。　王添兒：本書僅此一見。

[3]内藏庫使：内藏庫長官。掌内庫珍寶、財物。從五品。

王可道：海陵正隆四年（1159）時曾以秘書監爲賀宋生日使，此時其官職低於正隆時。

[4]右司員外郎：尚書省屬官。掌本司奏事，總察兵、刑、工三部受事付事。正六品。另，范成大《攬轡録》作“左司員外郎”。

[5]吏部郎中：吏部屬官，從五品。

詔徙女直猛安謀克于中都，給以近郊官地，皆塉薄。[1]其腴田皆豪民久佃，遂專爲己有。上出獵，猛安謀克人前訴所給地不可種蓺，[2]詔拘官田在民久佃者與之。因命汝弼議其事。請“條約立限，令百姓自陳。過限，許人首告，實者與賞。”上可其奏。仍遣同知中都轉運使張九思拘籍之。[3]

[1]塉（jí）：瘠薄的土地。

[2]蓺：同“藝”，種植。

[3]同知中都轉運使：中都轉運司屬官。從四品。按本書卷五七《百官志三》，“惟中都路置都轉運司，餘置轉運司”，此處應脱“都”字。　張九思：本書卷九〇有傳。

上問：“高麗、夏皆稱臣。[1]使者至高麗，與王抗禮。夏王立受，使者拜，何也？”左丞襄對曰：“故遼與夏爲甥舅，夏王以公主故，受使者拜。本朝與夏約和，用遼故禮，所以然耳。”汝弼曰：“誓書稱一遵遼國舊儀，今行之已四十年，不可改也。”上曰：“卿等言是也。”上聞尚書省除授小官多不稱職，召汝弼至香閤謂之曰：“他宰相年老，卿等宜盡心。”汝弼對曰：“材薄不足以副聖意耳。”進拜尚書右丞。於是，户部糴官倉粟，[2]汝弼請使暖湯院得糴之。[3]上讓曰：“汝欲積陰德邪？何區區如此。”

[1]高麗：指王建建立的王氏高麗政權（918—1392）。　夏：指西夏（1038—1227）。

[2]户部：官署名。尚書省下屬機構之一。其長官爲户部尚書，正三品。

[3]暖湯院：官署名。

左丞相徒單克寧得解政務，爲樞密使。[1]是日，汝弼亦懷表乞致仕。上使人止之曰：“卿年未老，未可退也。”進左丞，與族弟參知政事汝霖同日拜，族里以爲榮。有年未六十而乞致仕者，上不許。汝弼曰：“聖旨嘗許六十致仕。”上責之曰：“朕嘗許至六十者致仕，不許未六十者。且朕言六十致仕，是則可行，否則當言。卿等不言，皆此類也。”久之，坐擅增諸皇孫食料，與丞相守道、右丞粘割斡特剌、參政張汝霖各削官一階。[2]上曰：“准法當解職，但示薄責耳。”汝弼在病告，上謂宰相曰：“汝弼久居執政，[3]練習制度，頗能斟酌人材，而用心不正。”乃罷爲廣寧尹，[4]賜通犀帶。

[1]樞密使：樞密院長官。掌武備機密之事。從一品。

[2]丞相守道：本書卷八八《完顔守道傳》載守道此時官爲尚書左丞相，此處疑脱“左”字。　粘割斡特剌：女真人。本書卷九五有傳。

[3]執政：金於尚書省下設左右丞各一員、參知政事二員，爲

執政官。

[4]廣寧尹：府長官。即府尹，正三品。廣寧即廣寧府，治所在今遼寧省北寧市。

汝弼爲相，不能正諫。上所欲爲，則順而導之，所不欲爲，則微言以觀其意。上責之，則婉辭以引過，終不忤之也。而上亦知之。且黷貨，以計取諸家名園甲第珍玩奇好，士論薄之。二十七年，薨。

汝弼既與永中甥舅，陰相爲黨。章宗即位，汝弼妻高氏每以邪言怵永中覬非望，畫永中母像侍奉祈祝，使術者推算永中。有司鞠治，高氏伏誅。事連汝弼，上以事覺在汝弼死後，得免削奪。

耶律安禮本名納合，系出遥輦氏。[1]幼孤，事母以孝聞。遼季，間關避難，未嘗一日怠温凊。[2]入朝，當路者重其行義，使主帥府文字，授左班殿直。[3]天眷初，從元帥於山西。[4]母喪，不克歸葬，主帥憐之，賻禮甚厚。安禮冒大暑，挽柩行千餘里，哀毁骨立，行路嗟嘆。服除，由行臺吏、禮部主事累遷工部侍郎，[5]改左司郎中。

[1]遥輦氏：契丹部族名。唐玄宗時，契丹大賀氏聯盟潰散，重建部落聯盟，由遥輦氏阻午可汗任聯盟長。此後的聯盟長均由遥輦氏族中選充，稱可汗。遥輦可汗凡傳九世。耶律阿保機建國以後，遥輦九可汗的後裔各有斡魯朶，稱遥輦九帳，與皇族、后族諸帳並立。

[2]凊（qìng）：冷，涼。此詞出自《禮記·曲禮上》："凡爲人子之禮，冬温而夏凊。" 鄭玄注："温以禦其寒，凊以致其涼。"

[3]左班殿直：宋武階官名。係三班小使臣。北宋政和二年（1112）改名爲成忠郎。金初亦設此官。

[4]山西：指西京路。治所在今山西省大同市。

[5]行臺吏、禮部主事：即行臺吏部主事與行臺禮部主事，都是行臺尚書省的屬官，均爲正八品。

天德間，罷行臺尚書省，入爲工部侍郎，累遷本部尚書。[1]明年冬，爲宋國歲元使。[2]被詔鞫治韓王亨獄于廣寧。[3]亨無反狀，安禮還奏。海陵怒，疑安禮梁王宗弼故吏，[4]乃責安禮曰："孛迭有三罪。其論阿里出虎有誓券不當死，[5]既引伏。其謂不足進馬，及密遣刺客二者，安得無之？汝等來奏，欲測我喜怒以爲輕重耳。"乃遣安禮再往，與李老僧同鞫之。[6]老僧由是殺亨于獄。海陵猶謂安禮輒殺亨以絶滅事迹，親戚得以不坐。安禮之不附上刻下乃如此。

[1]本部尚書：指工部尚書。尚書工部長官。正三品。

[2]宋國歲元使：據本書卷六〇《交聘表上》，爲賀宋生日使，時在金貞元二年（1154），即南宋紹興二十四年，與《宋史》卷三一《高宗紀八》所記同。而上文"罷行臺尚書省"，事在金天德二年（1150）十二月，疑明年上有脱文。施國祁《金史詳校》卷八上認爲，"明年冬"當作"明年夏"，本書卷六〇《交聘表上》記其出使於"四月"。施説是。

[3]鞫治：原作"治鞫"，從施國祁《金史詳校》卷八上改。　韓王：封爵名。天眷格，爲次國封號第六。　亨：女真人。宗弼

之子，本名孛迭。本書卷七七有傳。

[4]梁王：封爵名。天眷格，爲大國封號第三。

[5]阿里出虎：女真人。即徒單阿里出虎。本書卷一三二有傳。誓券：本書卷七七稱“貸死誓券”，卷三稱“券書”，卷七三稱“鐵券”。以鐵爲之，狀如卷瓦。刻字畫欄，以金填之。外以御寶爲合，半留内府，以賞殊功。見本書卷八八。

[6]李老僧：渤海人。本書卷一三二有傳。

改吏部尚書，護大房山諸陵工作。[1]拜樞密副使，[2]封譚國公，遷尚書右丞，進封郕國公，[3]轉左丞。議降累朝功臣封爵，密諫伐江南，忤海陵意，罷爲南京留守，[4]封温國公。[5]安禮長於吏事，廉謹自將，從帥府再伐宋，寶貨人口一無所取。貴爲執政，奴婢止數人，皆有契券，時議賢之。薨，年五十六。

[1]大房山：在今北京市房山區。

[2]樞密副使：樞密院屬官。從二品。

[3]郕國公：封爵名。天眷格，爲小國封號第十五。

[4]南京留守：南京留守司長官。正三品。

[5]温國公：封爵名。天眷格，爲次國封號第三十。

納合椿年本名烏野。初置女直字，[1]立學官於西京，[2]椿年與諸部兒童俱入學，最號警悟。久之，選諸學生送京師，俾上京教授耶魯教之，[3]椿年在選中。補尚書省令史，[4]累官殿中侍御史，[5]改監察御史。

[1]女直字：據本書卷三《太宗紀》，天會三年（1125）“召耶

魯赴京師教授女真字”。又本書卷八八《紇石烈良弼傳》:“天會中,選諸路女真字學生送京師,良弼與納合椿年皆童丱,俱在選中。”可知其所習爲女真大字。

[2]西京:京路名。遼重熙十三年(1044)升雲州爲大同府,建號西京,金沿之。治所在今山西省大同市。

[3]上京教授:無品級小官。負責教授女真字。　耶魯:女真人。一作葉魯。與完顔希尹一同創製女真大字,並在女真大字的推廣中起到十分重要的作用。據本書卷三〇、卷三五在並提耶魯與完顔希尹時,都是以耶魯居前,可見在女真大字的創製過程中,耶魯出力最多。因耶魯無傳,本書纔將此事繫於希尹傳中。據本書卷一〇五《温迪罕締達傳》:“初,丞相希尹制女直字,設學校,使訛离剌等教之。”可見當時教授女真字的也並非耶魯一人。

[4]尚書省令史:尚書省辦事人員。定員七十人,女真、漢人各半。

[5]殿中侍御史:御史臺屬官。專劾朝者儀矩,掌奏朝官告假事。正七品。

海陵爲相,薦爲右司員外郎,編定新制。海陵篡立,以爲諫議大夫。椿年有酒失,海陵使之戒酒,遂終身不復飲。改祕書監,[1]修起居注,授世襲猛安,爲翰林學士兼御史中丞。[2]貞元初,[3]起上京諸猛安於中都、山東等路安置,[4]以勞賜玉帶閑廐馬。奉遷山陵,還爲都點檢,[5]賜今名,拜參知政事。海陵謂椿年曰:“如卿吏材甚難得,復有如卿者乎?”椿年薦大理丞紇石烈婁室。[6]海陵以婁室爲右司員外郎。[7]未旬日,海陵謂椿年曰:“吾試用婁室,果如卿言。惟賢知賢,信矣。”婁室後賜名良弼,有宰相才,世宗時,至左丞相,號賢相焉。

[1]祕書監：秘書監長官。從三品。

[2]翰林學士：翰林學士院屬官。掌制撰詞命，凡應奉文字，銜内帶“知制誥”。正三品。

[3]貞元：原作“正隆”，據中華點校本改。

[4]起上京諸猛安：事詳《兵志》，另有處之北京、河間者。　山東：路名。指山東東、西兩路。山東東路治所在今山東省青州市，山東西路治所在今山東省東平縣。

[5]都點檢：即殿前都點檢的省稱。爲殿前都點檢司長官，兼侍衛親軍都指揮使。掌行從宿衛，關防門禁，督攝隊仗，總判司事。正三品。

[6]大理丞：大理寺屬官。從六品。　紇石烈婁室：女真人。即紇石烈良弼。本書卷八八有傳。

[7]海陵以婁室爲右司員外郎：按本書卷八八《紇石烈良弼傳》：“天德初，累官吏部郎中，改右司郎中，借祕書少監爲宋主歲元使。是時，納合椿年爲參知政事，薦良弼才出己右，用是爲刑部尚書，賜今名。”此處所載官名與本傳不同。

正隆二年，椿年薨。海陵親臨哭之，追封特進、譚國公，[1]謚忠辯，賻銀二千兩、綵百端、絹千匹、錢千萬。以長子參謀合爲定遠大將軍，[2]襲猛安，次子合荅爲忠武校尉。[3]及歸葬，再賜錢百萬，仍給道路費。

[1]特進：文散官。爲從一品中次階。

[2]参謀合：女真人。事迹另見於本書卷四七。　定遠大將軍：武散官。從四品中階。

[3]合荅：女真人。本書僅此一見。　忠武校尉：武散官。從

七品上階。

椿年有宰相才，好推輓士類，然頗營産業，爲子孫慮。冒占西南路官田八百餘頃。[1]大定中，括撿田土，百姓陳言官豪占據官地，貧民不得耕種。温都思忠子長壽、椿年子猛安參謀合等三十餘家凡冒占三千餘頃。[2]詔諸家除牛頭税地各再給十頃，[3]其餘盡賦貧民種佃。世頗以此譏椿年云。

[1]西南路：指西南路招討司轄區。西南路招討司原設在豐州，治所在今内蒙古自治區呼和浩特市東南白塔村，金大定八年（1168）改設在應州，治所在今山西省應縣。

[2]温都思忠子長壽：按本書卷四七《食貨志二》作“故太師耨盌温敦思忠孫長壽”。

[3]牛頭税地：金制。女真人以每一耒牛三頭爲一具，依具授田輸粟。所輸粟稱牛頭税，所分得的土地稱牛頭税地，也作牛具税地。

祁宰字彦輔，[1]江淮人。宋季，以醫術補官。王師破汴得之，後隸太醫。[2]累遷中奉大夫、太醫使。[3]數被賞賚，常感激欲自効。

[1]祁宰：按《建炎以來繫年要録》卷一八四紹興三十年（1160）正月條記爲“祁宣”，《大金國志》卷一四《海陵煬王中》同。且二書與《三朝北盟會編》卷二四三引《煬王江上録》均稱之爲“翰林學士”。而本傳下文祇言中奉大夫、太醫使，未提及翰林學士。考祁宰以醫術得官，應不能任翰林學士，故南宋方面的記

載當出於傳聞之誤。

[2]太醫：官署名。此處指太醫院，爲宣徽院下屬機構。設有提點一名，正五品；太醫使一名，從五品；太醫副使一名，從六品；判官一名，從八品。

[3]中奉大夫：文散官。從三品下階。　太醫使：太醫院屬官，掌諸醫藥，總判院事。從五品。

海陵將伐宋，宰欲諫，不得見。會元妃有疾，召宰診視。既入見，即上疏諫，其略言："國朝之初，祖宗以有道伐無道，曾不十年，蕩遼戡宋。當此之時，上有武元、文烈英武之君，[1]下有宗翰、宗雄謀勇之臣，[2]然猶不能混一區宇，舉江淮、巴蜀之地，以遺宋人。況今謀臣猛將，異於曩時。且宋人無罪，師出無名。加以大起徭役，營中都，建南京，繕治甲兵，調發軍旅，賦役煩重，民人怨嗟，此人事之不修也。間者晝星見於牛斗，熒惑伏於翼軫。己歲自刑，害氣在揚州，太白未出，進兵者敗，此天時不順也。舟師水涸，舳艫不繼，而江湖島渚之間，騎士馳射，不可驅逐，此地利不便也。"言甚激切，海陵怒，命戮於市，籍其家産，天下哀之。綦戩，[3]宰婿也，海陵疑奏疏戩爲之。辭曰："實不知也。"海陵猶杖戩。召禁中諸司局官至咸德門，[4]諭以殺宰事。

[1]武元：指金太祖。其謚號爲"應乾興運昭德定功睿神莊孝仁明大聖武元皇帝"，故省稱武元。　文烈：指金太宗。其謚號爲"體元應運世德昭功哲惠仁聖文烈皇帝"，故省稱文烈。

[2]宗翰：女真人。本名粘没喝，漢語訛爲粘罕，又稱宗維，

國相撒改之長子。本書卷七四有傳。 宗雄：女真人。本名謀良虎，康宗長子。本書卷七三有傳。

[3]綦戩：另見於本書卷一二五。

[4]咸德門：宫門名。在中都大興府皇宫中。

明年，世宗即位於遼東。四年，詔贈資政大夫，[1]復其田宅。章宗即位，詔訪其子忠勇校尉、平定州酒監公史，[2]擢尚藥局都監。[3]泰和初，詔定功臣謚，尚書省掾李秉鈞上言：[4]“事有宜緩而急，若輕而重者，名教是也。伏見故贈資政大夫祁宰以忠言被誅，[5]慕義之士，盡傷厥心。[6]世宗即位，贈之以官，陛下録用其子，甚大惠也。雖武王封比干之墓，[7]孔子譽夷、齊之仁，[8]何以異此。而有司拘文，以職非三品不在議謚之例，臣竊疑之。若職至三品方得請謚，當時居高官、食厚禄者，不爲無人，皆畏罪淟涊，[9]曾不敢申一喙，畫一策，以爲社稷計。卒使立名死節之士，顧出於醫卜之流，亦可以少愧矣。臣以謂非常之人，當以非常之禮待之。乞詔有司特賜謚以旌其忠，斯亦助名教之一端也。”制曰：“可。”下太常，謚曰忠毅。

[1]資政大夫：文散官。爲正三品中階。

[2]忠勇校尉：武散官。爲正八品上階。 平定州：金大定二年（1162）以平定軍改置，治所在今山西省平定縣。 酒監：即酒使司都監，爲酒使司屬官。 公史：人名。爲祁宰之子。

[3]尚藥局都監：尚藥局屬官。掌進湯藥茶果。正九品。

[4]尚書省掾：指尚書省屬官。“掾”，原作“椽”，殿本作“掾”。張元濟《金史校勘記》認爲殿本是，據改。 李秉鈞：金

宣宗時仕至轉運使。

[5]祁宰：原作“祈宰”，據殿本改。

[6]䜣（xì）：悲傷痛苦。

[7]武王封比干之墓：武王，周武王。比干，殷王子，因諫紂王被剖心而死，與微子、箕子並稱爲三仁。事見《史記》卷三《殷本紀》。

[8]孔子譽夷齊之仁：夷，伯夷。齊，叔齊。爲孤竹國君初的二子。其父欲立叔齊，兄弟相讓，又不食周粟。孔子稱其“求仁得仁”。事見《論語》及《史記》卷六《伯夷列傳》。

[9]淟（tiǎn）涊（niǎn）：卑劣，懦弱。

贊曰：異哉，海陵之爲君也，舞智御下而不恤焉。君子仕於朝，動必以禮，然後免於耻。張通古、耶律安禮位不及張浩，進退始終，其賢遠矣。浩無事不爲，無役不從，爲相最久，用之厚，遇之薄，豈亦自取之邪。海陵伐宋，浩、安禮位皆大臣，一以婉辭，一以密諫，賢於不諫而已。祁宰一醫流，獨能極諫，其後皆如所言。海陵戕之，足以成其百世之名耳。納合椿年援引善類，有君子風。其死適在宋兵未舉之前，然觀其好營産殖，亦未必忘身徇國之士也。祁宰卓乎不可及也夫。

金史　卷八四

列傳第二十二

杲　本名撒离喝[1]　　耨盌温敦思忠　子乙迭　温敦兀帶
奔睹　高楨　白彦敬　張景仁

[1]撒离喝："离"，原作"里"，與以下傳文不統一，此從中華點校本改。

杲本名撒离喝，安帝六代孫，[1]泰州婆盧火之族，[2]胡魯補山之子。[3]雄偉有才略，太祖愛之，[4]常在軍中。及婆盧火爲泰州都統，[5]宗族皆隨遷泰州，撒离喝嘗爲世祖養子，[6]獨得不遷，仍居安出虎水。[7]

[1]安帝：女真人。名跋海。見本書卷一《世紀》。

[2]泰州：治所一説在今吉林省洮南市東北雙塔鄉城四家子舊城址；一説在今黑龍江省泰來縣塔子城。金承安三年（1198）移治長春縣，在今吉林省前郭爾羅斯蒙古族自治縣西北塔虎村。　婆盧火：女真人。金安帝五代孫。本書卷七一有傳。

[3]胡魯補山：本書卷五九《宗室表》作胡特孛山，同音異譯。

[4]太祖：廟號。即完顔阿骨打，漢名旻。1115 年至 1123 年

在位。

［5］都統：都統府長官。掌督領各路軍馬作戰。正三品。

［6］世祖：廟號。即完顔劾里鉢。見本書卷一《世紀》。

［7］安出虎水：即今黑龍江省阿城市境内的阿什河。

宗翰、宗望已再克汴，[1]執宋二主北還。[2]宗望分遣諸將定河北。[3]左都監闍母攻下河間。[4]雄州李成棄城走，[5]撒离喝邀擊，大破之，雄州遂降。睿宗經略山東，[6]留撒离喝于河上，而真定境内有賊衆，[7]自稱元帥秦王。撒离喝擊破其衆，執而戮之。從平陜西，[8]撒离喝徇地自渭以西，[9]降德順軍，[10]又降涇原路鎮戎軍，[11]進平熙河，[12]降甘泉等三堡，[13]遂取保川城。[14]明年，同奔覩討平河外，[15]降寧洮、安隴二寨，[16]并降下河及樂州。[17]至西寧，[18]盡降其都護官屬，於是木波族長等皆迎降。[19]攻慶陽，[20]敗其拒者，遂降其城。慕洧以環州來降，[21]得城寨十三，步騎一萬。於是，宗弼軍敗于和尚原，[22]上褒美撒离喝而戒勵宗弼。

［1］宗翰：女真人。本名粘没喝，漢語訛爲粘罕。本書卷七四有傳。　宗望：女真人。本名斡魯補，又作斡离不。本書卷七四有傳。　汴：即北宋都城汴京。治所在今河南省開封市。

［2］宋二主：指宋徽宗與宋欽宗。

［3］河北：路名，指河北東、西兩路。金天會七年（1129）析置河北東、西路，各置本路兵馬都總管。河北西路治所在今河北省正定縣。河北東路治所在今河北省河間市。

［4］左都監：即元帥左都監。元帥府屬官。金太宗天會三年（1125）設都元帥府，掌征討之事。設元帥左都監一員，位在都元

帥、左右副元帥、左右監軍之下。從三品。　闍母：女真人。本書卷七一有傳。　河間：宋府名。治所在今河北省河間市。

[5]雄州：治所在今河北省雄縣。　李成：字伯友。本書卷七九有傳。

[6]睿宗：廟號。即完顔訛里朶，漢名宗輔。金太祖之子，金世宗之父，大定中尊爲帝，更諱宗堯。見本書卷一九《世紀補》。　山東：路名。指山東東、西兩路。山東東路治所在今山東省青州市；山東西路治所在今山東省東平縣。

[7]真定：府名。治所在今河北省正定縣。

[8]陝西：指陝西六路，包括鱗府路、鄜延路、環慶路、涇原路、熙河路和秦鳳路。

[9]渭：北宋州名。治所在今甘肅省平凉市。

[10]德順軍：北宋軍鎮名。治所在今寧夏回族自治區隆德縣。

[11]涇原路：北宋康定二年（1041）置，治所在今甘肅省平凉市。　鎮戎軍：北宋軍鎮名。治所在今寧夏回族自治區固原縣。

[12]熙河：路名。北宋熙寧五年（1072）置，金初因之，治所在今甘肅省臨洮縣。金熙宗皇統二年（1142）與秦鳳路合并成立熙秦路。

[13]甘泉：堡名。治所在今陝西省渭南市東北，俗稱夏王城。

[14]保川城：治所在今甘肅省靖遠縣西南。

[15]奔覩：女真人。一作奔睹，即完顔昂。本卷有傳。

[16]寧洮：寨名。治所在今青海省化隆回族自治縣。　安隴：寨名。北宋元符三年（1100）改隴朱黑城置。治所在今青海省樂都縣南。

[17]下河：地名。在今甘肅省夏河縣附近。　樂州：治所在今青海省樂都縣南湟水南岸。

[18]西寧：州名。治所在今青海省西寧市。

[19]木波族：吐蕃部名。爲河湟吐蕃諸部之一。居住在今青海省黄南及甘肅省甘南兩個藏族自治州境内。初事唃廝囉疏族溪巴

温，其政權瓦解後降北宋。北宋亡後降金。金大定四年（1164），與諸鄰部共立唃氏五世孫結什角爲族長，稱王子，依附於金國。轄境八千里，有民户四萬餘户。

[20]慶陽：府名。治所在今甘肅省慶陽市。

[21]慕洧：人名。本書僅此一見。畢沅《續資治通鑑》作慕容洧。　環州：治所在今甘肅省環縣。

[22]宗弼：女真人。本名斡啜，一作斡出，或作兀术，亦作晃斡出。本書卷七七有傳。　和尚原：在今陜西省寶鷄市西南。

睿宗已定陜西，留兵屯衝要，使撒离喝總之。[1]居無何，請收劍外十三州。[2]與宋王彦之軍七千人遇于沙會濼，[3]敗之，遂克金州。[4]連破吴玠諸軍于饒峰關，[5]遂取真符縣，[6]取洋州入興元府。[7]敗吴玠兵于固鎮，[8]擒其兩將。撒葛棿等破宋兵，[9]盡下諸砦及仙人關。[10]天會十四年，[11]爲元帥右監軍。[12]

[1]使撒离喝總之：按《宋史》卷三六六《吴玠傳》，金天會九年，即南宋紹興元年（1131），金復以撒离喝爲陜西經略使。乾陵無字碑文之郎君當即撒离喝，記爲“陜西都統經略”。

[2]劍外：泛指今四川省劍門關以南地區。

[3]王彦：宋將。中華點校本以王彦之爲一人名，日本學者小野川秀美《金史語彙集成》以王彦爲人名，之字下讀爲確（小野川秀美《金史語彙集成》，京都大學人文科學研究所1960年版）。　沙會濼：具體地點不詳。

[4]金州：治所在今陜西省安康市。

[5]吴玠：宋將。字晋卿。未冠，以良家子從軍，抗夏禦邊，屢立戰功，張浚惜其才，擢爲秦鳳副總管兼知鳳翔府。後於和尚原、仙人關連敗進犯金兵，遷爲川陜宣撫副使，官終四川宣撫使。

饒峰關：一作饒風關。在今陝西省石泉縣西。

[6]真符縣：治所在今陝西省洋縣東真符村。

[7]洋州：治所在今陝西省洋縣。　興元府：治所在今陝西省漢中市。

[8]固鎮：治所在今甘肅省徽縣。

[9]撒葛梲：人名。本書僅此一見。

[10]仙人關：在今甘肅省徽縣東南。

[11]天會：金太宗年號，金熙宗初年沿用不改（1123—1137）。

[12]元帥右監軍：元帥府屬官。位在都元帥、左右副元帥、元帥左監軍之下。正三品。

天眷三年，[1]宗弼復取河南。[2]撒离喝自河中出陝西。[3]既至鳳翔，[4]擊走宋軍。是時，宋軍在京兆西者甚衆。[5]諸將以暑雨，欲駐軍。且聞宋兵九萬會于涇州，[6]都元帥遣河南步卒來會軍。[7]撒离喝留諸將屯環慶，[8]獨以輕騎取涇州。六月，敗宋兵于涇州。宋兵走渭州，拔离速追擊，大敗之。未幾，爲右副元帥。[9]皇統三年，[10]封應國公，[11]錫賚甚厚。熙宗出獵，[12]賜具裝馬二，命射于圍中。加開府儀同三司。[13]將還軍，命宰臣餞之。

[1]天眷：金熙宗年號（1138—1140）。原作“二年”，此從中華點校本改。

[2]河南：指後來的南京路所轄地區。

[3]河中：宋府名。治所在今山西省永濟市西南蒲州鎮。

[4]鳳翔：府名。治所在今陝西省鳳翔縣。

[5]京兆：府名。治所在今陝西省西安市。

［6］涇州：治所在今甘肅省涇川縣。

［7］都元帥：都元帥府長官。從一品。此指宗弼。

［8］環慶：路名。北宋康定二年（1041）分陝西路置，金初因之。治所在今甘肅省慶陽市。

［9］右副元帥：元帥府屬官。位在都元帥、左副元帥之下。正二品。

［10］皇統：金熙宗年號（1141—1148）。

［11］應國公：封爵名。天眷格，爲小國封號第十九。

［12］熙宗：廟號。即完顔合剌，漢名亶。1135 年至 1149 年在位。

［13］開府儀同三司：文散官。爲從一品上階。

海陵升蒲州爲河中府，[1]撒离喝爲河中尹，[2]左副元帥如故。[3]自陝西入朝，因從容言曰："唐建成不道，[4]太宗以義除之，[5]即位之後，力行善政，後世稱賢。陛下以前主失德，大義廢絶，力行善政，則如唐太宗矣。"海陵聞其言，色變，撒离喝亦悔其言。既而進封國王，從行官吏皆官賞之。海陵念撒离喝久握兵在外，頗得士心，忌之，以爲行臺左丞相兼左副元帥。[6]又恐不奉命，陽尊以殊禮，使係屬籍，以玉帶、璽書賜之。撒离喝至汴，詔諭行臺右丞相、右副元帥撻不野，[7]無使撒离喝預軍事。撒离喝不知，每事輒争之。撻不野詭曰："太師梁王以陝西事屬公，[8]以河南事屬撻不野，今未嘗别奉詔命。陝西之事，撻不野固不敢干涉。"撻不野久在河南，將帥畏而附之。撒离喝始至勢孤，争之不得，白於朝。大臣知上旨，報曰："如梁王教。"及詔使至汴，諭旨於撻不野。使還，撻不野獨有附奏，撒离喝不得與聞，人皆知海陵使撻不野圖之矣。

[1]海陵：封號。即完顔迪古迺，漢名亮。1149年至1161年在位。　蒲州：治所在今山西省永濟市西南蒲州鎮。海陵天德元年（1149）升爲河中府。

[2]河中尹：府長官。即府尹，掌宣風導俗，肅清所部，總判府事。正三品。

[3]左副元帥：元帥府屬官。位僅次於都元帥。正二品。撒离喝何時爲左副元帥不詳。首次出現則是在本書卷五《海陵紀》天德二年（1150）"以左副元帥撒离喝爲行臺尚書左丞相"。又據卷六五《完顔璋傳》，"左副元帥撒离喝引在麾下……皇統六年，父神土懣卒"，則應在皇統六年（1146）以前。

[4]建成：唐高祖李淵長子，死於與唐太宗李世民争位的玄武門之變。

[5]太宗：廟號。指唐太宗李世民。

[6]行臺左丞相：行臺尚書省屬官。正二品。

[7]行臺右丞相：行臺尚書省屬官。位在領行臺尚書省事與行臺左丞相之下。正二品。　撻不野：渤海人。大臭本名撻不野，本書卷八〇有傳。

[8]太師：三師之一。正一品。　梁王：封爵名。天眷格，爲大國封號第三。此指宗弼。

會海陵欲除遼王斜也子孫及平章政事宗義等，[1]元帥府令史遥設希海陵旨，[2]誣撒离喝父子謀反，并平章宗義、尚書謀里野等。[3]遥設學撒离喝手署及印文，詐爲契丹小字家書與其子宗安，[4]從左都監奔睹上變。封題作已經開拆者，書紙隱約有白字，作曾經水浸致字畫分明者，稱御史大夫宗安於宫門外遺下此書，[5]遥設拾得之。其書略曰："撻不野自來於我不好，凡事常有隄防，應是知得上意。移剌補丞相於我不好，[6]若遲緩分豪，[7]猜疑必落他手也。"又曰："阿渾每見此書，[8]約定月日，教掃胡令史却寫白字書來。"[9]有司鞫問，宗安不服曰："使真有此書，我剖肌肉藏之，猶恐漏泄，安得於朝門下遺之？"有司掠笞楚毒，宗安神色不變。乃置掃胡爐炭上，掃胡不能堪，自誣服。宗安謂掃胡曰："爾苦矣。"宗義被掠笞，不能當，亦自誣服，曰："我輩知不免矣，不早決，徒自苦。"宗安曰："今雖無以自明，九泉之下當有冤對，吾終不能引屈。"竟不服而死。使斯魯渾殺撒离喝于汴，[10]族其家，而無寫書及傳書者主名。

[1]遼王：封爵名。天眷格，爲大國封號第一。　斜也：女真人。太祖母弟，漢名杲。本書卷七六有傳。　平章政事：尚書省宰相。掌丞天子，平章萬機。從一品。　宗義：女真人。本名孛吉，斜也之子。見本書卷七六。

[2]元帥府令史：爲元帥府中的辦事人員。　遥設：初爲元帥府令史，因誣告撒离喝而被海陵升爲博州同知，並賜錢三百萬。海陵貞元二年（1154），以謀反被處死。事迹另見於本書卷五、七六、一二九。

[3]尚書謀里野：按本書卷五九《宗室表》："謀里也，工部尚書。"可見，其爲尚書工部長官。掌修造營建法式、諸作工匠、屯田、山林川澤之禁、江河堤岸、道路橋梁等事。正三品。謀里野，女真人。又作謀里也。謾都訶之子，金景祖孫。卷七六稱其爲"謾都訶次子"，而《宗室表》記謾都訶衹此一子。待考。

[4]宗安：女真人。撒离喝之子。事詳本書卷七六。

［5］御史大夫：御史臺長官。掌糾察朝儀，彈劾官吏，勘察官府公事。原正三品，金大定十二年（1172）升從二品。

［6］移剌補丞相：本書僅此一見。未詳何指。

［7］豪：通“毫”。中華點校本作“毫”。

［8］阿渾每：按本書卷七六，“女直謂子‘阿渾’”，則此處當是女真語，譯爲漢語即“兒子們”或“孩子們”。

［9］掃胡：本書僅見於本卷。

［10］斷魯渾：本書僅見於本卷。

有折哥者，[1]能契丹小字，舊嘗從撒离喝。特末者，[2]陝西舊將，嘗以左副元帥事馳驛赴闕。兩人者皆族誅。撒离喝親屬坐是死者二十餘人。魯王斡者孫耶魯候撒离喝于汴，[3]斷魯渾執之，耶魯曰：“願付有司，若法當同坐，雖死不恨。”斷魯渾亦殺之。其家訟于朝，海陵不問，但賜錢二百萬。

［1］折哥：本書僅此一見。

［2］特末：本書共有五人同名特末，此人僅此一見。

［3］魯王：封爵名。天眷格，爲大國封號第十四。原作“潞王”，此據中華點校本改。　斡者：女真人。本書卷六五有傳。耶魯：女真人。本書僅此一見。

奔睹遷元帥左監軍，[1]加開府儀同三司。遥設爲同知博州事，[2]賜錢三百萬，謂之曰：“爾無自比老人。老人親告朕，爾以告有司，設有撒离喝黨人在其間，敗吾事矣。”老人指蕭玉也。[3]蕭玉名老人，故云然。遥設在博州數歲，後與蕭裕謀反，[4]伏誅。

[1]元帥左監軍：元帥府屬官。位在都元帥、左右副元帥之下。正三品。

[2]同知博州事：爲博州防禦使之佐貳，協助防禦使掌防捍不虞，禦制盜賊。正六品。博州治所在今山東省聊城市。

[3]蕭玉：奚人。本書卷七六有傳。

[4]蕭裕：奚人。本名遥折。本書卷一二九有傳。

大定初，[1]詔復撒离喝官爵。三年，追封金源郡王，[2]謚莊襄，以郡王品秩官爲營葬。十七年，配享太宗廟庭。[3]

[1]大定：金世宗年號（1161—1189）。

[2]金源郡王：封爵名。爲封王郡號第一。

[3]太宗：廟號。即完顔吴乞買，漢名晟。1123 年至 1135 年在位。

耨盌温敦思忠本名乙剌補，[1]阿補斯水人。[2]太祖伐遼，是時未有文字，凡軍事當中覆而應密者，諸將皆口授思忠，思忠面奏，受詔還軍，傳致詔辭，雖往復數千言，無少誤。

[1]耨盌温敦思忠：耨盌温敦，女真姓，本書《百官志》析爲耨盌與温敦二姓，此當是兩姓復合爲一姓氏，亦稱温敦。《僞齊録》中“女真人温敦師中任左丞”的師中即此思忠。

[2]阿補斯水：今吉林省敦化市北之勒福成河。

及遼人議和，思忠與烏林荅贊謀往來專對其間，[1]號闍剌。闍剌者，漢語云行人也。自收國元年正月，[2]遼人遣僧家奴來，[3]使者三往反，議不決。使者賽剌至遼，[4]遼人殺之。遼主自將，至駞門，[5]大敗，歸，復遣使議和。太祖使胡突衮往，[6]書曰："若不從此，胡突衮但使人送至界上，或如賽剌殺之，惟所欲者。"

[1]烏林荅贊謀：女真人。又作烏林答贊謨、兀林答贊謀，《宋史》卷三七〇《鄭剛中傳》作烏陵贊謨。後曾隨軍攻宋入陜，爲金宋劃界事使宋。海陵時受誣被殺。贊謀事本書此處最詳，亦見於卷一三二。

[2]收國：金太祖年號（1115—1116）。

[3]僧家奴：本書僅見於本卷。

[4]賽剌：本書共三人同名賽剌，此人另見於本書卷七一。

[5]駞門：地名。所在地尚無定説，或謂在今吉林省松原市查干泡附近。"駞"爲"駝"的異體字。

[6]胡突衮：本書僅見於本卷。

天輔三年六月，[1]遼大册使太傅習泥烈以册璽至上京一舍，[2]先取册文副録閲視，文不稱兄，不稱大金，稱東懷國。太祖不受，使宗翰、宗雄、宗幹、希尹商定册文義指，[3]楊朴潤色，[4]胡十荅、阿撒、高慶裔譯契丹字，[5]使贊謀與習泥烈偕行。贊謀至遼，見遼人再撰册文，復不盡如本國旨意，欲見遼主自陳，閽者止之。贊謀不顧，直入。閽者相與搏撠，[6]折其信牌。[7]遼人懼，遽遣贊謀歸。太祖再遣贊謀如遼。遼人前後十三遣使，和議終不可成。太祖自將，遂克臨潢。[8]

［1］天輔：金太祖年號（1117—1123）。

［2］太傅：遼官名。三師之一。　習泥烈：本書中共四見，《遼史》無傳。　上京：京城名。治所在今黑龍江省阿城市白城。

［3］宗雄：女真人。本名謀良虎。本書卷七三有傳。　宗幹：女真人。本名斡本，金太祖庶長子。本書卷七六有傳。　希尹：女真人。本名谷神。本書卷七三有傳。

［4］楊朴：渤海人。金太祖重要謀臣。本書僅此一見。

［5］胡十荅：本書僅此一見。　阿撒：契丹人。移剌温本名阿撒。見本書卷八二。　高慶裔：渤海人。爲磨勘法的制定者，嘗仕至尚書左丞，金天會十五年（1137）被處死。

［6］擑（jǐ）：這裏同"擊"。

［7］信牌：金代牌符的一種。金太祖時始製金牌、銀牌、木牌，分賜給萬户、猛安、謀克等官佩帶，以爲符信。其中以金牌最爲高貴。

［8］臨潢：府名。治所在今内蒙古自治區巴林左旗林東鎮遼上京舊址。

其後伐宋，思忠從宗翰軍，封劉豫爲齊帝，[1]思忠爲傳宣使，俄授謀克。[2]從宗弼克和尚原。還爲同知西京留守事。[3]天眷初，改蒲州防禦使。[4]元帥府在陝西者，其官屬往往豪壓貧民爲奴，起遣工匠千人東來，至河上，思忠留止其人以聞，詔皆還之。爲行臺尚書左丞。[5]是時，贊謨爲行臺參知政事，[6]思忠黷貨無厭，贊謨鄙之，兩人由是交惡。海陵殺左丞相秉德于行臺。[7]贊謨妻，秉德乳母也。思忠因構贊謨，[8]殺之。是歲，思忠入爲尚書右丞。[9]俄進平章政事，封部國公。[10]進拜左丞相兼侍中，[11]封沂國公。[12]

[1]劉豫：本書卷七七與《宋史》卷二三四有傳。　齊：天會八年（1130），金太宗册立宋降將劉豫爲帝，國號齊。天會十五年廢，以原齊國統治區設行臺尚書省。

[2]謀克：女真族的行政設置及長官的名稱，相當於縣。同時也是軍事編制及軍官名，即百夫長。行政設置領户，軍事編制者領夫，亦稱百户，有親管（合扎）、世襲與非親管、世襲之别。謀克也用爲榮譽爵稱。

[3]同知西京留守事：西京留守司屬官，例兼同知本府府尹、本路兵馬都總管。正四品。西京路治所在今山西省大同市。

[4]蒲州防禦使：防禦州長官。總判一州政務，從四品。

[5]行臺尚書左丞：行臺尚書省屬官。行臺執政官，協助行臺宰相處理行臺尚書省政務。從二品。據《僞齊録》，思忠任是職是在天會十五年（1137），而非天眷初。

[6]行臺參知政事：也作參知行臺尚書省事。行臺尚書省屬官，行臺執政官。從二品。

[7]左丞相：爲宰相，掌丞天子，平章萬機。從一品。　秉德：女真人。本名乙辛。本書卷一三二有傳。　行臺：官署名，即行臺尚書省。負責管理原齊國統治區。天眷元年（1138）以河南地與宋，改燕京樞密院爲行臺尚書省。天眷三年復移置於汴京。行臺尚書省各官品級較尚書省相應各官品級低一級。

[8]贊謨：原脱“贊”字，從中華點校本補。

[9]尚書右丞：爲執政官，宰相之貳，佐治省事。正二品。

[10]郜國公：封爵名。天眷格，爲小國封號第十二。

[11]侍中：爲門下省長官，金初例由丞相兼任。正隆元年（1156）“罷中書、門下省”，此官後成爲宰相的加銜，故本書《百官志》不載。

［12］沂國公：封爵名。天眷格，爲次國封號第二十七。

天德三年，[1]致仕。[2]貞元二年十月，[3]海陵率三品以上官幸思忠第，使以家禮見，謂思忠曰："卿神氣康實，習先朝舊事，舍卿無能知者，當爲朕起，共治國政。"對曰："君之命，臣敢不敬從，但恨老病疏謬，無以塞責耳。"遂命思忠乘馬從入宫，拜太傅，[4]領三省事，[5]封齊國王。[6]尋拜太師兼勸農使。[7]已而罷中書、門下省，[8]不置領三省事。置尚書令，[9]位丞相上。思忠爲尚書令，特置散從八人，聽隨至宫，省奏賜坐。海陵欲定封爵制度，風思忠建白之。封王者皆降封，異姓或封公，或一品、二品階，惟封思忠廣平郡王，[10]賜以玉帶。思忠言百官不當封妻，海陵從之。惟封思忠次室爲郡夫人。而思忠亦自謂太祖舊臣，頗自任，雖海陵遂非拒諫，而思忠盡言無所避。

［1］天德：金海陵王年號（1149—1153）。施國祁《金史詳校》卷八上認爲，此處"天德三年"當爲"貞元元年"，下文"貞元二年"的"貞元"二字當删。

［2］致仕：按本書卷五《海陵紀》，貞元元年（1153）十一月，"左丞相耨盌温都思忠致仕"，與此異。

［3］貞元：金海陵王年號（1153—1155）。

［4］太傅：三師之一。正一品。

［5］領三省事：官名。屬於金初中央官制改革期間，由勃極烈制向三省制轉變過程中的過渡性官稱。由原勃極烈以三師的身份出任，爲三省實際負責人。

［6］齊國王：封爵名。天眷格，爲大國封號第八。

[7]太師：三師之一。正一品。　勸農使：勸農使司長官。掌勸課天下力田之事。正三品。

[8]中書門下省：皆官署名。金太宗時仿遼南面官制建立中書、門下兩省。中書省長官爲中書令，門下省長官爲侍中，皆由丞相兼任。海陵正隆元年（1156）罷。

[9]尚書令：尚書省長官。正一品。

[10]廣平郡王：封爵名。爲封王郡號第二。

海陵將伐宋，問諸大臣，皆不敢對。思忠曰："不可。"海陵不悦，謂思忠曰："汝勿論可否，但云何時克之。"思忠曰："以十年爲期。"海陵曰："何久也？期月耳。"思忠曰："太祖伐遼，猶且數年。今百姓愁怨，師出無名。江、淮間暑熱湫濕，不堪久居，未能以歲月期也。"海陵怒，顧視左右，若欲取兵刃者。思忠無所畏恐，復曰："老臣歷事四朝，位至公相，苟有補於國家，死亦何憾。"有頃，海陵曰："自古帝王混一天下，然後可爲正統。爾耄夫，固不知此，汝子乙迭讀書，[1]可往問之。"思忠曰："臣昔見太祖取天下，此時豈有文字耶？臣年垂七十，更事多矣，彼乳臭子，安足問哉。"

[1]乙迭：女真人。温敦謙本名乙迭。本卷有傳。

海陵既不用思忠言，運四方甲仗于中都，[1]思忠曰："州郡無兵，何以備盗賊。"海陵盡籍丁壯爲兵，思忠曰："山後契丹諸部恐未可盡起。"[2]皆不聽。其後，州郡盗起，守令不能制。契丹撒八、窩斡果反，[3]期年乃克之。

[1]中都：京路名。原遼燕京，海陵貞元元年（1153）遷都於此，更名中都。治所在今北京市。

[2]山後：古地區名。五代劉仁恭據盧龍，在今河北省太行山北端，軍都山以北地區，置山後八軍以防契丹。石敬瑭割燕雲十六州時，才有山後四州的稱呼。北宋末年所稱山後包括宋人企圖收復的山後、代北失地的全部，相當今山西、河北兩省内外長城之間的地區。

[3]撒八：契丹人。金代契丹族大起義早期領導者之一。事附本書卷一三三《移剌窩斡傳》中。　窩斡：契丹人。即移剌窩斡。本書卷一三三有傳。原作“斡窩”，據施國祁《金史詳校》卷八上改。

當是時，海陵伐宋，祁宰諫而死，[1]張浩進言被杖，[2]思忠見疏，孔彦舟畫策先取兩淮，[3]他無及者。正隆六年，[4]思忠薨，年七十三。海陵深悼惜之，親臨奠，賻贈加等，賜金螭頭車，使者監護，給道路費。

[1]祁宰：本書卷八三有傳。

[2]張浩：本書卷八三有傳。

[3]孔彦舟：本書卷七九有傳。

[4]正隆：金海陵王年號（1156—1161）。

大定十二年，詔復烏林荅贊謨官爵，贈特進。[1]上謂宰臣曰：“贊謨忠實剛毅，雖古人無以過。與思忠有隙，[2]遂勸海陵殺之。今思忠子孫皆不肖，亦陰報也。”

初，思忠已構殺贇謨，遂納其妻曹氏，盡取其家財産。章宗即位，[3] 贇謨女五十九乞改葬。[4] 詔賜葬地于懷州，[5] 并以思忠元取家貲付之。

[1]特進：文散官。爲從一品中次階。

[2]與思忠有隙：施國祁《金史詳校》卷八上認爲當作“思忠與有隙”。

[3]章宗：廟號。即完顏麻達葛，漢名璟。1190年至1208年在位。

[4]五十九：女真人。本書僅此一見。

[5]懷州：治所在今河南省沁陽市。

謙本名乙迭，累官御史中丞。[1] 世宗謂之曰：[2] “省部官受請托，[3] 有以室家傳達者。官刑不肅，士風頽弊如此，其糾正之。”

[1]御史中丞：御史臺屬官。從三品。

[2]世宗：廟號。即完顏烏禄，漢名雍。1161年至1189年在位。

[3]省部：官署名。指尚書省及下屬機構吏、户、禮、兵、刑工六部。

初，世宗至中都，多放宫人還家，有稱心等數人在放遣之例，[1] 所司失於檢照，不得出宫，心常怏怏。大定二年閏二月癸巳夜，遂於十六位放火，延燒太和、神龍殿。[2] 上命近臣迹火之所發。十六位宫人袁六娘等六人告，[3] 實稱心等爲之。稱心等伏誅，賞賜袁六娘六人，放出宫爲良。謙意宫殿被火，將復興工役，勞民傷財，乃上表乞權紓修建。上使張汝弼詔謙曰：[4]“朕思正隆比年徭役，百姓瘡痍未復，邊事未息，豈遽有營繕也。卿可悉之。”

[1]稱心：人名。另見於本書卷八九。

[2]“大定三年”至“神龍殿”：按本書卷六《世宗紀上》，大定二年（1162）閏二月“辛卯，太和、厚德殿火”，卷二三《五行志》同爲“大定二年閏二月辛卯”，則此處紀日有誤。又，卷二三爲“神龍殿十六位焚，延及太和、厚德殿”，卷二四《地理志上》中都條下注云，“營建宫室及凉位十六”，則《五行志》所記起火處應爲神龍殿附近的凉位，亦即宫中凉位第十六。本書中簡稱十六位。此處有誤漏。

[3]袁六娘：本書僅此一見。

[4]張汝弼：渤海人。本書卷八三有傳。

久之，襲父思忠濟州猛安，[1]利涉軍節度副使烏林荅鈔兀追捕逃軍，[2]至猛安中，謙畏其擾，乃醵民財買銀賂鈔兀。事覺，鈔兀抵罪，謙坐奪猛安。遇赦，求叙。上曰：“乙迭無自與贓，使復其所。”

[1]濟州猛安：濟州治所在今吉林省農安縣。此猛安當在此處。利涉軍節度副使：爲節度使之佐，參掌本州政、軍務。從五品。利涉軍設在濟州。本書卷六四《后妃傳》記其官職爲“利涉軍節度副使”，卷四五《刑志》則爲“濟州節度使”，據此可知《刑志》漏“副”字。

[2]烏林荅鈔兀：女真人。

耨盌温敦兀帶，[1]太師思忠姪也。天會間，充女直字學生，學問通達，觀書史，工爲詩。選爲尚書省令史，[2]除右司都事，[3]轉行臺右司郎中，[4]入爲左司員外郎。[5]累官同知大興尹，[6]京師盜賊止息，事無留滯。再遷刑部尚書，[7]改定海軍節度使。[8]除兵部尚書，[9]改吏部。[10]正隆伐宋，爲武定軍都總管。[11]世宗即位，遣使召之，授咸平尹，[12]爲北邊行軍都統。改會寧尹，[13]都統如故。

[1]兀帶：本書卷一二九作“烏帶”，卷七六作“吾帶”，卷六〇作“斡帶”。

[2]尚書省令史：爲尚書省辦事員。定員七十人，女真、漢人各半。

[3]右司都事：尚書省屬官。掌本司受事付事，檢勾稽失，省署文牘，兼知省内宿直。正七品。

[4]行臺右司郎中：行臺尚書省屬官。從五品。

[5]左司員外郎：尚書省屬官。掌本司奏事，總察吏、户、禮三部受事付事，兼帶修起居注。正六品。

[6]同知大興尹：府屬官，府尹佐貳。通判府事。從四品。大興即大興府，治所在今北京市。本書卷六〇《交聘表上》與卷七六《蕭玉傳》都載其曾爲左司郎中（正五品），應是在此之前。

[7]刑部尚書：尚書刑部長官。掌律令、刑名、監户、官户、配隸、功賞、捕亡等事。正三品。

[8]定海軍節度使：節度州長官。掌鎮撫諸軍防刺，總判本鎮兵馬之事，兼本州管内觀察使。從三品。定海軍設在萊州，治所在今山東省掖縣。

[9]兵部尚書：尚書兵部長官。掌兵籍、軍器、城隍、鎮戍、

厩牧、鋪驛、車輅、儀仗、郡邑圖志、險阻、障塞、遠方歸化等事。正三品。

[10]吏部：此指吏部尚書，尚書吏部長官。掌文武選授、勛封、考課、出給制誥等事。正三品。

[11]武定軍都總管：海陵南征，集天下兵分爲三十二路，每路設都總管，負責指揮本路人馬作戰，隸屬於左右領軍大都督府。南征失敗後被取消，故本書《百官志》不載。

[12]咸平尹：府長官，即府尹。正三品。咸平即咸平府，治所在今遼寧省開原市開原老城。

[13]會寧尹：府長官，即府尹。正三品。會寧即會寧府，治所在今黑龍江省阿城市白城。

是時，初定窩斡，人心未安，兀帶爲治寬簡，多備禦，謹斥候，邊郡以寧。改北京留守。[1]以廉察舉"兀帶所在有能名，無私過"，由是入拜參知政事。[2]世宗諭之曰："凡在卿上者，行事或不當理，咨稟不從，卿以所見奏聞。下位有可用之才，當推薦之。"

[1]北京留守：北京留守司長官，例兼本府尹與本路兵馬都總管。正三品。北京路治所在今内蒙古自治區寧城縣西大明城。

[2]參知政事：爲執政官，宰相之貳，佐治省事。從二品。

久之屬疾，上命左宣徽使敬嗣暉往視，[1]遣醫治療。薨，年四十七。上聞悼惜之，賻銀千兩、重綵四十端、絹四百匹，勅有司致祭。久之，上謂侍臣曰："故參知政事兀帶、刑部尚書彦忠、滄州節度使兀不喝、侍郎敵斡、郎中骨赧皆爲人忠直，[2]後進中少有能及之者。朕欒得忠直之人，有如兀帶輩者乎？卿等爲朕舉之。”其見思如此。

[1]左宣徽使：宣徽院長官。掌朝會燕享，殿庭禮儀及監知御膳。正三品。　敬嗣暉：本書卷九一有傳。

[2]彦忠：女真人。阿勒根彦忠，本名窊合山，一作窊産。本書卷九〇有傳。　滄州節度使：節度州長官。從三品。滄州治所在今河北省滄州市東南四十里舊州鎮。　兀不喝：女真人。姓完顔。本書卷九〇有傳。　侍郎敵斡：本書僅此一見。不知爲何部侍郎。郎中骨赧：本書僅此一見。不知爲何部郎中。

昂本名奔睹，景祖弟孛黑之孫，[1]斜斡之子。[2]幼時侍太祖。太祖令數人兩兩角力。時昂年十五，太祖顧曰：“汝能此乎？”對曰：“有命，敢不勉。”遂連仆六人。太祖喜曰：“汝，吾宗弟也，自今勿遠左右。”居數日，賜金牌，令佩以侍。

[1]景祖：女真人。本名烏古迺。見本書卷一《世紀》。　孛黑：女真人。即完顔跋黑。本書卷六五有傳。

[2]斜斡：本書僅此一見。《宗室表》無載。

年十七，太祖伐遼，謂之曰：“汝可擐甲從軍矣。”昂遂佩所賜金牌從軍。太祖平燕，策功，賜甲第一區。天輔六年，宗翰駐北安州，[1]聞遼主延禧在鴛鴦濼，[2]遣耨盌温敦思忠請於國論勃極烈杲，[3]願以所部軍追之。杲不能决，乃遣昂與思忠詣宗翰議，其事遂定。天會二年，南京叛，[4]軍帥闍母遣昂、劉彦宗分兵討之。[5]

［1］北安州：遼州名。舊釋在今河北省承德市灤河鎮喀喇河屯。鄭紹宗《遼北安州考》訂正在今河北省隆化縣皇姑屯古城子，即博羅河城（陳述《遼金史論集》第一集，上海古籍出版社 1987 年版）。

［2］延禧：即遼天祚帝。　鴛鴦濼：古湖濼名。在今河北省張北縣西北的安固里淖。

［3］國論勃極烈：此指國論忽魯勃極烈，爲金初諸勃極烈之一。國論勃極烈是建國前部落聯盟國相的女真語譯稱，在諸勃極烈中地位僅次於諳班勃極烈，大體上相當於後來的左丞相，爲金初軍國大政的主要決策人之一，而且在一段時間内擔任國家最高軍事統帥。　杲：女真人。本名斜也。本書卷七六有傳。

［4］南京：此處指平州。金天輔七年（1123）升平州爲南京，天會四年（1126）復爲平州。治所在今河北省盧龍縣。

［5］劉彦宗：本書卷七八有傳。

宗望伐宋，承制以爲河南諸路兵馬都統，[1]稱“金牌郎君”。及攻汴州，宗弼與昂以兵三千爲前鋒。比暮，昂先以兵千人馳至其北門。時軍中遣使入城，宋人不納。昂諭之以事，遂得入。宗望至汴，令闍母、撻懶等屯于城之東北隅。[2]慮宋主遁去，遣昂等率輕騎環城巡邏。昂所領止八謀克，遇敵萬人，與戰，敗之，其步軍溺死於汴者過半。[3]七年，大軍渡江，敗宋兵於江上。帥府遣昂等以兵追宋主。宋主入會稽，[4]若爲堅守計，有兵數千列陣於郭東竹葦間。諸將欲擊之。昂曰：“此詐也。不若急攻城，不然將由他門逸去。”諸將猶豫未決，而宋主果於他門以單舟入海，不獲而還。

[1]河南諸路兵馬都統：都統府長官。統率猛安、謀克軍，負責本路兵民之政。

[2]撻懶：女真人。即完顏昌。本書卷七七有傳。

[3]汴：即汴渠。渠有二。一是自今河南省滎陽市東北分黄河，東南流經今開封市南、民權縣與商丘縣北，復東南經今安徽省碭山縣、蕭縣北，至江蘇省徐州市北入泗水；另一個即隋通濟渠、唐廣濟渠的東段。隋開通濟渠，自今河南省滎陽市北引黄河東南流，經今河南省開封市、杞縣、睢縣、寧陵縣、商丘市、夏邑縣、永城縣，東南經安徽省宿州市、靈璧縣、泗縣和江蘇省泗洪縣，至盱眙縣對岸入淮河。因中間自今河南滎陽至開封一段就是原來的汴水，故唐宋人將自出黄河至進入淮河的通濟渠東段全流統稱爲汴水、汴河或汴渠。南宋與金劃淮水爲界，此渠不再爲運道所經，不久即歸湮没。今僅存江蘇泗洪境内的一段，俗名老汴河，上承濉水，東南流入洪澤湖。兩個汴渠都流經開封縣，此不詳何指，或同時指兩汴渠。

[4]會稽：縣名。治所在今浙江省紹興市。

宗輔定陝西，宗弼經略熙秦，[1]遣昂與撒离喝領兵八千攻取河西郡縣。[2]昂等遂取寧洮、安隴二寨。進至河州，[3]其通判率士民迎降。[4]攻樂州，其都護及河州安撫使郭寧偕降。[5]復進取三寨，至西寧州，都護許居簡以城降，[6]吐蕃酋長之孫趙鈐轄率其所部木波首領五人來降。[7]昂别領軍四千往積石軍，[8]降其軍及所部五寨官吏。追吐蕃鈐轄等十二人至廓州，[9]招之不下，攻取之。

[1]熙秦：路名。金皇統二年（1142）合并熙河路與秦鳳路建

熙秦路，治所在今甘肅省臨洮縣。

[2]撒离喝：女真人。完顔杲本名撒离喝。本卷有傳。　河西：黄河以西，指陝西諸路。

[3]河州：治所在今甘肅省臨夏市。

[4]通判：宋官名。爲府、州副長官。凡民政、財政、户口、賦役、司法等事務文書，都須知府、知州與通判連署方能生効。有監察所在府州官員之權。

[5]都護：宋官名。都護府長官。掌少數民族地區事務。　河州安撫使：宋官名。安撫使初爲天灾或兵事的專遣特使，後漸成爲各地負責軍務與治安的長官。　郭寧：本書僅此一見。

[6]許居簡：本書僅此一見。

[7]吐蕃：宋金時期對生活在今青藏高原上的藏族及其他少數民族的統稱。也稱西蕃、蕃部。　趙鈐轄：鈐轄亦稱兵馬鈐轄。北宋前期爲臨時委任的統兵官，位在都部署、部署下，都監、監押上，後成爲固定差遣，負責本路駐軍、攻防等事務。北宋末至南宋，漸成爲虛銜與閒職。此鈐轄姓趙，本書僅此一見。名字不詳。既然爲吐蕃酋長之孫，其姓趙應是宋朝賜姓。　木波：部族名。爲吐蕃重要部落之一，居住在今青海省黄南及甘肅省甘南兩個藏族自治州境内。北宋亡後降金。詳見本書卷九一《移剌成傳》。

[8]積石軍：軍鎮名。治所在今青海省貴德縣西。

[9]廓州：治所在今青海省尖扎縣北。

天眷元年，授鎮國上將軍，[1]除東平尹。[2]明年夏，宋將岳飛以兵十萬，[3]號稱百萬，來攻東平。東平有兵五千，倉卒出禦之。[4]時桑柘方茂，昂使多張旗幟於林間，以爲疑兵，自以精兵陣于前。飛不敢動，相持數日而退。昂勒兵襲之，至清口，[5]飛衆泛舟逆水而去。時霖雨晝夜不止，昂乃附水屯營。夜將半，忽促衆北行。

諸將諫曰："軍士遠涉泥淖，饑憊未食，恐難遽行。"昂怒不應，鳴鼓督之，下令曰："鼓聲絶而敢後者斬。"遂棄營去，幾二十里而止。是夜，宋人來劫營，無所得而去。諸將入賀，且問其故。昂曰："沿流而下者，走也。溯流而上者，誘我必追也。今大雨泥淖，彼舟行安，我陸行勞。士卒饑乏，弓矢敗弱，我軍居其下流，勢不便利，其襲我必矣。"衆皆稱善。

[1]鎮國上將軍：武散官。爲從三品下階。

[2]東平尹：府長官，即府尹。正三品。東平即東平府，治所在今山東省東平縣。

[3]岳飛：宋將。《宋史》卷三六五有傳。按《宋史》卷三六五《岳飛傳》未載此戰事。金天眷二年（1139）金宋議和，金以河南地與宋，《宋史》、本書都未載是年有大的戰事。以下戰事疑爲天眷三年事。

[4]倉卒：即"倉猝"。

[5]清口：一名泗口、清河口。即古泗水入淮之口，在今江蘇省清江市西南。或説是山東梁山縣東南，古汶水入濟水之口，以下濟水即稱清水。

岳飛以兵十萬圍邳州甚急，[1]城中兵才千餘，守將懼，遣人求救。昂曰："爲我語守將，我嘗至下邳，[2]城中西南隅有塹深丈餘，可速實之。"守將如其教，填之。岳飛果自此穴地以入，[3]知有備，遂止。昂舉兵以爲聲援，飛乃退。

[1]邳州：治所在今江蘇省睢寧縣古邳鎮。

[2]下邳：縣名。治所在今江蘇省睢寧縣古邳鎮。

[3]穴：原作“宂”，從中華點校本改。

在東平七年，改益都尹，[1]遷東北路招討使，[2]改崇義軍節度使，[3]遷會寧牧。[4]天德初，改安武軍節度使，[5]遷元帥右都監，[6]轉左監軍，授上京路移里閔斡魯渾河世襲猛安。[7]海陵曰：“汝有大功，一猛安不足酬也。”益以四謀克。昂受親管謀克，餘三謀克讓其族兄弟。拜樞密副使，[8]轉太子少保，[9]進樞密使、尚書左丞相。[10]昂怒族弟妻，去衣杖其脊，海陵聞之，杖昂五十。

[1]益都尹：府長官，即府尹。正三品。益都即益都府，治所在今山東省青州市。

[2]東北路招討使：金於東北路、西北路、西南路三處設招討司，長官爲招討使，掌招懷降附，征討攜離。正三品。

[3]崇義軍節度使：節度州長官。從三品。崇義軍設在義州，治所在今遼寧省義縣。

[4]會寧牧：牧爲京府長官，職同府尹。正三品。

[5]安武軍節度使：節度州長官。從三品。安武軍設在冀州，治所在今河北省冀州市。

[6]元帥右都監：元帥府屬官。位在都元帥、左右副元帥、左右監軍、元帥左都監之下。從三品。

[7]移里閔斡魯渾河世襲猛安：日本學者三上次男認爲，移里閔斡魯渾河就是“現在注入伊通河的伊勒門河”，“伊里閔斡魯渾河猛安部的住地就是該地”（三上次男《金代女真研究》，黑龍江人民出版社 1984 年版，第 470 頁）。張博泉認爲，移里閔河，即伊爾們河，今飲馬河。斡魯渾或即飲馬河之一支流，此猛安在今飲馬

河（張博泉《金史論稿》第一卷，吉林文史出版社 1986 年版，第 288 頁）。

［8］樞密副使：樞密院屬官。參知軍興武備之事。從二品。

［9］太子少保：東宮屬官。宫師府三少之一。正三品。

［10］樞密使：樞密院長官。掌武備機密之事。從一品。

久之，拜太尉，[1]封瀋國公。[2]進太保，[3]判大宗正事，[4]封楚國公，[5]累進封莒、衛、齊，[6]兼樞密使，太保如故。

［1］太尉：三公之一。正一品。據本書卷五《海陵紀》，貞元三年（1155）“二月壬午，以左丞相昂爲太尉、樞密使”。這是昂第二次任樞密使。與上文的“進樞密使、尚書左丞相”不是一回事。此處應補入樞密使，否則下文的“兼樞密使，太保如故”就不易正確理解。

［2］瀋國公：封爵名。天眷格，爲次國封號第九。

［3］太保：三師之一。正一品。

［4］判大宗正事：大宗正府長官。以皇族中屬親者充，掌敦睦親族欽奉王命。金泰和六年（1206）改爲判大睦親事。從一品。

［5］楚國公：封爵名。天眷格，爲大國封號第十三。

［6］莒：封爵名。天眷格，爲小國封號第十。　衛：封爵名。天眷格，爲次國封號第四。

海陵南伐，分諸路軍爲三十二總管，分隸左右領軍大都督府，[1]遂以昂爲左領軍大都督。海陵築臺于江上，召昂及右領軍副大都督蒲盧渾謂之曰：[2]“舟楫已具，可以濟矣。”蒲盧渾曰：“舟小不可濟。”海陵怒，詔昂與蒲盧渾明日先濟。昂懼，欲亡去。抵暮，海陵遣人止之曰："前言一時之怒耳。"既而至揚州，[3]軍變，海陵死。

[1]左右領軍大都督府：官署名。海陵爲南征而設的臨時性軍事機構，其長官分别爲左、右領軍大都督，統率三十二總管的部隊對宋作戰。南征失敗後取消，故本書《百官志》不載。

[2]右領軍副大都督：海陵爲南征而設的臨時性機構右領軍都督府屬官。負責協助右領軍大都督指揮所屬各總管的部隊對宋作戰。　蒲盧渾：女真人。即烏延蒲盧渾。本書卷八〇有傳。

[3]揚州：宋州名。治所在今江蘇省揚州市。

世宗即位遼陽，[1]昂使人殺皇太子光英于南京，[2]遣其子寢殿小底宗浩與其婿牌印祗候回海等奉表賀登寶位。[3]大軍北還，昂恐宋人躡其後，[4]即以罷兵移書于宋。二年入見，世宗深慰勞之。進封漢國公，[5]拜都元帥，太保如故。置元帥府於山東，經略邊事。未幾，奉遷睿宗皇帝梓宫於山陵，以昂爲勅葬使。事畢，還山東。

[1]遼陽：府名，治所在今遼寧省遼陽市。

[2]光英：女真人。海陵王之子。本書卷八二有傳。本書卷一三二《完顔元宜傳》："元宜行左領軍副大都督事，使使者殺皇太子光英于南京。"主使者當爲昂與元宜二人。　南京：京路名。即北宋都城汴京，海陵貞元元年（1153）更名爲南京，治所在今河南省開封市。

[3]寢殿小底：又作入寢殿小底，入殿小底。金大定十二年

（1172）更名爲奉御，定員十六人，以内駙馬充。爲殿前都點檢司下屬機構近侍局所屬小官。　宗浩：女真人。字師孟，本名老。本書卷九三有傳。　牌印祗候：殿前都點檢司屬官。掌御寶及金銀等牌，定員四人。金大定二年（1162）更名爲牌印祗候，後更名爲符寶郎。　回海：本書僅此一見。

[4]躡其後：原作“躡兵後”，從中華點校本改。

[5]漢國公：封爵名。天眷格，爲大國封號第七。

三年，召至京師，以疾薨，年六十四。上爲輟朝，親臨奠，賻銀千兩、重綵五十端、絹五百匹。

昂在海陵時，縱飲沉酣，輒數日不醒。海陵聞之，常面戒不令飲。得間輒飲如故。大定初，還自揚州，妻子爲置酒私第，未數行，輒卧不飲。其妻大氏，海陵庶人從母姊也，怪而問之。昂曰：“吾本非嗜酒者，但向時不以酒自晦，則汝弟殺我久矣。今遇遭明時，正當自愛，是以不飲。”聞者稱之。睦於兄弟，尤善施予，其親族有貧困者，必厚給之。至於茵帳、衣衾、器皿、僕馬之屬，常預設於家。即命駕相就，爲具，歡樂終日，盡以遺之，即日使富足。人或以子孫計爲言，答曰：“人各有命，但使其能自立爾，何至爲子孫奴耶？”君子以爲達。

贊曰：撒离喝、温敦思忠、奔睹皆有功舊臣，當天會、皇統之際，戰勝攻取，可謂壯哉。及海陵之世，崎嶇嫌忌，撒离喝既自以言致疑，猶與大臭辨争軍事，何見幾之不早也。烏林荅贊謨廉直自奮，思忠擠之於死，自謂固結海陵，堅若金石，豈意執議不合而遽棄耶。始之不以道，未有能終者也。且思忠之最可罪者，構害贊謨，又納其室而敓其資，[1]此何異於殺越人于貨者乎。陰報不在其身，在其子孫，亦已晚矣。正隆之末，奔睹位三公，[2]居上將，内不肯與謀，外不肯與戰，逼側趑趄，苟免自全，大臣之道，固若是乎！

[1]敓："奪"的古字，强取。　資：原作"呰"，或爲"貲"之誤，此據中華點校本改。

[2]三公：指司徒、太尉、司空。皆正一品。

高楨，遼陽渤海人。五世祖牟翰仕遼，[1]官至太師。[2]楨少好學，嘗業進士。斡魯討高永昌，[3]已下瀋州，[4]永昌懼，僞送款以緩師。是時，楨母在瀋州，遂來降，告以永昌降款非誠，斡魯乃進攻。既破永昌，遂以楨同知東京留守事，[5]授猛安。天會六年，遷尚書左僕射，[6]判廣寧尹，[7]加太子太傅。[8]在鎮八年，政令清肅，吏畏而人安之。十五年，加太子太師，[9]提點河北西路錢帛事。天眷初，同簽會寧牧。[10]及熙宗幸燕，兼同知留守，[11]封戴國公，[12]改同知燕京留守。[13]魏王道濟出守中京，[14]以楨爲同判，[15]俄改行臺平章政事，[16]爲西京留守，[17]封任國公。[18]

[1]牟翰：本書僅此一見。

[2]太師：遼官名。三師之一。品級不詳。

[3]斡魯：女真人。本書卷七一有傳。　高永昌：渤海人。遼天祚帝時，爲東京裨將。遼天慶六年（1116），東京渤海人民殺遼

東京留守起義，他亦起兵反遼，稱大渤海皇帝，建年號隆基，攻占遼東五十餘州。遼兵攻東京，高永昌曾向金兵求救，欲與金兵聯合抗遼，爲金太祖所拒。後東京爲金兵所破，高永昌因曾試圖反金而被擒斬。事見本書卷七一《斡魯傳》。

[4]瀋州：治所在今遼寧省瀋陽市。

[5]同知東京留守事：東京留守司屬官。正四品。東京路治所在今遼寧省遼陽市。

[6]尚書左僕射：金初襲宋、遼之制，以尚書左、右僕射爲宰相。按本書卷七八《韓企先傳》載，“太祖始定燕京，始用漢官宰相賞左企弓等”，又卷七五《左企弓傳》載，“企弓守太傅、中書令，仲文樞密使、侍中、秦國公，勇義以舊官守司空，公弼同中書門下平章事、樞密副使權知院事、簽中書省”，則是時尚無尚書左僕射一官。卷七八《韓企先傳》又載，“太宗初年，無所更改”，“斜也、宗幹當國，勸太宗改女直舊制，用漢官制度。天會四年，始定官制，立尚書省以下諸司府寺”，則此官之設當在天會二年(1124)。天會“十二年，以企先爲尚書右丞相”，則至晚到天會十二年，已取消尚書左僕射一職，改爲尚書左丞相。此爲金初舊制，故本書《百官志》不載。

[7]廣寧尹：府長官，即府尹。正三品。廣寧即廣寧府，金天輔七年（1123）升顯州置，治所在今遼寧省北寧市。

[8]太子太傅：東宮屬官。宮師府三師之一。正二品。

[9]太子太師：東宮屬官。宮師府三師之一。正二品。

[10]同簽會寧牧：即同知會寧牧，爲會寧牧之佐。從四品。

[11]兼同知留守：指在金熙宗出巡期間，以同簽會寧牧兼上京同知留守。

[12]戴國公：封爵名。天眷格，爲小國封號第二十五。

[13]同知燕京留守：燕京留守司屬官。正四品。燕京路治所在今北京市。

[14]魏王：封爵名。天眷格，爲大國封號第九。　道濟：女真

人。熙宗之子。本書卷八〇有傳。　出守中京：本書卷八三《張玄素傳》載，“皇子魏王道濟遥領中京”，與此相異。中京，京路名，治所在今内蒙古自治區寧城縣西大明城。海陵貞元元年（1153）改名爲北京。

［15］同判：即同判中京留守。本書僅此一見，其他諸京留守司也不見此官稱。其職掌似爲代中京留守魏王道濟通判留守事。

［16］行臺平章政事：行臺尚書省屬官。又作平章行臺尚書省事、平章行臺事，位在領行臺尚書省事、行臺左右丞相之下。正二品。

［17］西京留守：西京留守司長官。正三品。

［18］任國公：封爵名。天眷格，爲小國封號第二十四。

是時，奚、霫軍民皆南徙，[1]謀克别术者因之嘯聚爲盜。[2]海陵患之，即以楨爲中京留守，[3]命乘驛之官，責以平賊之期。賊平，封河内郡王。[4]海陵至中京，楨警夜嚴肅。有近侍馮僧家奴、李街喜等皆得幸海陵，[5]嘗夜飲干禁，楨杖之瀕死，由是權貴皆震慴。遷太子太保，[6]行御史大夫，封莒王。策拜司空，[7]進封代王，[8]太子太保、行御史大夫如故。

［1］霫（xí）：中國古代東北地區少數民族之一，後并於奚族。

［2］别术：本書僅此一見。

［3］中京留守：中京留守司長官。正三品。

［4］河内郡王：封爵名。

［5］馮僧家奴、李街喜：二人名。中華點校本誤以馮僧爲人名，視李街喜爲馮僧之家奴。日本學者小野川秀美《金史語彙集成》以爲馮僧家奴、李街喜爲二人，是。

［6］太子太保：東宫屬官。宫師府三師之一。正二品。

[7]司空：三公之一。正一品。

[8]代王：封爵名。天眷格，爲次國封號第十一。

楨久在臺，[1]彈劾無所避，每進對，必以區别流品，進善退惡爲言。當路者忌之，薦張忠輔、馬諷爲中丞。[2]二人皆險詖深刻，[3]欲令以事中楨。正隆例封冀國公，[4]楨因固辭曰："臣爲衆小所嫉，恐不能免，尚可受封爵耶？"海陵知其忠直，慰而遣之。及疾革，書空獨語曰："某事未决，某事未奏，死有餘恨。"薨，年六十九。海陵悼惜之，遣使致奠，賻贈加等。

[1]臺：指御史臺。長官爲御史大夫，下設御史中丞、侍御史、治書侍御史、殿中侍御史、監察御史。

[2]張忠輔：熙宗時爲大定縣丞，媚事海陵以進，世宗時官至權御史大夫。 馬諷：字良弼。本書卷九〇有傳。 中丞：即御史中丞。

[3]險詖（bì）：邪諂不正。"詖"同"陂"。

[4]冀國公：封爵名。天眷格，爲大國封號第十五。

楨性方嚴，家居無聲伎之奉。雖甚暑，未嘗解衣緩帶。對妻孥危坐終日，不一談笑，其簡默如此。

白彦敬本名遥設，部羅火部族人。[1]初名彦恭，避顯宗諱，[2]改焉。祖屋僕根。[3]父阿斯，[4]仕遼爲率府率。[5]

[1]部羅火部族：部族名。一作部魯火，屬東北路招討司，當在今呼蘭河北支通肯河與雙陽河一帶。

[2]避顯宗諱：原作“避睿宗諱”。睿宗諱宗堯，與白彥敬初名彥恭無關。中華點校本改爲“顯宗”，是。顯宗，女真人。名允恭，本名胡土瓦。見本書卷一九《世紀補》。

[3]屋僕根：本書僅此一見。

[4]阿斯：本書僅此一見。

[5]率府率：遼官名。東宫下屬機構率府屬官。掌周衛導從儀仗。

彥敬善騎射，起家爲吏，補元帥府令史。伐宋，爲錢帛司都管勾。[1]立三省，選爲尚書省令史，除都元帥府知事。[2]招諭諸部，授以金牌，行數千里，有功，超遷兵部郎中。[3]熙宗罷統軍司改招討司，[4]遣彥敬分僚屬收牌印，諭諸部隸招討司。還爲本部侍郎，遷大理卿，[5]出爲通州防禦使，[6]改刑部侍郎。[7]怨家告誣開府慎思與西北路部族謀叛，[8]彥敬鞫得其實，海陵嘉之。遷簽書樞密院事，[9]以便宜措置邊防。

[1]錢帛司都管勾：錢帛司長官。本書《百官志》不載，品秩不詳。

[2]都元帥府知事：都元帥府屬官。正七品。

[3]兵部郎中：尚書兵部屬官。從五品。

[4]熙宗罷統軍司改招討司：據本書卷四四《兵志》，天德二年（1150）九月，“改烏古迪烈路統軍司爲招討司”，“正隆末，復升陝西統軍司爲都統府。大定五年，復罷府，降爲統軍司。尋又設兩招討司，與前凡三，以鎮邊陲”。則“罷統軍司改招討司”實爲

兩次。第一次是罷烏古迪烈統軍司改設東北路招討司，時間是天德二年（1150），第二次是罷陝西統軍司，另設西北、西南兩路招討司，時間是大定五年（1165）以後，都不是在金熙宗時。但本書卷二四《地理志上》豐州條下記載："皇統九年升爲天德總管府，置西南路招討司，以天德尹兼領之。大定元年降爲天德軍節度使，兼豐州管内觀察使，以元管部族直撒、軍馬公事，並隸西南路招討司。"認爲西南路招討司設於皇統九年（1149），正是熙宗時。但《地理志》所載却看不出招討司始設與統軍司有何關係。另外，按《地理志》所載，西南路招討司雖然始設於皇統九年，但是以天德尹兼領，所以各部族的隸屬關係並未因此而發生變化。至大定元年（1161）天德尹降爲天德軍節度使時，纔明確各部隸西南路招討司。也與本傳上述内容不符，故疑"熙宗"後有脱文。　統軍司：金初設於諸路的軍事機構，與本書《百官志》所載統軍司不同。　招討司：官署名。金於東北路、西北路、西南路三處設招討司，負責招撫沿邊各部族，征討叛亂。

[5]大理卿：大理寺長官。掌理斷天下奏案、詳讞疑獄。正四品。

[6]通州防禦使：防禦州長官。從四品。通州治所在今北京市通州區。

[7]刑部侍郎：尚書刑部屬官。正四品。

[8]開府：指開府儀同三司。　慎思：本書共三人名慎思，此人僅此一見。　西北路：指西北路招討司。最初設在撫州，後遷至桓州。撫州治所在今河北省張北縣，一説在今内蒙古自治區興和縣境内。桓州治所在今内蒙古自治區正藍旗南黑城子，後北遷三十里建新桓州城，在今内蒙古自治區正藍旗北四郎城。

[9]簽書樞密院事：樞密院屬官。正三品。

正隆六年，調諸路兵伐宋，及調民馬，使彦敬主會寧、蒲與、胡里改三路事。[1]改吏部尚書，充南征萬户，[2]遷樞密副使。契丹撒八反，樞密使僕散忽土等以無功坐誅，[3]以彦敬爲北面行營都統，[4]與副統紇石烈志寧以便宜往，[5]賜御服皮襖。行至北京，聞南征諸軍逃歸者皆奔東京，欲推戴世宗。彦敬與志寧謀，陰結會寧尹完顏蒲速賚、利涉軍節度使獨吉義以圖之。[6]

[1]會寧：府名。爲上京路治所，此代指上京路。　蒲與：路名。治所在今黑龍江省克東縣金城鄉古城。　胡里改：路名。治所在今黑龍江省依蘭縣喇嘛廟。

[2]萬户：金太祖時對"材堪統衆"的軍官授以萬户官職，統猛安、謀克，隸於都統府。海陵時取消，後不復設。

[3]僕散忽土：女真人。僕散師恭本名忽土。本書卷一三二有傳。

[4]北面行營都統：北面行營的負責人。北面行營設於金正隆六年（1161），是爲討契丹而設的臨時性軍事機構，負責指揮北路大軍作戰。契丹人大起義平定以後取消，故本書《百官志》不載。白彦敬是以樞密副使的身份任此職，當時官爲從二品。

[5]副統：即北面行營副統，爲北面行營屬官。協助都統指揮北路大軍作戰。此時紇石烈志寧官正三品。　紇石烈志寧：女真人。本名撒曷輦。本書卷八七有傳。

[6]完顏蒲速賚：另見於本書卷八七。　獨吉義：女真人。本名鶻魯補。本書卷八六有傳。

世宗已即位，使石抹移迭、移剌曷補等九人招彦敬、志寧。[1]彦敬拒之，使移迭跪，移迭不屈，皆殺之。及完顏謀衍將兵攻北京，彦敬使偏將率兵拒於建州之境，[2]而獨吉義先歸世宗，蒲速賚稱疾不至。世宗密遣人乘夜揭牓於北京市，購以官賞。彦敬、志寧恐爲人圖己，遂降。以爲曷速館節度使。[3]不數月，召爲御史大夫。

[1]石抹移迭：事迹另見於本書卷六、八七。　移剌曷補：事迹另見於本書卷六、八七。

[2]建州：治所在今遼寧省朝陽市西南。

[3]曷速館節度使：曷速館路長官。從三品。曷速館屬東京路，治所在今遼寧省營口市熊岳鎮西南七十里永寧城。

窩斡僭帝號。諸軍馬瘦弱，遣彦敬往西北路招討司市馬，得六千餘匹。窩斡敗，西走山後。完顔思敬以新馬三千備追襲。[1]彦敬屯于夏國兩界間。[2]窩斡平，召還爲兵部尚書，出爲鳳翔尹，改太原尹，[3]兼河北東路兵馬總管，[4]尋改河中尹。大定九年，卒于官。

[1]完顔思敬：女真人。本名撒改，原名思恭，因避諱改。本書卷七〇有傳。

[2]夏國：指党項族建立的西夏（1038—1227）。

[3]太原尹：府長官，即府尹。正三品。太原即太原府，治所在今山西省太原市。

[4]兼河北東路兵馬總管：金例以府尹兼本路兵馬都總管。白彦敬此時官爲太原尹，應兼河東北路兵馬都總管。此處“北東”應爲“東北”，“總管”前脱“都”字。河東北路治太原府，河北東路治河間府。兵馬都總管，兵馬都總管府長官，掌統諸城隍兵馬甲仗，總判府事。正三品。

張景仁字壽甫，遼西人。[1]累官翰林待制。[2]貞元二年，與翟永固俱試禮部進士，[3]以“尊祖配天”爲賦題，忤海陵旨，語在《永固傳》。

[1]遼西：州名。據《遼史》卷三八《地理志》東京道顯州下遼西州，“本漢遼西郡地，世宗置州，隸長寧宫，屬顯州”。治所在今遼寧省義縣。

[2]翰林待制：翰林學士院屬官。分掌詞命文字，分判院事。正五品。

[3]翟永固：本書卷八九有傳。

大定二年，僕散忠義伐宋，[1]景仁掌其文辭。宋人議和朝廷，已改奉表爲國書，稱臣爲姪，但不肯世稱姪國。往復凡七書，然後定，其書皆景仁爲之。世宗稱其能，嘗曰：“今之文章，如張景仁與宋人往復書，指事達意辨而裁，真能文之士也。”五年，罷兵，入爲翰林直學士。[2]七年，遷侍講。[3]八年，爲詳讀官。宋國書中有“寶鄰”字，景仁奏“鄰”字太涉平易。上問累年國書有“鄰”字否，命一一校勘。六年書中亦有之，上責問六年詳讀官劉仲淵，[4]右丞石琚亦請罪曰：[5]“臣嘗預六年詳讀。”上曰：“此有司之過，安得一一責宰臣邪?”詔有司就諭宋臣王淪，[6]使歸告其主，後日國書不得復爾。仲淵時爲禮部侍郎，[7]降石州刺史，[8]景仁遷翰林學士兼同修國史。[9]

[1]僕散忠義：女真人。本名烏者。本書卷八七有傳。

［2］翰林直學士：翰林學士院屬官。分掌詞命文字，分判院事。從四品。

［3］侍講：翰林學士院屬官，即翰林侍講學士。掌制撰詞命，凡應奉文字，銜内帶“知制誥”。從三品。

［4］劉仲淵：金大定初爲刑部侍郎，大定五年（1165）以禮部侍郎使宋。曾爲同修國史，參加《太宗實録》的編寫。

［5］石琚：本書卷八八有傳。

［6］王瀹（yuè）：時官爲宋試工部尚書。另見於本書卷六一。

［7］禮部侍郎：尚書禮部屬官。協助禮部尚書掌禮樂、祭祀、燕享、學校、貢舉、儀式、制度、符印、表疏、册命、圖書、祥瑞、天文、漏刻、國忌、廟諱、醫卜、釋道、四方使客、諸國進貢、犒勞張設等事。正四品。

［8］石州刺史：刺史州長官。正五品。石州治所在今山西省離石縣。

［9］翰林學士：翰林學士院屬官。掌制撰詞命，凡應奉文字，銜内帶“知制誥”。正三品。　同修國史：國史院屬官。位在監修國史、修國史之下。負責國史的編寫工作。

久之，上召景仁讀陳言文字。上問：“事款幾何？”景仁率易，少周密，對曰：“二十餘事。”復曰：“其中如某事某事十事可行，餘皆無謂也。”明日，上召景仁責之曰：“卿昨言可行者，朕觀之，中復有不可行者。卿謂無謂者，中亦有可行者。朕未嘗使卿分别可否，卿輒專可否，何也？自今戒之。”十年，兼太常卿，[1]學士、同修國史如故。轉承旨，[2]兼修國史。[3]改河南尹。[4]二十一年，召爲御史大夫，仍兼承旨、修國史。

[1]太常卿：太常寺屬官。掌禮樂、郊廟、社稷、祠祀之事。從三品。

[2]承旨：翰林學士院長官，即翰林學士承旨。正三品。

[3]修國史：國史院屬官。位在監修國史之下，掌修國史，判院事。

[4]河南尹：府長官，即府尹。正三品。河南即河南府，治所在今河南省洛陽市。按本書卷三一《禮志》，張景仁大定十四年(1174）官爲禮部尚書。卷七五《左光慶傳》、卷九七《張大節傳》都提到張景仁曾爲禮部尚書（正三品），應該是在他出爲河南尹以前。

世宗謂景仁曰："卿博學老儒，求如古之御史大夫，然後行之，斯爲稱矣。不能如古之人，衆人不獨誚卿，亦謂朕不能知人。卿醉中頗輕脱失言，當以酒爲戒。"初，朝臣言景仁有文藝而頗率易，不可任臺察。景仁被詔，就臺中治監察罪，輒以便服視決罰。上聞之，責景仁曰："朕初用卿爲大夫，或言卿不可居此官，今果不用故事，率易如此。卿自慎，不然黜罰及矣！"景仁頓首謝。

未幾，詔葬元妃李氏于海王莊。[1]平章政事烏古論元忠提控葬事，[2]都水監丞高杲壽治道路不如式，[3]元忠不奏，決之四十。景仁劾奏元忠輒斷六品官，無人臣禮。上曰："卿劾奏甚當。"使左宣徽使蒲察鼎壽傳詔戒勅元忠曰：[4]"監丞六品，有罪聞奏，今乃一切趨辦，擅決六品官，法當如是耶？御史在尊朝廷，汝當自咎，勿復再！"元忠尚豫國公主，[5]怙寵自任，倨慢朝士。景仁劾之，朝廷肅然。是歲，薨。

［1］元妃：内命婦稱號。位在貴妃、淑妃、德妃、賢妃之上。正一品。　李氏：渤海人。李石之女，本書卷六四有傳。　海王莊：地名。當在今北京市房山區境内。

［2］烏古論元忠：女真人。本名訛里也。本書卷一二〇有傳。

［3］都水監丞：都水監屬官。協助都水監管理川澤、津梁、舟楫、河渠之事，兼管沿河漕運。本書卷五六《百官志二》稱正七品，而此稱六品，未知孰是。　高杲壽：本書僅此一見。

［4］蒲察鼎壽：女真人。本名和尚。本書卷一二〇有傳。

［5］豫國公主：按本書卷一二〇《烏古論元忠傳》作“世宗在潛邸以長女妻之，後封魯國大長公主”。

贊曰：高楨以舊勞爲御史大夫，剛明自任，繩治無所避，幾不免於怨憎之荼毒。直己而行，自古難之。白彦敬不受大定之詔而世宗賢之，嚮使久在此位，其深謀讜論，[1]必有竦動人者。張景仁儒者之勇，廷論元忠，正矣。

［1］讜（dǎng）論：正直的言論。

金史　卷八五

列傳第二十三

世宗諸子

永中　永蹈　永功 子璹　永德　永成　永升

世宗昭德皇后生顯宗、趙王孰輦、越王斜魯。[1]元妃張氏生鄗王允中、越王允功。[2]元妃李氏生鄭王允蹈、衛紹王允濟、潞王允德。[3]昭儀梁氏生豫王允成。[4]才人石抹氏生夔王允升。[5]孰輦、斜魯皆早卒。

[1]世宗：廟號。即完顏烏祿，漢名雍。1161 年至 1189 年在位。　昭德皇后：女真人。姓烏林荅。本書卷六四有傳。　顯宗：女真人。完顏允恭本名胡土瓦，金世宗子，金章宗父，章宗時追尊爲帝。見本書卷一九《世紀補》。　趙王：封爵名。大定格，爲大國封號第八。　孰輦：女真人。本書僅此一見。　越王：封爵名。大定格，爲大國封號第九。　斜魯：女真人。本書僅此一見。

[2]元妃：内命婦稱號。位在貴妃、淑妃、德妃、賢妃之上。

正一品。　張氏：渤海人。張玄徵之女。本書卷六四有傳。　鄗王：封爵名。明昌格，爲大國封號第四。劉祁《歸潛志》卷一稱“豫王永中”，封號與此異。按，世宗諸子皆排“允”字，後章宗避其父“允恭”諱，改“允”爲“永”，衛紹王名永濟，故其即位後又避諱“永”，更爲“惟”。本書祇有卷一九《世紀補》中出現過“惟中”“惟功”等名，其餘皆作“永”或“允”。

[3]李氏：渤海人。李石之女。本書卷六四有傳。　鄭王：封爵名。大定格，爲次國封號第二。　潞王：封爵名。大定格，爲次國封號第五。

[4]昭儀：内命婦稱謂。爲九嬪之一，九員。正二品。　梁氏：事迹不詳。　豫王：封爵名。大定格，爲大國封號第十四。

[5]才人：内命婦稱謂。爲二十七世婦之一，九員。正五品。　石抹氏：事迹不詳。　夔王：封爵名。明昌格，爲大國封號第十八。

鎬王永中本名實魯剌，又名萬僧。大定元年，[1]封許王。[2]五年，判大興尹。[3]七年，進封越王。十一年，進封趙王。十三年，拜樞密使。[4]十九年，子石古迺加光禄大夫。[5]是歲，改葬明德皇后于坤厚陵，[6]永中母元妃張氏陪葬。十一月庚申，自磐寧宮發引。[7]永中以元妃柩先發，使執黄繖者前導。俄頃，皇后柩出磐寧宮，顯宗徒跣。少府監張僅言呼執黄繖者，[8]不應。既葬，僅言欲奏其事，顯宗解之曰：“是何足校哉，或繖人誤耳。”僅言乃止。

[1]大定：金世宗年號（1161—1189）。

[2]許王：封爵名。大定格，爲大國封號第十。

[3]大興尹：府長官，即府尹。掌宣風導俗，肅清所部，總判府事。正三品。大興即大興府，治所在今北京市西南。

[4]樞密使：樞密院長官。掌武備機密之事。從一品。

[5]石古迺：女真人。又名瑜，亦見於本書卷七、五九、一〇六。　光禄大夫：文散官。爲從二品上階。

[6]明德皇后：即金世宗昭德皇后。本書卷六四有傳。　坤厚陵：陵名。在大房山，在今北京市房山區境内。

[7]磐寧宫：行宫名。在大房山附近。

[8]少府監：少府監長官。掌邦國百工營造之事。正四品。　張僅言：張覺之子。本書卷一三三有傳。

二十一年，改判大宗正事。[1]永中不悦，顯宗勸之曰："宗正之職，自親及疏，自近及遠，此親賢之任也。且皇子之貴，豈以官職閑劇爲計邪？"永中乃喜。二十四年，世宗幸上京，[2]顯宗居守，并留永中。顯宗先遣章宗、宣宗奉表問起居于上京，[3]既而遣永中子光禄大夫石古迺奉表。世宗喜謂豫國公主曰：[4]"皇太子孝德天成，先遣二子，繼遣此子，兄弟之際相友愛如此也。"

[1]判大宗正事：大宗正府長官。以皇族中屬親者充，掌敦睦糾率宗屬，欽奉王命。泰和六年（1206）改爲判大睦親事。從一品。

[2]上京：京路名。治所在今黑龍江省阿城市白城。

[3]章宗：廟號。即完顔麻達葛，漢名璟，顯宗嫡子。1190年至1208年在位。　宣宗：廟號。即完顔吾睹補，漢名珣，顯宗長子。1213年至1223年在位。

[4]豫國公主：公主封號。此指金世宗女，嫁給烏古論元忠。

二十五年六月，世宗在天平山好水川清暑，[1]顯宗薨于中都，[2]詔曹王永功視章宗，[3]召永中赴行在。是歲，與章宗及永功等並加開府儀同三司。[4]二十六年，復爲樞密使。是歲，世宗賜諸孫名。石古迺曰瑜，神土門曰璋，[5]阿思懣曰玘，[6]阿离合懣曰琢。[7]二十七年，玘年十五以上，加奉國上將軍。[8]章宗即位，起復判西京留守，[9]進封漢王，[10]與諸弟各賜金五百兩、銀五千兩、錢二千貫、重幣三百端、絹二千匹。再賜永中偺公廨錢三百萬，特加石古迺銀青榮禄大夫，[11]阿离合懣奉國上將軍。

[1]天平山：在今内蒙古自治區通遼市扎魯特旗西北，疑即罕山。　好水川：即今内蒙古自治區通遼市扎魯特旗西白音巨流河。據本書卷二四《地理志上》臨潢府"有天平山、好水川，行宫地也，大定二十五年命名"。原名爲何不詳。

[2]中都：京路名。遼開泰元年（1012），建號燕京，金初延之，海陵貞元元年（1153）遷都於此。治所在今北京市。

[3]曹王：封爵名。大定格，爲大國封號第二十。　視章宗：施國祁《金史詳校》卷八上認爲，此上當加"護"字。

[4]開府儀同三司：文散官。爲從一品上階。據《大金集禮》卷九，大定"二十三年十二月十三日勅旨諸王特遷開府儀同三司"，時間與此不同。本卷下文《永蹈傳》《永功傳》《永成傳》《永德傳》則與此同爲大定二十五年。

[5]神土門：女真人。又作神徒門，永中第二子，金世宗孫。另見於本書卷五九、九九。

[6]阿思懣：女真人。永中第三子，金世宗孫。亦見於本書卷五九。

[7]阿离合懣：女真人。永中第四子，金世宗孫。亦見於本書卷五九、九九。

[8]奉國上將軍：武散官。爲從三品上階。

[9]判西京留守：西京留守司長官，兼本府府尹、本路兵馬都總管。正三品。西京，京路名，治所在今山西省大同市。此時永中官階爲開府儀同三司，從一品，而西京留守不過是三品官，散官遠高於職事，故稱“判”。下文“判”字同。

[10]漢王：封爵名。大定格，爲大國封號第六。

[11]銀青榮禄大夫：文散官。爲正二品下階。

明昌二年正月辛酉，[1]孝懿皇后崩。[2]判真定府事吴王永成、判定武軍節度使隋王永升奔喪後期，[3]各罰俸一月，杖其長史五十。[4]永中適有寒疾，不能至。上怒，頗意諸王有輕慢心，遣使責永中曰：“已近公除，亦不須來。”二月丙戌，禫祭，[5]永中始至，入臨。辛卯，始克行燒飯禮。[6]壬辰，永中及諸王朝辭，賜遺留物，禮遇雖在，而嫌忌自此始矣。四月，進封并王。[7]

[1]明昌：金章宗年號（1190—1196）。

[2]孝懿皇后：女真人。姓徒單氏。本書卷六四有傳。

[3]判真定府事：府長官，即府尹。正三品。真定即真定府，治所在今河北省正定縣。　吴王：封爵名。大定格，爲大國封號第十七。　判定武軍節度使：節度州長官。總管一州軍、政事務。從三品。定武軍設在定州，治所在今河北省定州市。　隋王：封爵名。大定格，爲次國封號第一。

[4]長史：親王府屬官。掌警嚴侍從，兼總本府之事。從五品。

[5]禫：祭名。除喪服的祭禮。

[6]燒飯禮：契丹、女真等族死後舉行祭禮的俗稱。起源於祭祀時焚燒酒食，但有的貴族也焚燒鞍馬、衣服等祭品以至殉葬奴隸。祭儀多於朔、望、節辰、忌日舉行。

[7]并王：封爵名。明昌格，爲大國封號第五。

三年，判平陽府事，[1]進封鎬王。初置王傅、府尉官，[2]名爲官屬，實檢制之也。府尉希望風旨，過爲苛細。永中自以世宗長子，且老矣，動有掣制，情思不堪，殊鬱鬱，乃表乞閑居。詔不許。四年，鄭王永蹈以謀逆誅。增置諸王司馬一員，[3]檢察門户出入，毬獵游宴皆有制限，家人出入皆有禁防。河東提刑判官把里海坐私謁永中，[4]杖一百，解職。前近侍局副使裴滿可孫嘗受永中請托，[5]爲石古迺求除官，可孫已改同知西京留守，[6]猶坐免。

[1]判平陽府事：府長官，即府尹。正三品。平陽即平陽府，爲河東南路首府，治所在今山西省臨汾市。

[2]王傅：親王府屬官。掌師範教導，參議可否。正四品。　府尉：親王府屬官。從四品。

[3]司馬：親王府屬官。掌檢校門禁，總統府事。從六品。

[4]河東提刑判官：河東提刑司屬官。從六品。　把里海：本書僅此一見。

[5]近侍局副使：近侍局屬官。掌侍從，承敕令，轉進奏帖。從六品。　裴滿可孫：女真人。本書僅此一見。

[6]同知西京留守：西京留守司屬官，例兼同知本府尹、本路兵馬都總管。正四品。

故尚書右丞張汝弼，[1]永中母舅也。汝弼妻高陀斡自大定間畫永中母像，[2]奉之甚謹，挾左道爲永中求福，希覬非望。明昌五年，高陀斡坐詛祝誅。上疑事在永中，未有以發也。會鎬王傅尉奏永中第四子阿离合懣因防禁嚴密，語涉不道。詔同簽大睦親府事𡼏、御史中丞孫即康鞫問，[3]并求得第二子神徒門所撰詞曲有不遜語。家奴德哥首永中嘗與侍妾瑞雪言：[4]"我得天下，子爲大王，以爾爲妃。"詔遣官覆按狀同。再遣禮部尚書張暐、兵部侍郎烏古論慶裔覆之。[5]上謂宰臣曰："鎬王秪以語言得罪，[6]與永蹈罪異。"參知政事馬琪曰：[7]"永中與永蹈罪狀雖異，人臣無將則一也。"上曰："大王何故輒出此言?"左丞相清臣曰：[8]"素有妄想之心也。"詔以永中罪狀宣示百官雜議，五品以下附奏，四品以上入對便殿。皆曰："請論如律。"惟宫籍監丞盧利用乞貸其死。[9]詔賜永中死，神徒門、阿离合懣等皆棄市。勅有司用國公禮收葬永中，平陽府監護，官給葬具，妻子威州安置。[10]泰和七年，詔復永中王爵，賜謚曰厲。勅石古迺於威州擇地，以禮改葬，[11]歲時祭奠。貞祐二年，[12]詔徙永中妻、子石古迺等鄭州安置。[13]

[1]尚書右丞：爲執政官，宰相之貳，佐治省事。正二品。張汝弼：渤海人。本書卷八三有傳。

[2]高陀斡：渤海人。事迹另見於本書卷一〇、六四、七三、八三、九九。

[3]同簽大睦親府事：同簽大宗正事於金泰和六年（1206）爲避睿宗諱更名同簽大睦親事，也稱同簽大睦親府事。由宗室充任，

協助判大睦親事。正三品。　章（kù）：人名。事迹另見於本書卷九九。　御史中丞：御史臺屬官。負責協助御史大夫糾察朝儀，彈劾官邪，勘鞫官府公事。從三品。　孫即康：本書卷九九有傳。　鞫問："問"，原作"門"，誤。中華點校本據《永樂大典》改爲"問"，是。

［4］德哥：僅見於本書卷九九。　瑞雪：人名。本書卷九九《孫即康傳》作"瑞雲"。與此異。

［5］禮部尚書：尚書禮部長官。掌禮樂、祭祀、燕享、學校、貢舉、儀式、制度、符印、表疏、圖書、册命、祥瑞、天文、漏刻、國忌、廟諱、醫卜、釋道、四方使客、諸國進貢、犒勞張設等事。正三品。　張暐：本書卷一〇六有傳。　兵部侍郎：尚書兵部屬官。協助兵部尚書掌兵籍、軍器、城隍、厩牧、鋪驛、車輅、儀仗、郡邑圖志、險阻、障塞、遠方歸化等事。正四品。　烏古論慶裔：女真人。曾以右司郎中出使西夏。亦見於本書卷一〇六。

［6］秖：同"衹"。

［7］参知政事：爲執政官，宰相之貳，佐治省事。從二品。　馬琪：本書卷九五有傳。

［8］左丞相：爲丞相，掌丞天子，平章萬機。從一品。　清臣：女真人。即夾谷清臣，本名阿不沙。本書卷九四有傳。

［9］宫籍監丞：宫籍監屬官。掌内外監户及地土錢帛、小大差發。從七品。　盧利用：本書僅此一見。

［10］威州：治所在今河北省井陘縣北。

［11］據本書卷一二《章宗紀四》，泰和四年（1204）三月甲申，"改葬鎬王永中於威州"。泰和七年二月丁巳，"詔追復永中、永蹈王爵"。卷一三《衛紹王紀》，泰和七年"下詔追復舊封"，則改葬於前，復爵於後，並且不是在同一年。此處誤。

［12］貞祐：金宣宗年號（1213—1217）。

［13］鄭州：治所在今河南省鄭州市。

貞祐三年，太康縣人劉全嘗爲盜，[1]亡入衛真界，[2]詭稱愛王。所謂愛王，指石古迺。石古迺實未嘗有王封，小人妄以此目之。劉全欲爲亂，因假托以惑衆，誘王氏女爲妻，且言其子方聚兵河北。[3]東平人李寧居嵩山，[4]有妖術。全同縣人時温稱寧可論大事，[5]乃使范元書僞號召之。[6]寧至，推爲國師，議僭立。事覺，全、温、寧皆伏誅。

[1]太康縣：治所在今河南省太康縣。　劉全：事迹另見於本書卷一四。

[2]衛真：縣名。治所在今河南省鹿邑縣東。

[3]河北：路名。金天會七年（1129）析置河北東、西路。河北東路治所在今河北省河間市；河北西路治所在今河北省正定縣。

[4]東平：府名。治所在今山東省東平縣。　李寧：另見於本書卷一四。　嵩山：爲五岳之一，在今河南省登封市。

[5]時温：本書僅見於本卷。

[6]范元：事迹另見於本書卷一四。

貞祐四年，潼關破，[1]徙永中子孫于南京。[2]興定二年，[3]亳州譙縣人孫學究私造妖言云：[4]"愛王終當奮發，今匿跡民間，自號劉二。"[5]衛真百姓王深等皆信以爲誠然。[6]有劉二者出而當之，遣歐榮輩結構逆黨，[7]市兵仗，大署旌旗，謀僭立。事覺，誅死者五十二人，緣坐者六十餘人。永中子孫禁錮，自明昌至于正大末，[8]幾四十年。天興初，[9]詔弛禁錮。未幾，南京亦不守云。

[1]潼關：在今陝西省潼關縣東北。

[2]南京：京路名。治所在今河南省開封市。

[3]興定：金宣宗年號（1217—1222）。

[4]亳州：治所在今安徽省亳州市。　譙縣：治所在今安徽省亳州市。　孫學究：本書僅見於本卷。

[5]劉二：本書僅見於本卷。

[6]王深：本書僅見於本卷。

[7]歐榮：本書僅見於本卷。

[8]正大：金哀宗年號（1224—1231）。

[9]天興：金哀宗年號（1232—1234）。

鄭王永蹈本名銀术可，初名石狗兒。大定十一年，封滕王，[1]未期月進封徐王。[2]二十五年，加開府儀同三司。二十六年，爲大興尹。章宗即位，判彰德軍節度使，[3]進封衛王。[4]明昌二年，徙封鄭王。三年，改判定武軍。

[1]滕王：封爵名。大定格，爲次國封號第十二。

[2]未期月：施國祁《金史詳校》卷八上認爲“月”字當删。徐王：封爵名。大定格，爲次國封號第十一。

[3]判彰德軍節度使：節度州長官。從三品。彰德軍設在相州，治所在今河南省安陽市。

[4]衛王：封爵名。大定格，爲次國封號第三。

初，崔温、郭諫、馬太初與永蹈家奴畢慶壽私説讖記災祥，[1]畢慶壽以告永蹈：“郭諫頗能相人。”永蹈乃召郭諫相己及妻子。諫説永蹈曰：“大王相貌非常，王妃及二子皆大貴。”又曰：“大王，元妃長子，不與諸王比也。”永蹈召崔温、馬太初論讖記天象。崔温曰：“丑年有兵灾，屬兔命者來年春當收兵得位。”郭諫曰：“昨見赤氣犯紫微，白虹貫月，皆注丑後寅前兵戈僭亂事。”永蹈深信其説，乃陰結内侍鄭雨兒伺上起居，[2]以崔温爲謀主，郭諫、馬太初往來游説。河南統軍使僕散揆尚永蹈妹韓國公主，[3]永蹈謀取河南軍以爲助，與妹澤國公主長樂謀，[4]使駙馬都尉蒲剌覩致書于揆，[5]且先請婚，以觀其意。揆拒不許結婚，使者不敢復言不軌事。永蹈家奴董壽諫永蹈，[6]不聽。董壽以語同輩奴，千家奴上變。[7]是時，永蹈在京師，詔平章政事完顏守貞、参知政事胥持國、户部尚書楊伯通、知大興府事尼厖古鑑鞫問，[8]連引甚衆，久不能决。上怒，召守貞等問狀。右丞相夾谷清臣奏曰：[9]“事貴速絶，以安人心。”於是，賜永蹈及妃卞玉，[10]二子按春、阿辛，[11]公主長樂自盡。蒲剌覩、崔温、郭諫、馬太初等皆伏誅。僕散揆雖不聞問，猶坐除名。董壽免死，隸監籍。千家奴賞錢二千貫，特遷五官雜班叙使。[12]自是諸王制限防禁密矣。

［1］崔温、郭諫、馬太初、畢慶壽：本書皆僅見於本卷。

［2］鄭雨兒：本書僅此一見。

［3］河南統軍使：河南統軍司長官。督領軍馬，鎮攝封陲，分營衛、視察奸。正三品。　僕散揆：女真人。本名臨喜，僕散忠義之子。本書卷九三有傳。　韓國公主：公主封號。按本書卷九三《僕散揆傳》：“大定十五年，尚韓國大長公主。”

［4］澤國公主：公主封號。　長樂：女真人。金世宗之女。本

書僅本卷兩見。

［5］蒲剌覩：本書僅見於本卷。“覩”同“睹”。

［6］董壽：本書僅見於本卷。

［7］千家奴：本書僅見於本卷。

［8］平章政事：爲宰相，掌丞天子，平章萬機。從一品。　完顔守貞：女真人。本書卷七三有傳。　胥持國：字秉鈞。本書卷一二九有傳。　户部尚書：尚書户部長官。掌户口、錢糧、田土的政令及貢賦出納、金幣轉通、府庫收藏等事。正三品。　楊伯通：本書卷九五有傳。　尼厖古鑑：女真人。本名外留。本書卷九五有傳。

［9］右丞相：爲丞相，掌丞天子，平章萬機。從一品。

［10］卞玉：本書僅此一見。

［11］按春：女真人。另見於本書卷五九。　阿辛：女真人。另見於本書卷五九。

［12］雜班：金代官員出身稱謂，指不是進士、舉人、勞効、蔭襲、恩例而入仕者。

泰和七年，[1]詔復王封，備禮改葬，賜謚曰剌，以衛王永濟子按辰爲永蹈後，[2]奉其祭祀。

［1］泰和：金章宗年號（1201—1208）。

［2］按辰：女真人。一作按陳，漢名璪。本書卷九三有傳。

越王永功本名宋葛，又名廣孫，貞元二年生。[1]沉默寡言笑，勇健絶人，涉書史，好法書、名畫。大定四年，封鄭王。七年，進封隋王。十一年，進封曹王。十五年，除刑部尚書。[2]上曰：“侍郎張汝霖，[3]汝外舅行也，可學爲政。”十七年，授活活土世襲猛安。[4]十八年，改大興尹。

[1]貞元：金海陵王年號（1153—1156）。

[2]刑部尚書：尚書刑部長官。掌律令、刑名、監户、官户、配隸、功賞、捕亡等事。正三品。

[3]侍郎：指刑部侍郎。尚書刑部屬官。正四品。　張汝霖：渤海人。本書卷八三有傳。

[4]活活土世襲猛安：猛安名。所在地不詳。按本書卷六《世宗紀上》作大定十一年（1171）十二月“趙王永中、曹王永功俱授猛安”。時間與此不同。據本卷，永成於大定十七年授世襲山東東路把魯古猛安，永升於大定二十七年授山東西路按必出虎必剌猛安，永德於明昌元年（1190）始授山東東路把魯古必剌猛安，則世宗諸子被授與世襲猛安的時間不一，永中、永功當是最早受封者，當早於永成。此言永功受封於大定十七年，或爲永成受封時間。參之明昌元年授永德猛安時，永成改授山東西路盆買必剌猛安，或永功於大定十一年授猛安後，於大定十七年改授活活土世襲猛安。

世宗幸金蓮川，[1]始出中都，親軍二蒼頭縱馬食民田，詔永功：“蒼頭各杖一百。彈壓百户二人失覺察，勒停。”上次望京淀，[2]永功奏曰：“親軍人止一蒼頭，兩彈壓服勤，爲日久矣。臣昧死違詔，量決蒼頭，使彈壓待罪，可使償其田直，[3]惟陛下憐察。”上皆從之。

[1]金蓮川：即曷里滸東川。指流經今河北省沽源縣至内蒙古自治區正藍旗的閃電河。

[2]望京淀：地名。本書僅此一見，所在地不詳。章宗時有望

京甸，未詳是否一處。

［3］直：同“值”。

老嫗與男婦憩道傍，婦與所私相從亡去，或告嫗曰：“向見年少婦人自水邊小徑去矣。”嫗告伍長蹤跡之。有男子私殺牛，手持血刃，望見伍長，意其捕己，即走避之。嫗與伍長疑是殺其婦也，捕送縣，不勝楚毒，遂誣服。問尸安在？詭曰：“棄之水中矣。”求之水中，果獲一尸，已半腐。縣吏以爲是男子真殺若婦矣，即具獄上。永功疑之曰：“婦死幾何日，而尸遽半腐哉。”頃之，嫗得其婦於所私者。永功曰：“是男子偶以殺人就獄，其拷掠足以稱殺牛之科矣。”遂釋之而去。武清黄氏、望雲王氏豪猾不逞，[1]永功發其罪，畿内肅然。

［1］武清：縣名。治所在今河北省永清縣。　望雲：縣名。治所在今河北省赤城縣。

二十三年，判東京留守。[1]是月，改河間尹。[2]閲月，改北京留守。[3]居無何，上謂宰臣曰：“朕聞永功到北京爲政無良，雖朕子，萬一敗露，法可廢乎。朕已戒勑永功，卿等可諭其長史，俾匡正之。”到北京凡七月，改東京留守。世宗幸上京，過東京，永功從。明年，上還至天平山好水川，皇太子薨。詔永功護喪事，尋拜御史大夫。[4]章宗封原王，[5]加開府儀同三司。趙王永中及永功兄弟皆加開府儀同三司。明年，判大宗正事。

［1］東京留守：東京留守司長官。正三品。東京，京路名，治所在今遼寧省遼陽市。

［2］河間尹：府長官，即府尹。正三品。河間即河間府，治所在今河北省河間市。

［3］北京留守：北京留守司長官。正三品。北京，京路名，治所在今内蒙古自治區寧城縣西大明城。遼時爲中京，金初因之，海陵貞元元年（1153）改爲北京。

［4］御史大夫：御史臺長官。原正三品，金大定十二年（1172）升從二品。掌糾察朝儀，彈劾官吏，勘察官府公事。

［5］原王：封爵名。大定格，爲次國封號第十五。

應州僧與永功有舊，[1]將訴事于彰國軍節度使移剌胡剌，[2]求永功手書與胡剌爲地。胡剌得書，奏之。上謂宰臣曰："永功以書囑事胡剌，此雖細微，不可不懲也。凡人小過不治，遂至大咎。有犯必懲，庶幾能改，是亦教也。"皆曰："陛下用法無私，臣下敢不敬畏。"於是永功解職。未幾，復判大宗正事。

［1］應州：治所在今山西省應縣。

［2］彰國軍節度使：節度州長官。從三品。彰國軍設在應州。移剌胡剌：本書僅此一見。

章宗即位，除判平陽府事，進封冀王。[1]永功之官，隨引醫人沈思存過制限，[2]當解職。上曰："朕知此事，當痛斷監奴及治府掾長史管轄府事者罪，仍著于令。"家奴王唐犯罪至徒，[3]永功曲庇之。平陽治中高德裔失覺察，[4]笞四十。於是永功改判濟南府。[5]詔永功曰："所坐雖細事，法令不得不如此。今已釋矣，後毋復然。濟南先帝舊治，[6]風土甚好，可悉此意也。"改授山東西路把魯古世襲猛安。[7]二年，判廣寧府事，[8]進封魯王。[9]明年，判彰德府事。[10]承安元年，[11]進封鄆王。[12]明年，判太原府事。[13]泰和七年，改西京留守。[14]八年，復判平陽府事。大安元年，[15]進封譙王，[16]判中山府事。[17]明年，進封越王。

[1]冀王：封爵名。大定格，爲大國封號第十三。

[2]沈思存：本書僅此一見。

[3]王唐：本書僅此一見。

[4]平陽治中：府尹屬官。本書《百官志》不載，當是負責本府司法工作的官員。據本書卷一二八《孫德淵傳》，"歷大興治中、同知府事（從四品）"，又《武都傳》，"調太原治中，復爲都轉運副使（正五品）"，又《紇石烈德傳》，歷"大名治中，安、曹、裕三州刺史（正五品）"，則此官當爲五品官。　高德裔：本書僅此一見。

[5]判濟南府：府長官。正三品。濟南府治所在今山東省濟南市。

[6]先帝：指金世宗。金世宗在海陵時曾任濟南尹，故此處稱濟南爲"先帝舊治"。

[7]山東西路把魯古世襲猛安：猛安名。張博泉認爲："把魯古，即拔盧古水，在上京路，今黑龍江省木蘭境之佛特庫河。"（張博泉《金史論稿》第一卷，吉林文史出版社 1986 年版，第 328 頁）此猛安當是從上京路遷至山東西路的。山東西路，金路名，治所在今山東省東平縣。

[8]判廣寧事：府長官。正三品。廣寧府，金天輔七年（1127）升顯州置，治所在今遼寧省北寧市。

[9]魯王：封爵名。大定格，爲大國封號第十二。

[10]判彰德府事：府長官。正三品。彰德府治所在今河南省安陽市。

[11]承安：金章宗年號（1196—1200）。

[12]鄆王：封爵名。明昌格，爲大國封號第十一。

[13]判太原府事：府長官。正三品。太原府治所在今山西省太原市。

[14]西京留守：此上亦應加“判”字。

[15]大安：金衛紹王年號（1209—1211）。

[16]譙王：封爵名。明昌格，爲大國封號第十。

[17]判中山府事：府長官。正三品。中山府治所在今河北省定州市。

宣宗即位，[1]免常參。明年，從遷汴京。[2]久之，詔永功每月朔一朝。[3]興定四年，詔永功無朝。五年，有疾，賜御藥。疾革，賜尚醫診視，一日五遣使候問。是歲，薨。上哭之慟，謚曰忠簡。

[1]宣宗：廟號。即完顏吾睹補，漢名珣。1213年至1223年在位。

[2]汴京：京路名。治所在今河南省開封市。

[3]每月朔一朝：按下文所記“興定四年，詔永功無朝”，本書卷一六《宣宗紀下》作興定四年（1220）十一月丁亥朔，“免越王永功朔望朝參”，則“每月朔一朝”似應爲“每月朔望二朝”。

子福孫、壽孫、粘沒曷。[1]大定二十六年，詔賜福孫名璐，壽孫名璹，粘没曷名琳。是年，璐加奉國上將軍。章宗即位，加銀青榮禄大夫，封蕭國公。[2]初爲興陵崇妃養子，[3]常居京師，奉朝請。泰和五年，卒。章宗輟朝，百官進名奉慰。

[1]福孫：女真人。完顏璐本名福孫，金世宗之孫。另見於本書卷五九。　壽孫：女真人。完顏璹本名壽孫，金世宗之孫。本卷有傳。《中州集》卷五《密國公璹》稱壽孫“越王之長子”，與此異。　粘没曷：女真人。完顏琳本名粘没喝。另見於本書卷五九。

[2]蕭國公：封爵名。大定格，爲小國封號第二十八。

[3]興陵崇妃：即世宗妃，因世宗葬興陵而稱興陵崇妃。崇妃，内命婦稱號。本書《百官志》不載，品秩不詳。

璹本名壽孫，世宗賜名，字仲實[1]，一字子瑜。資質簡重，博學有俊才，喜爲詩，工真、草書。大定二十七年，加奉國上將軍。明昌初，加銀青榮禄大夫。衛紹王時，加開府儀同三司。貞祐中，封胙國公。[2]正大初，進封密國公。[3]

[1]字仲實：按劉祁《歸潛志》卷一“仲實”作“仲寶”，與此異。其一字爲子瑜，似以“寶”字爲是。

[2]胙國公：封爵名。明昌格，爲小國封號第二十三。

[3]密國公：封爵名。明昌格，爲小國封號第二十二。施國祁《金史詳校》卷八上：“案《遺山集》九《歌遺音》詩注云：‘正大三年，胙國公書。’則封密非初年矣，此傳全録《歸潛志》文，因承其謬。”

璹奉朝請四十年，日以講誦吟詠爲事，時時潛與士大夫唱酬，然不敢明白往來。永功薨後，稍得出游，與文士趙秉文、楊雲翼、雷淵、元好問、李汾、王飛伯輩交善。[1]初，宣宗南遷，諸王宗室顛沛奔走，璹乃盡載其家法書名畫，一帙不遺。居汴中，家人口多，俸入少，客至，貧不能具酒肴，蔬飯共食，焚香煮茗，盡出藏書，談大定、明昌以來故事，終日不聽客去，樂而不厭也。

[1]趙秉文：本書卷一一〇有傳。　楊雲翼：本書卷一一〇有傳。　雷淵：本書卷一一〇有傳。　元好問：本書卷一二六有傳。　李汾：本書卷一二六有傳。　王伯飛：王郁字飛伯。本書卷一二六有傳。

天興初，璹已卧疾，論及時事，嘆曰："兵勢如此，不能支，止可以降。全完顏氏一族歸吾國中，使女直不滅，則善矣，餘復何望。"是時，曹王出質，[1]璹見哀宗於隆德殿。[2]上問："叔父欲何言？"璹奏曰："聞訛可欲出議和。訛可年幼，不苦諳練，恐不能辦大事。臣請副之，或代其行。"上慰之曰："南渡後，國家比承平時有何奉養，然叔父亦未嘗沾溉。無事則置之冷地，無所顧藉，緩急則置于不測，叔父盡忠固可，天下其謂朕何？叔父休矣。"於是君臣相顧泣下。未幾，以疾薨，年六十一。

[1]曹王：封爵名。明昌格，爲大國封號第二十。此處指訛可，

金宣宗孫，守純之子。本書卷九三有傳。

[2]隆德殿：在南京開封府宫城内。據本書卷二五《地理志中》："正門曰隆德，内有隆德殿。"

平生詩文甚多。自删其詩，存三百首，樂府一百首，號《如菴小藁》。第五子守禧，[1]字慶之，風神秀徹，璹特鍾愛，嘗曰："平日所蓄書畫將以付斯子。"及汴城降，守禧病卒，年未三十。

[1]守禧：女真人。字慶之。本書僅見於本卷。

潞王永德本名訛出。大定二十五年，與章宗及諸兄俱加開府儀同三司。二十七年，封薛王。[1]明年，除祕書監。[2]二十九年，進判祕書監，進封瀋王。[3]明昌元年，授山東東路把魯古必剌猛安。[4]二年，[5]進封豳王。[6]五年，遷勸農使，[7]承安二年，進封潞王。[8]承安三年，再任勸農使。泰和元年，有司劾永德元日進酒後期，有詔勿問。衛紹王時，累遷太子太師。[9]宣宗即位，改同判大睦親府事。[10]興定五年，遷判大睦親府事。子斡論，[11]賜名琰。

[1]薛王：封爵名。大定格，爲次國封號第二十三。據本書卷七《世宗紀中》，大定十七年（1177）九月辛丑，"封子永德爲薛王"，則此處繫年錯誤。

[2]祕書監：秘書監長官。掌經籍圖書。從三品。

[3]瀋王：封爵名。大定格，爲次國封號第七。

[4]山東東路把魯古必剌猛安：猛安名。張博泉認爲："把魯古

必刺，即拔盧古水，亦作琶里郭水。今黑龍江省木蘭境之佛特庫河。”（張博泉《金史論稿》第一卷，第 325 頁）此猛安當是從上京路遷至山東東路的。山東東路，金路名，治所在今山東省青州市。

[5]二年：原作“三年”，據中華點校本改。

[6]豳王：封爵名。明昌格，爲次國封號第六。

[7]勸農使：勸農使司長官。掌勸課天下力田之事。正三品。

[8]潞王：據本書卷五九《宗室表》，永德爲曹王。而本書卷六四《后妃傳》與本卷皆稱其爲“潞王”。則其最後封號應是“潞王”。《宗室表》誤。

[9]太子太師：東宫屬官。宫師府三師之一。正二品。

[10]同判大睦親府事：同判大宗正事於金泰和六年（1206）爲避睿宗諱更名同判大睦親事，也稱同判大睦親府事。由宗室充任，協助判大睦親事。從二品。

[11]斡論：女真人。漢名琰。另見於本書卷五九。

豫王永成本名鶴野，[1]又曰婁室。母昭儀梁氏。永成風姿奇偉，博學，善屬文。世宗尤愛重之。大定七年，始封瀋王，以太學博士王彦潛爲府文學，[2]永成師事之。十一年，進封豳。十五年，就外第。十六年，判祕書監。明年，授世襲山東東路把魯古猛安，[3]判大睦親府事。既而改中都路胡土靄哥蠻猛安。[4]二十年，改授翰林學士承旨。[5]二十三年，判定武軍節度使事，尋改判廣寧府。二十五年，世宗幸上京，命留守中都，判吏部尚書，[6]進開府儀同三司，爲御史大夫。

[1]豫王永成：按劉祁《歸潛志》卷一偶誤爲“豫王永中”。

陳述《金史拾補五種》卷一亦將豫王永成記事附允中（永中）後，誤。

[2]太學博士：國子監屬官。正七品。　王彥潛：河間人。熙宗時中狀元，世宗即位後，官至翰林待制。另見於本書卷七八、九〇。　府文學：親王府屬官。掌贊導禮義，資廣學問。從七品。

[3]山東東路把魯古猛安：猛安名。即山東東路把魯古必剌猛安。

[4]中都路胡土靄哥蠻猛安：猛安名。張博泉認爲："忽土皚葛蠻，即胡土靄哥（愛割）蠻。忽土皚，滿洲語爲'額特赫'，已勝之意；葛蠻，滿洲語爲'格門'之意。大金得勝陀頌碑，坐落在東距拉林河約七公里的石碑崴子地方。此猛安即從石碑崴子遷來。"（張博泉《金史論稿》第一卷，第318頁）

[5]翰林學士承旨：翰林學士院長官。掌制撰詞命，凡應奉文字，銜內帶"知制誥"。本正三品，金貞祐三年（1215）升從二品。

[6]吏部尚書：尚書吏部長官。掌文武選授、勳封、考課、出給制誥等政事。正三品。

章宗即位，起復，進封吴，判真定府事。明昌元年，改山東西路盆買必剌猛安。[1]明年，進封兖。[2]坐率軍民圍獵解職，奉表謝罪。上賜手詔曰："卿親實肺腑，夙著忠純，侍顯考於春宫，[3]曲盡友于之愛，[4]洎沖人之繼統，[5]愈明忠赤之心，艱難之中，多所裨益。朕心簡在，毫楮莫窮，用是起之苫塊之中，[6]授以維城之任。自典藩服，歲月薦更，蕞爾趙邦，知驥足之難展，眇哉鎮府，固牛刀之莫施。方思驛召以赴朝，何意遽罹於國憲。偶因時獵，頗擾部民，法所不寬，憲臺聞上。[7]朕尚含容累月，未忍即行，雖欲遂於私恩，竟莫違於公議，解卿前職，即乃世封。噫，祖宗立法，非一人之敢私；骨肉至親，豈千里而能間。以此退閑之小誡，欲成終始之洪恩。《經》云‘在上不驕，高而不危’。是以知節慎者脩身之本，驕矜者敗德之源。朕每自勵，今以戒卿。昔東平樂善，能成不朽之名，梁孝奢淫，[8]卒致憂疑之悔。前人所行，可爲龜鑑。卿兼資文武，多藝多才，履道而行，何施不可。如能德業日新，無慮牽復之晚。[9]朕素不工詞翰，臨文草草，直寫所懷，冀不以辭害意也。”未幾，授沁南軍節度使。[10]三年，改判咸平府事，[11]未赴，移判太原府事。上以永成誕日，親爲詩以賜，有“美譽自應輝玉牒，忠誠不待啓金縢”之語，[12]當世榮之。

[1]山東西路盆買必剌猛安：猛安名。張博泉認爲：“盆買，即上京路之婆盧買水，今木蘭境之布雅密河。”（張博泉《金史論稿》第一卷，第328頁）

[2]兖：封爵名。明昌格，爲大國封號第十六。

[3]春宫：指東宫。

[4]友于之愛：指兄弟之情。

[5]沖人：古時帝王年幼在位者自稱的謙詞，猶云小子。

[6]苫塊：“寢苫枕塊”的略語。苫，草薦；塊，土塊。古禮，居親喪時，以草薦爲席，以土塊爲枕。此代指居喪期間。

[7]憲臺：指御史臺。因被稱爲是司風憲之官，故也稱憲臺。

[8]梁孝：指西漢梁孝王劉武，漢景帝同母弟。事詳《史記》卷五八《梁孝王世家》。

[9]牽復：語出《周易·小畜》卦。此指改正錯誤。

［10］沁南軍節度使：節度州長官。從三品。沁南軍設在懷州，治所在今河南省沁陽市。

［11］判咸平府事：府長官。正三品。咸平府治所在今遼寧省開原市開原老城。

［12］玉牒：皇族的譜牒。　金縢：用金屬制的帶子將收藏書契的櫃封存。《尚書·金縢序》："武王有疾，周公作金縢。"孔穎達疏："凡藏秘書，藏之於匱，必以金緘其表。"此指周公祈求上天，願代武王而死。事詳《史記》卷三三《魯周公世家》。

七年，改判平陽府事。承安改元，以覃恩進封豫。明年冬，進馬八十匹，以資守禦之備。上賜詔獎諭曰："卿夙有雋望，時惟茂親，通達古今，砥礪忠義。方分憂於外服，來輸駿於上閑，欲助邊防，以增武備。惟盡心于體國，乃因物以見誠。載念懇勤，良深嘉獎。"五年，再任。俄召還，以疾不能入見。上親幸其第臨視。泰和四年，薨。訃聞，上爲之震悼，賻贈甚厚，謚曰忠獻。

永成自幼喜讀書，晚年所學益醇，每暇日引文士相與切磋，接之以禮，未嘗見驕色。自號曰"樂善居士"，有文集行于世云。

夔王允升，改名永升，本名斜不出，一名鶴壽。大定十一年，封徐王，進封虞王。[1]二十六年，[2]加開府儀同三司。明年，判吏部尚書，授山東西路按必出虎必剌猛安。[3]章宗即位，加恩宗室，徙封隋王，除定武軍節度使。明昌二年，改封曹王。久之，改封宛王。[4]衛紹王即位，[5]徙今封。貞祐元年九月，宣宗以允升年高，素羸疾，詔宫中聽扶杖。尋薨。既殯，燒飯，上親臨奠。

[1]虞王：封爵名。大定格，爲次國封號第十。

[2]二十六年：按本卷《永中傳》《永蹈傳》《永功傳》《永德傳》《永成傳》及卷一三《衛紹王紀》，皆記世宗諸子與章宗在大定二十五年（1185）加開府儀同三司，永升似不應獨在二十六年。疑此處誤。

[3]山東西路按必出虎必剌猛安：猛安名。張博泉認爲："按必出虎，即按出虎，'必'蓋因涉下'必剌'衍。按出虎必剌，今阿什河，猛安自上京移來。"（張博泉《金史論稿》第一卷，第328頁）

[4]宛王：封爵名。明昌格，爲大國封號第十九。

[5]衛紹王：衛爲封爵名，紹爲謚號。即完顏永濟，小字興勝。1208年至1213年在位。

贊曰：世宗保全宗室，無所不至，雖矯海陵之失，亦由天資仁厚而然也。其子永中、永蹈皆死章宗之手，其理蓋有不可詰者。章宗無後，則厥報不爽矣。

金史　卷八六

列傳第二十四

李石　子獻可　完顏福壽　獨吉義　烏延蒲离黑[1]　烏延蒲轄奴　烏延查剌　李師雄　尼厖古鈔兀　孛术魯定方　夾谷胡剌　蒲察斡論　夾谷查剌

[1]烏延蒲离黑："离"，原作"里"，爲與下文統一，據殿本改。

李石字子堅，[1]遼陽人，[2]貞懿皇后弟也。[3]先世仕遼，爲宰相。高祖仙壽，[4]嘗脱遼主之舅於難，遼帝賜仙壽遼陽及湯池地千頃，[5]佗物稱是，常以李舅目之。父雛訛只，[6]桂州觀察使，[7]高永昌據東京，[8]率衆攻之，不勝而死。

[1]李石：按《族帳部曲録》："李壽，渤海人。葛王（世宗）立，母舅爲參知政事。"李壽是其初名，因避其高祖仙壽諱，改名李石。

[2]遼陽：縣名。屬東京路遼陽府，治所在今遼寧省遼陽市。

[3]貞懿：即睿宗貞懿皇后李氏。本書卷六四有傳。

[4]仙壽：渤海人。本書僅此一見。

[5]湯池：縣名。屬蓋州，治所在今遼寧省營口市東南湯池。

[6]雛訛只：渤海人。金大定初，贈太尉、隋國公。

[7]桂州觀察使：遼官名。桂州本唐静江軍節度使治所，遼金無此地名，設此官乃遥領虚置。

[8]高永昌：渤海人。遼天祚帝時，爲東京裨將。遼天慶六年(1116)，東京渤海人民殺遼東京留守起義，他亦起兵反遼，稱大渤海皇帝，建年號隆基，攻占遼東五十餘州。遼兵攻東京，高永昌曾向金兵求救，欲與金兵聯合抗遼，爲金太祖所拒。後東京爲金兵所破，高永昌因曾試圖反金而被擒斬。事見本書卷七一《斡魯傳》。東京：遼京路名。金初因之，治所在遼陽府，即今遼寧省遼陽市。

石敦厚寡言，而器識過人。天會二年，[1]授世襲謀克，[2]爲行軍猛安。[3]睿宗爲右副元帥，[4]引置軍中，屬之宗弼。[5]八年，除禮賓副使，[6]轉洛苑副使。[7]天眷元年，[8]置行臺省於汴，[9]石爲汴京都巡檢使，[10]歷大名少尹、汴京馬軍副都指揮使，[11]累官景州刺史。[12]

[1]天會：金太宗年號，金熙宗初年沿用不改（1123—1137）。

[2]謀克：女真族的地方行政設置及長官名稱，相當於縣，也是軍事編制及軍官名稱，即百夫長。有世襲與非世襲之别。

[3]行軍猛安：軍職名。猛安本意爲千夫長，而行軍猛安是在戰時所授予的專門管軍務的猛安。

[4]睿宗：女真人。完顔宗輔本名訛里朶，金太祖之子，金世宗之父，大定中追尊爲帝，改諱宗堯。見本書卷一九《世紀補》。右副元帥：元帥府屬官。金太宗天會三年（1125）設都元帥府，掌征討之事。設右副元帥一員，位次於都元帥、左副元帥。正二品。

[5]宗弼：女真人。本名斡啜，或作斡出、兀术、晃斡出，金

太祖子。本書卷七七有傳。

[6]禮賓副使：金初承宋制設此官，無職掌，僅爲武臣遷轉之階。

[7]洛苑副使：金初承宋制設此官，無職掌，僅爲武臣遷轉之階。

[8]天眷元年：局本作“天會十五年”。按本書卷四《熙宗紀》，天會十五年（1137）十一月丙午，“置行臺尚書省於汴”。《殿本考證》：“考《熙宗本紀》及《續通鑑》，俱作‘天會十五年，廢劉豫，置行臺尚書省於汴。’”此處“天眷元年”疑誤。天眷，金熙宗年號（1138—1140）。

[9]行臺省：官署名。即行臺尚書省，負責管理原齊國統治區。金天眷元年（1138）以河南地與宋，改燕京樞密院爲行臺尚書省。天眷三年復移置於汴京。行臺尚書省各官品級較尚書省相應各官品級低一級。　汴：京路名。即原北宋都城汴梁，治所在今河南省開封市。

[10]汴京都巡檢使：掌本處盜賊事。正七品。

[11]大名少尹：府屬官。爲府尹佐貳，負責協助府尹處理本府政務。正五品。大名即大名府，治所在今河北省大名縣東。　汴京馬軍副都指揮使：汴京總管府兵馬司屬官。爲都指揮使之佐，通判司事，分管内外，巡捕盜賊。正六品。

[12]景州刺史：刺史州長官。負責處理本州政務。正五品。景州治所在今河北省東光縣。

海陵營建燕京宫室，[1]石護役皇城端門。[2]海陵遷都燕京，石隨例入見。海陵指石曰：“此非葛王之舅乎？”[3]葛王，謂世宗也。[4]未幾，除興中少尹。[5]石知海陵忌宗室，頗歉前日之言，秩滿，托疾還鄉里。

[1]海陵：封號。即完顔迪古乃，漢名亮。1149年至1161年在位。　燕京：遼京路名，金初延之。海陵貞元元年（1153）遷都於此，更名中都，治所在今北京市。

[2]端門：宫門名。在中都大興府皇宫中。

[3]葛王：封爵名。天眷格，爲小國封號第二十七。

[4]世宗：廟號。即完顔烏禄，漢名雍。1161年至1189年在位。

[5]興中少尹：府屬官。爲府尹佐貳，正五品。興中即興中府，治所在今遼寧省朝陽市。

世宗留守東京，[1]禦契丹括里，[2]石留東京，巡察城中。海陵使副留守高存福伺察世宗動静，[3]知軍李蒲速越知存福謀，[4]以告世宗，石因勸世宗先除存福，然後舉事，世宗從之。大定元年，[5]以定策功爲户部尚書。[6]無何，拜參知政事。[7]

[1]留守東京：即東京留守，爲東京留守司長官，例兼本府府尹、本路兵馬都總管。正三品。

[2]括里：契丹人。初爲契丹謀克，金正隆六年（1161）自征宋軍中逃回咸平府，領導契丹人起義，後與窩斡軍相合，起義失敗後歸宋。

[3]副留守：諸京留守司屬官，例兼本府少尹、本路兵馬副都總管。爲諸京留守佐貳，負責協助留守處理本路、本府政務。從四品。　高存福：金正隆三年（1158）曾以教坊提點出使過高麗，其女在海陵后宫。

[4]知軍：帶京朝官銜或試銜者主持軍鎮事務時稱知軍事，簡稱知軍。據本書卷六《世宗紀》，此時李蒲速越官爲平定知軍。　李蒲速越：事迹另見於本書卷六。

[5]大定：金世宗年號（1161—1189）。

[6]户部尚書：尚書户部長官。掌户口、錢糧、田土的政令及貢賦出納、金幣轉通、府庫收藏等事。正三品。

[7]参知政事：爲執政官，宰相之貳，佐治省事。從二品。

阿瑣殺同知中都留守蒲察沙离只，[1]遣使奉表東京，而群臣多勸世宗幸上京者。[2]石奏曰："正隆遠在江、淮，[3]寇盗蜂起，萬姓引領東向，宜因此時直赴中都，據腹心以號令天下，萬世之業也。惟陛下無牽於衆惑。"上意遂决，即日啓行。世宗納石女後宫，生鄭王永蹈、衛紹王永濟，[4]是爲元妃李氏。[5]

[1]阿瑣：女真人。宗强之子，金太祖孫。本書卷六九有傳。按本書卷六五《完顔璋傳》，殺蒲察沙离只是以璋爲首，阿瑣並未參加。事後璋等擁立阿瑣行留守事。　同知中都留守：中都留守司屬官，例兼同知本府尹、本路兵馬都總管。正四品。中都，京路名，治所在今北京市。　蒲察沙离只：女真人。據本書卷六五《完顔璋傳》，其時是以左衛將軍同知中都留守，佩金牌掌留守府事。

[2]上京：京路名。治會寧府，在今黑龍江省阿城市白城。

[3]正隆：金海陵王年號（1156—1160）。此代指海陵王。

[4]鄭王：封爵名。大定格，爲次國封號第二。　永蹈：本名銀朮可，初名石狗兒。本書卷八五有傳。　衛紹王：即衛王，封爵名。大定格，爲次國封號第三。紹爲謚號。　永濟：女真人。小字興勝，金世宗第七子。金章宗無子，立其爲儲嗣。1208至1213年在位。金至寧元年（1213），爲胡沙虎逐回故邸。貞祐四年（1216），追復衛王。見本書卷一三《衛紹王紀》。　按本書卷六四，李氏"生鄭王允蹈、衛紹王允濟、潞王允德"，卷八五同。永德本名訛出，卷八五有傳，此處失載。

[5]元妃：内命婦稱號。位在貴妃、淑妃、德妃、賢妃之上。正一品。　李氏：渤海人。本書卷六四有傳。

三年，户部尚書梁銶上言：[1]“大定以前，官吏士卒俸粟支帖真僞相雜，請一切停罷。”石買革去舊貼，下倉支粟，倉司不敢違，以新粟與之。上聞其事，以問梁球。梁球對不以實。上命尚書左丞翟永固鞫之。[2]梁銶削官四階，降知火山軍，[3]石罷爲御史大夫。[4]久之，封道國公。[5]

[1]梁銶：下文一作“梁球”。海陵貞元末至正隆初爲右司郎中，大定元年（1161）升爲户部尚書，大定三年因李石冒支倉粟事削官四階，降知火山軍。

[2]尚書左丞：爲執政官，宰相之貳，佐治省事。正二品。翟永固：本書卷八九有傳。

[3]知火山軍：火山軍治所在今山西省河曲縣南，金大定二十二年（1182）升爲火山州。

[4]御史大夫：御史臺長官。掌糾察朝儀，彈劾官吏，勘察官府公事。原正三品，金大定十二年（1172）升從二品。

[5]道國公：封爵名。大定格，爲小國封號第三。

六年，上幸西京，[1]石與少詹事烏古論三合守衛中都宫闕。[2]詔曰：“京師巡徼不可不嚴。近都猛安内選士二千人巡警，仍給口粲芻粟。”謂宰臣曰：“府庫錢幣非徒聚貨也，若軍士貧弱，百姓困乏，所費雖多，豈可已哉。”故事，凡行幸，留守中都官每十日表問起居。上以使傳頻煩，命二十日一進表。七年，拜司徒，[3]兼太子太師，[4]御史大夫如故。賜第一區。

[1]西京：京路名。治所在今山西省大同市。

[2]少詹事：太子詹事院屬官。掌總統東宫内外庶務。從四品。烏古論三合：女真人。本書卷八二有傳。

[3]司徒：三公之一。正一品。

[4]太子太師：東宫屬官。宫師府三師之一。正二品。

安化軍節度使徒單子温，[1]平章政事合喜之姪也，[2]贓濫不法，石即劾奏之。方石奏事，宰相下殿立，[3]俟良久。既退，宰相或問石奏事何久，石正色曰："正爲天下奸污未盡誅耳。"聞者悚然。一日，上謂石曰："御史分别庶官邪、正。[4]卿等惟劾有罪，而未嘗舉善也，宜令監察分路刺舉善惡以聞。"[5]

[1]安化軍節度使：節度州長官。掌鎮撫諸軍防刺，總判本鎮兵馬之事，兼本州管内觀察使。從三品。安化軍設在密州，治所在今山東省諸城市。　徒單子温：女真人。金大定初爲翰林侍講學士，曾將《貞觀政要》《白氏策林》《史記》《漢書》等書譯成女真語，後因贓被處死。

[2]平章政事：爲宰相，掌丞天子，平章萬機。從一品。　合喜：女真人。即徒單合喜。本書卷八七有傳。

[3]宰相：金於尚書省下設尚書令一員、左右丞相各一員、平章政事二員，爲宰相。

[4]御史：此指御史臺所屬各官，包括御史大夫，正三品；御史中丞，從三品；侍御史，從五品；治書侍御史，從六品；殿中侍御史，正七品；監察御史，正七品。

［5］監察：即監察御史，爲御史臺屬官。掌糾察内外非違，刷磨諸司察帳並監察祭禮及出使之事。定員十二員。正七品。

石司憲既久，年寖高。御史臺奏，[1]事有在制前斷定，乞依新條改斷者。上曰："若在制前行者，豈可改也。"上御香閣，[2]召中丞移剌道謂之曰：[3]"李石耄矣，汝等宜盡心。向所奏事甚不當，豈涉於私乎？"他日，又謂石曰："卿近累奏皆常事。臣下善惡邪正，無語及之。卿年老矣，不能久居此，若能舉一二善事，亦不負此職也。"

［1］御史臺：官署名。負責糾察朝儀，彈劾官邪，勘鞫官府公事。

［2］香閣：在中都路大興府皇宫中。

［3］中丞：即御史中丞，爲御史臺屬官。從三品。　移剌道：契丹人。本名趙三。本書卷八八有傳。

十年，[1]進拜太尉、尚書令。[2]詔曰："太后兄弟惟卿一人，故命領尚書事。軍國大事，涉於利害，議其可否，細事不煩卿也。"進封平原郡王。[3]

［1］十年：原作"九年"。據中華點校本改。

［2］太尉：三公之一。正一品。　尚書令：尚書省長官。掌總領紀綱，儀刑端揆。正一品。本書卷六四《世宗元妃李氏傳》："石有定策功，世宗厚賞而深制之，寵以尚書令之位，而責成左右丞相之下。"

［3］平原郡王：封爵名。爲封王郡號第三。

平章政事完顏守道奏事，[1]石神色不懌。世宗察之，謂石曰："守道所奏，既非私事，卿當共議可否。在上位者所見有不可，順而從之，在下位者所見雖當，則遽不從乎？豈可以與己相違而蓄怒哉。如此則下位者誰敢復言？"石對曰："不敢。"

[1]完顏守道：女真人。本名習尼列，完顏希尹之孫。本書卷八八有傳。

上曰："朕欲於京、府、節鎮、運司長佐三員内任文臣一員，[1]尚未得人。"石奏曰："資考未至，不敢擬。"上曰："近觀節度、轉運副使中才能者有之。[2]海陵時，省令史不用進士，[3]故少尹、節度、轉運副使中乏人。[4]大定以來用進士，亦頗有人矣，節度、轉運副使中有廉能者，具以名聞，朕將用之。朝官不歷外任，無以見其才，外官不歷隨朝，無以進其才，中外更試，庶可得人。"

[1]京、府、節鎮、運司長佐三員：京指諸京留守司，府指諸府，節鎮指諸軍鎮，運司指轉運使司。長佐三員指諸京留守司的留守、同知留守事、副留守，諸府的尹、同知、少尹，軍鎮的節度使、同知節度使、節度副使，轉運司的轉運使、同知轉運使、轉運副使。

[2]節度副使：爲節度使之佐，參掌本州政、軍務。從五品。轉運副使：爲轉運使之佐，參掌税賦錢穀、倉庫出納。正五品。

[3]省令史：即尚書省令史，爲尚書省辦事員。

[4]少尹：府屬官。爲府尹之佐，協助府尹掌宣風導俗，肅清所部，總判府事。正五品。

他日，上復問曰："外任五品職事多闕，[1]何也？"石對曰："資考少有及者。"上曰："苟有賢能，當不次用之。"對不稱旨，上表乞骸骨，以太保致仕，[2]進封廣平郡王。[3]十六年，薨。上輟朝臨弔，哭之慟，賻錢萬貫，官給葬事。少府監張僅言監護，[4]親王、宰相以下郊送，謚襄簡。

[1]闕：義同"缺"。

[2]太保：三師之一。正一品。

[3]廣平郡王：封爵名。爲封王郡號第一。本書卷六四《世宗元妃李氏傳》稱李石爲"南陽郡王"，與此異。

[4]少府監：少府監長官。掌邦國百工營造之事。正四品。張僅言：張覺之子。本書卷一三三有傳。

石以勳戚久處腹心之寄，内廷獻替，外罕得聞。觀其劾奏徒單子温退答宰臣之問，氣岸宜有不能堪者。時論得失半之，亦豈以是耶。舊史載其少貧，貞懿后周之，不受，曰："國家方急用人，正宜自勉，何患乎貧。"后感泣曰："汝苟能此，吾復何憂。"及中年，以冒粟見斥，衆譏貪鄙，如出二人。史又稱其未貴，人有慢之者，及爲相，其人以事見石，惶恐。石曰："吾豈念舊惡者。"待之彌厚。能爲長者言如是，又與他日氣岸迥殊。

山東、河南軍民交惡，[1]争田不絶。有司謂兵爲國根本，姑宜假借。石持不可，曰："兵民一也，孰輕孰重。國家所恃以立者紀綱耳，紀綱不明，故下敢輕冒。惟當明其疆理，示以法禁，使之無争，是爲長久之術。"趣有司按問，[2]自是軍民之争遂息。北京民曹貴謀反，[3]大理議廷中，謂貴等陰謀久不能發，在法"詞理不能動衆，威力不足率人"，罪止論斬。石是之。又議從坐，久不能決。石曰："罪疑惟輕。"入，詳奏其狀，上從之，緣坐皆免死。北鄙歲警，朝廷欲發民穿深塹以禦之。石與丞相紇石烈良弼皆曰：[4]"不可。古築長城備北，徒耗民力，無益於事。北俗無定居，出没不常，惟當以德柔之。若徒深塹，必當置戍，而塞北多風沙，曾未期年，塹已平矣。不可疲中國有用之力，爲此無益。"議遂寢。是皆足稱云。

[1]山東：路名。指山東東、西路。山東東路治所在今山東省青州市；山東西路治所在今山東省東平縣。　河南：指後來的南京路轄區。

[2]趣有司按問："按"，原作"拯"，據中華點校本改。

[3]北京：京路名。遼時爲中京，金初因之，貞元元年(1153)改名北京。治所在今内蒙古自治區寧城縣西大明城。　曹貴：事迹另見於本書卷七、七四。

[4]丞相紇石烈良弼：女真人。本名婁室。本書卷八八有傳。據本書卷六《世宗紀上》，紇石烈良弼大定六年（1166）十二月爲尚書右丞相，大定九年十月升任尚書左丞相。未詳此處何指。

世宗在位幾三十年，尚書令凡四人：張浩以舊官，[1]完顏守道以功，徒單克寧以顧命，[2]石以定策，他無及者。明昌五年，[3]配享世宗廟廷。子獻可、逵可。[4]

[1]張浩：渤海人。本書卷八三有傳。

[2]徒單克寧：女真人。原名習顯。本書卷九二有傳。

[3]明昌：金章宗年號（1190—1196）。

[4]獻可：字仲和。本書卷八六有傳。　逵可：本書僅此一見。

獻可字仲和，大定十年，中進士第。世宗喜曰："太后家有子孫舉進士，甚盛事也。"累官户部員外郎，[1]坐事降清水令，[2]召爲大興少尹，[3]遷户部侍郎，[4]累遷山東提刑使。[5]卒。衛紹王即位，以元舅贈特進，[6]追封道國公。子道安，[7]擢符寶郎。[8]

[1]户部員外郎：尚書户部屬官。從六品。

[2]清水令：即縣令，縣長官。掌養百姓、按察所部，宣導風化，勸課農桑，平理獄訟，捕除盜賊，禁止游惰，兼管常平倉及通檢推排簿籍，總判縣事。大縣正七品，小縣從七品。清水縣，治所在今甘肅省清水縣。

[3]大興少尹：府屬官。爲府尹之佐，正五品。大興府，治所在今北京市。

[4]户部侍郎：尚書户部屬官。正四品。

[5]山東提刑使：山東提刑司長官。正三品。

[6]特進：文散官。爲從一品中次階。

[7]道安：本書僅此一見。

[8]符寶郎：殿前都點檢司屬官。舊名牌印祗候，金大定二年（1162）改爲符寶祗候，掌御寶及金、銀牌等。

完顔福壽，曷速館人也。[1]父合住，[2]國初來歸，授猛安。天眷二年，福壽襲父合住職，授定遠大將軍，[3]累加金吾衛上將軍。[4]海陵省併猛安謀克，遂停封。

[1]曷速館：路名。治所在今遼寧省營口市熊岳鎮西南七十里永寧城。

[2]合住：本書計有五人同名完顔合住，此人僅此一見。

[3]定遠大將軍：武散官。爲從四品中階。

[4]金吾衛上將軍：武散官。爲正三品中階。

正隆末，海陵伐宋，福壽領婁室、臺荅藹二猛安由山東道進至泰安。[1]既受甲，福壽乃誘將校北還，而高忠建、盧萬家奴等亦各率衆萬餘俱歸東京，[2]欲共立世宗。至遼口，[3]世宗遣徒單思忠、府吏張謀魯瓦等來迎，[4]察其去就。思忠等以數騎馳入軍中，見福壽等問曰："將軍何爲至此？"福壽等向南指海陵而言曰："此人失道，不能保天下。國公乃太祖皇帝親孫，[5]我輩欲推戴爲主，以此來耳。"諸軍皆東向拜，呼萬歲。爲書以授思忠。於是督諸軍渡遼水，[6]徑至東京城下，即諭軍士擐甲入衛宮城，殺高存福等。明日，與諸將及東京吏民從婆速路兵馬都總管完顔謀衍勸進。[7]世宗即位，以福壽爲元帥右監軍，[8]賜以銀幣御馬。

[1]婁室、臺荅藹二猛安：猛安名。待考。　泰安：軍名。治所在今山東省泰安市，金大定二十二年（1182）升爲州。

[2]高忠建：金將名。海陵時曾以元帥左監軍爲報諭宋國使。

後從征窩斡，與奚人戰於梣椛山，大勝。事迹另見於本書卷六、六一、七二、八七、一〇七、一二〇、一三三。　盧萬家奴：事迹另見於本書卷六。

[3]遼口：即今遼寧省遼中縣以西遼河渡口。

[4]徒單思忠：女真人。字良弼，本名寧慶。本書卷一二〇有傳。　張謀魯瓦：本書僅此一見。

[5]太祖：廟號。本名阿骨打，漢名旻。1115 年至 1123 年在位。

[6]遼水：即今之遼河。

[7]婆速路兵馬都總管：諸總管府長官。掌統諸城兵馬甲仗，總判府事。正三品。婆速路治所在今遼寧省丹東市東北二十里九連城。　完顏謀衍：女真人。本書卷七二有傳。

[8]元帥右監軍：元帥府屬官。位次於都元帥、左右副元帥、左監軍。正三品。

初，謀衍之至也，大會諸軍，以福壽之軍居左，高忠建軍居右。忠建曰："何以我軍爲右軍?"謀衍曰："樹置在我，爾曷敢言!"福壽曰："始建大事，左右軍高下何足争也。"遂讓忠建爲左軍。世宗聞而賢之。未幾，從完顏謀衍討白彦敬、紇石烈志寧于北京。[1]是冬，上聞臨潢尹兼元帥左都監吾扎忽等與窩斡戰不利，[2]命福壽將兵進討。已敗賊，俘獲生口萬計。世宗以紇石烈志寧代之，召還，授興平軍節度使，[3]復其世襲猛安，尋領濟州路諸軍事。[4]大定三年，卒。

[1]白彦敬：部羅火部族人。本名遥設，初名彦恭，因避諱改。本書卷八四有傳。　紇石烈志寧：女真人。本名撒曷輦，本書卷八

七有傳。

[2]臨潢尹：府長官，即府尹。正三品。臨潢即臨潢府，治所在今内蒙古自治區赤峰市林東鎮遼上京舊址。　元帥左都監：元帥府屬官。位次於都元帥、左右副元帥、左右監軍。從三品。　吾札忽：女真人。本書卷七一有傳。　窩斡：契丹人。即移剌窩斡。本書卷一三三有傳。

[3]興平軍節度使：節度州長官。從三品。興平軍設在平州，治所在今河北省盧龍縣。

[4]領濟州路諸軍事：濟州路軍務負責人。濟州治所在今吉林省農安縣。

獨吉義本名鶻魯補，曷速館人也。徙居遼陽之阿米吉山。[1]祖回海，[2]父祕剌。[3]收國二年，[4]曷速館來附，祕剌領户三百，遂爲謀克。祕剌長子照屋，[5]次子忽史與義同母。[6]祕剌死，忽史欲承謀克。義曰："長兄雖異母，不可奪也。"忽史乃以謀克歸照屋，人咸義之。

[1]阿米吉山：所在地不詳。

[2]回海：本書僅見於本卷。

[3]祕剌：本書僅見於本卷。

[4]收國：金太祖年號（1115—1116）。

[5]照屋：本書僅見於本卷。

[6]忽史：本書僅見於本卷。

義以質子至上京。善女直、契丹字，爲管勾御前文字。[1]天會十五年，擢右監門衛大將軍，[2]除寧化州刺史。[3]察廉，遷迭剌部族節度使、復州防禦使，[4]改卓魯部族節度使、河南路統軍都監，[5]爲武勝軍節度使。[6]邊郡妄稱寇至，統軍司徙居民於汴，[7]義獨不聽，日與官屬擊毬游宴。統軍司使人責之，義曰："太師梁王南伐淮南，[8]死者未葬，亡者未復，彼豈敢先發？此城中有榷場，[9]若自動，彼將謂我無人。"既而果無事，統軍謝之，請以沿邊唐州等處諸軍猛安皆隸于義。[10]

[1]管勾御前文字：金官制改革以前之官名，所掌當與後來的翰林學士院大體相同。官職低者爲承應御前文字，或稱御前承應文字；官職高者稱管勾御前文字，或稱御前管勾文字。張浩自管勾御前文字改趙州刺史（正五品），則此職務應不超過五品，李德固自管勾御前契丹文字升參知政事（從二品），此官又似不應低於三品。待考。

[2]右監門衛大將軍：按隋初有左右監門府將軍，唐左右監門府置大將軍、中郎將等官，龍朔二年（662）改府爲衛，掌宮殿門禁及守衛事。本書此官名僅此一見，左監門衛大將軍二見，是金初亦有左右監門衛官。

[3]寧化州刺史：刺史州長官。正五品。寧化州，金大定二十二年（1182）以寧化軍改，治所在今山西省寧武縣西南寧化。

[4]迭剌部族節度使：迭剌部族長官。掌統制各部，鎮撫諸軍，總判部事。從三品。迭剌部，爲契丹遥輦氏八部之一，出於乙室活部，與乙室活部爲兄弟部落。由大蔑孤、小蔑孤、轄懶、阿速、斡納撥、斡納阿剌等六個石烈組成。遼皇族耶律氏即出自轄懶石烈。遼天贊元年（922）分設爲五院、六院兩部。　復州防禦使：防禦州長官。總判一州政務，防捍不虞，禦制盜賊。從四品。復州治所在今遼寧省瓦房店市西北復州城。

[5]卓魯部族節度使：卓魯部族長官。從三品。　河南路統軍都監：河南路統軍司屬官。協助統軍使掌督領軍馬，鎮攝封陲，分

營衛，視察奸。

[6]武勝軍節度使：節度州長官。從三品。武勝軍設在鄧州，治所在今河南省鄧州市。

[7]統軍司：官署名。金於河南、山東、陝西、山西四路設統軍司。據本書卷四四《兵志》，天德二年（1150）九月，“置統軍司于山西、河南、陝西三路，以元帥府都監、監軍爲使，分統天下之兵”。隸元帥府，長官爲統軍使，正三品。此處指河南路統軍司。

[8]太師：三師之一。正一品。　梁王：封爵名。天眷格，爲大國封號第三。此指完顏宗弼。

[9]榷場：金對外貿易市場。金在鄰接南宋、西夏、高麗、蒙古的沿邊重鎮設榷場，兼有政治作用。東勝、净、慶三州的榷場成爲羈縻與鎮壓蒙古的基地，南方榷場與宋貿易獲利極大。

[10]唐州：治所在今河南省唐河縣。

貞元元年，[1]改唐古部族節度使，[2]爲彰化軍，[3]改利涉軍節度使。[4]是時，海陵伐宋，諸軍往往逃歸，而世宗在東京得衆心。都統白彦敬自北京使人陰結義，欲與共圖世宗。頃之，世宗即位，義即日來歸，具陳所以與彦敬密謀者。世宗嘉其不欺，以爲參知政事。

[1]貞元：金海陵王年號（1153—1156）。

[2]唐古部族節度使：唐古部族長官。從三品。唐古部，女真部族名，又譯作唐括、唐適、同古，世與完顏部通婚，居住地在今呼蘭河北支通肯河與雙陽河流域。

[3]彰化軍：此指彰化軍節度使，爲節度州長官。從三品。彰化軍設在涇州，治所在今甘肅省涇川縣。

[4]利涉軍節度使：節度州長官。從三品。利涉軍設在隆州，治所在今吉林省農安縣。

上謂義曰："正隆率諸道兵伐宋，若反旆北指，則計將安出?"義曰："正隆多行無道，殺其嫡母，阻兵虐衆，必將自斃。陛下太祖之孫，即位，此其時也。"上曰："卿何以知之?"義曰："陛下此舉若太早，則正隆未渡淮，太遲則窩斡必太熾。今正隆已渡淮，窩斡未至太盛，將士在南，家屬皆在此，惟早幸中都爲便。"上嘉納之。次榛子嶺，[1]世宗聞海陵死于軍中，謂義曰："信如卿所料。"

[1]榛子嶺：按金世宗幸中都（今北京）經榛子嶺。今河北省灤縣西九十里有榛子鎮。待考。

大定二年，罷爲益都尹，兼本路兵馬都總管，[1]賜金五十兩、銀五百兩。三年，以疾致仕。四年，薨于家，年七十一。

[1]益都尹：府長官，即府尹。正三品。益都府，治所在今山東省青州市。

子和尚，大定初，除應奉翰林文字，[1]佩金牌。[2]陀滿訛里也子撒曷輦充護衛，[3]司吏王得兒加保義校尉，[4]皆佩銀牌。[5]持詔書宣諭中都以南州郡，及往南京諭太傅張浩。[6]中道聞海陵遇害，南京及都督府皆奉表賀，[7]乃止。和尚爲奉使，擅廢置州縣官，輒行殺戮，詔尚書省鞫治之。[8]十九年，[9]詔以義孫引壽爲斜魯荅阿世襲謀克。[10]

[1]應奉翰林文字：翰林學士院屬官。分掌詞命文字，分判院事，凡應奉文字，銜内帶“同知制誥”。從七品。

[2]金牌：金代牌符的一種。金太祖時始制金牌、銀牌、木牌，分賜給萬户、猛安、謀克等官佩帶，以爲符信。其中以金牌最爲高貴。

[3]陀滿訛里也：女真人。又作駞滿訛里也，本書卷八二《海陵諸子傳》有附傳。　撒曷輦：本書僅此一見。　護衛：皇帝的衛戍部隊。負責皇宫的警衛及行從宿衛。定員二百人，由五至七品官子孫及宗室、親軍、諸局分承應人中選拔，考試合格方可録用。

[4]司吏：吏名。掌各路、府、州、縣文書案牘之事及處理各衙門中公務。有女真司吏與漢人司吏之别，漢人司吏是“驗户口置”，户多則多置，户少則少置。爲無品級小官。　王得兒：本書僅此一見。　保義校尉：武散官。爲正九品上階。

[5]銀牌：依太祖制，金牌以授萬户，銀牌以授猛安。

[6]太傅：三師之一。正一品。

[7]都督府：官署名。海陵南征所設的臨時性軍事機構左、右領軍大都督府的簡稱。統領三十二路都總管，負責指揮對宋的戰事。南征失敗後取消，故本書《百官志》不載。

[8]尚書省：官署名。爲金最高行政機構，下屬機構有左、右司及吏、户、禮、兵、刑、工六部。長官爲尚書令，正一品。

[9]十九年：中華點校本認爲此上當加“大定”二字。

[10]斜魯荅阿世襲謀克：謀克名。張博泉認爲，“斜魯荅阿，疑與臨潢府之斜剌阿有關”（張博泉《金史論稿》第一卷，吉林文史出版社 1986 年版）。

義性辯給，善談論，服玩不尚奢侈，食不兼味云。

贊曰：章宗嘗問群臣：[1]“世宗初起東京，大臣爲誰?”完顏守貞對曰：[2]“止有李石一人。”章宗歎曰：“苟如此，信有天命也。”完顏謀衍部署諸軍，高忠建争長，完顏福壽讓忠建而己下之，其功多矣。當是時，獨吉義最先至，諸將尚未肯附。由是言之，果天也，非人力也。

[1]章宗：廟號。即完顏麻達葛，漢名璟。1190 年至 1208 年在位。

[2]完顏守貞：女真人。完顏希尹之孫。本書卷七三有傳。

烏延蒲离黑，速頻路哲特猛安人，[1]改屬合懶路。[2]祖思列，[3]預平烏春、窩謀罕之亂，[4]及伐遼、宋，皆有功，追授猛安，贈銀青光禄大夫。[5]父國也，襲猛安。[6]

[1]速頻路哲特猛安：猛安名。速頻路，也作恤品路，治所在今俄羅斯濱海邊疆區烏蘇里斯克（雙城子）。哲特猛安，日本學者三上次男認爲，“可能是在星顯河一帶，即今天的布林哈圖河附近”(三上次男《金代女真研究》，黑龍江人民出版社 1984 年版)。

[2]合懶路：一作曷懶路，治所在今朝鮮咸鏡南道咸興城南五里處。

[3]思列：本書僅見於本卷。

[4]烏春：本書卷六七有傳。　窩謀罕：金世祖時曾從烏春叛亂。事詳本書卷六七《烏春傳》。

[5]銀青光禄大夫：文散官。即正二品下階的銀青榮禄大夫。

[6]國也：本書僅見於本卷。

蒲离黑從太祖伐遼，勇聞軍中。天眷三年，襲猛安，授寧遠大將軍，[1]累官武寧軍節度使，[2]遷京兆尹。[3]海陵伐宋，行武威軍都總管。[4]軍還，爲順義軍節度使。[5]徒單合喜定秦、隴，[6]蒲离黑統完顏習尼列、顏盞門都兵救德順州，[7]改延安、平凉尹。[8]致仕，封任國公。[9]大定十九年卒。

[1]寧遠大將軍：武散官。事迹另見於本書卷六五、六八、七一、八二、八七。烏延蒲轄奴與僕散忠義都是以此官階任防禦使，烏延吾里補以此官階任同知歸德尹，可證爲從四品。本書卷五五《百官志一》，從四品上階爲安遠大將軍、中階爲定遠大將軍、下階爲懷遠大將軍，無寧遠大將軍。《大金國志》卷三四同。此爲何階、其後改稱何名皆不詳。

[2]武寧軍節度使：節度州長官。從三品。武寧軍設在徐州，治所在今江蘇省徐州市。

[3]京兆尹：府長官，即府尹。正三品。京兆府，治所在今陝西省西安市。

[4]武威軍都總管：海陵南征，設三十二都總管，此爲其一。負責指揮本路人馬對宋作戰，隸屬於左、右領軍都督府。南征失敗後取消，故本書《百官志》不載。

[5]順義軍節度使：節度州長官。從三品。順義軍設在朔州，治所在今山西省朔州市。

[6]徒單合喜：女真人。本書卷八七有傳。　秦：州名。治所在今甘肅省天水市。　隴：州名。治所在今陝西省千陽縣東北。

[7]完顏習尼列：女真人。即萬户完顏習尼列，與完顏守道同名。詳見本書卷八七《徒單合喜傳》。　顏盞門都：女真人。本書卷八二有傳。　德順州：治所在今寧夏回族自治區隆德縣。

[8]延安：此指延安尹，即府尹。正三品。延安府，治所在今

陝西省延安市。　平凉尹：府長官，即府尹。正三品。平凉府治所在今甘肅省平凉市。

[9]任國公：封爵名。大定格，爲小國封號第二十四。

烏延蒲轄奴，速頻路星顯河人也，[1]後改隸曷懶路。父忽撒渾，[2]天輔初，[3]追授猛安，親管謀克。

[1]星顯河：河名。即今吉林省延吉市布林哈通河。

[2]忽撒渾：本書僅此一見。

[3]天輔：金太祖年號（1117—1123）。

蒲轄奴身長有力，多智略，襲其父猛安謀克，階寧遠大將軍。天德二年，[1]授陳州防禦使。[2]貞元元年，改昌武軍節度使，[3]以善綏撫，再任。海陵南征，改歸德尹，[4]爲神策軍都總管。[5]當屯濟州，[6]比至山東，盗已據其城，蒲轄奴領十餘騎往覘之，忽爲其衆所圍，乃與軍士皆下馬，立而射之，殺百餘人。賊衆敗走，迤邐襲之，至暮而還。明日，攻破其城，號令士卒，毋害居民，郡中獲安。民感其惠，爲立祠以祭。

[1]天德：金海陵王年號（1149—1153）。

[2]陳州防禦使：防禦州長官。從四品。陳州治所在今河南省淮陽縣。

[3]昌武軍節度使：節度州長官。從三品。昌武軍設在許州，治所在今河南省許昌市。

[4]歸德尹：府長官，即府尹。正三品。歸德府，治所在今河南省商丘市南。

[5]神策軍都總管：海陵南征，設三十二都總管，此爲其一。

[6]濟州：此時金有兩濟州，一在山東西路，一在上京路。此應爲山東西路之濟州，治所在今山東省濟寧市。

大定二年，爲慶陽尹。[1]元帥左都監徒單合喜奏宋軍十萬餘據險阻，剽掠郡邑，請益師。詔益兵七千，與舊兵合爲二萬。遣蒲轄奴與延安尹高景山等分領其軍以往。[2]卒于軍，年六十一。子查剌。[3]

[1]慶陽尹：府長官，即府尹。正三品。慶陽府，治所在今甘肅省慶陽市。

[2]高景山：海陵時曾以簽書樞密院事出使南宋。後統軍征宋，爲都統。

[3]查剌：本卷有傳。

烏延查剌，銀青光禄大夫蒲轄奴子也。力兼數人，勇果無敵。正隆六年伐宋，諸猛安謀克兵皆行，州縣無備。契丹括里陷韓州，[1]圍信州，[2]遠近震駭。查剌道出咸平，[3]遂率本部亟還信州，與戰敗之。已而，賊復整兵環攻，且登其城，查剌下巨木壓之，殺賊甚衆，括里乃解去。查剌左右手持兩大鐵簡，簡重數十斤，人號爲"鐵簡萬户"。[4]追及括里于韓州東八里許，賊方就平野爲陣，查剌身率鋭士，以鐵簡左右揮擊之，無不僵仆。賊不能成列，乃易馬督軍復擊之，賊衆大敗，遂走，東京、咸平、隆州民復怗然。[5]

[1]韓州：治所在今吉林省梨樹縣北偏臉城。

[2]信州：治所在今吉林省公主嶺市秦家屯古城。

[3]咸平：府名。治所在今遼寧省開原市開原老城。

[4]萬户：金太祖時，對“材堪統衆”的軍官授以萬户官職，統領猛安謀克，隸屬於都統，子孫世襲。海陵天德三年（1151）罷萬户官職，此後不復設。此時萬户官已罷，此當爲民間俗稱。

[5]隆州：治所在今吉林省農安縣。據本書卷二四《地理志上》，隆州本遼黄龍府，金天眷三年（1140）“改爲濟州，以太祖來攻城時大軍徑涉，不假舟楫之祥也，置利涉軍。……大定二十九年嫌與山東路濟州同，更今名。”則此時當稱濟州。

世宗即位，查剌謁見，充護衛，爲驍騎副都指揮使，[1]領萬户。擊窩斡，戰于花道。[2]大軍未集，查剌在左翼，領六百騎與賊戰，殺賊三千餘人。宗亨、蒲察世傑七謀克戰不利，[3]世傑走查剌軍，賊合圍攻之。查剌圜拒而戰，[4]宗叙軍來援，[5]賊乃引去。西過裊嶺，[6]追及於陷泉。[7]賊先犯右翼，查剌迎擊之，賊退走。窩斡募人刺之。僞護衛阿不沙身長有力，[8]奮大刀自後斫查剌，查剌回顧，以簡背擊阿不沙，折其右臂。與紇石烈志寧軍合擊，賊遂大敗。

[1]驍騎副都指揮使：驍騎軍將領。本書卷一三三《窩斡傳》作右驍騎副都指揮使。本書卷五六《百官志》中無驍騎副都指揮使，疑其爲點檢司下屬部隊中的將官稱號，故《百官志》不載。本書卷五《海陵紀》，正隆五年（1160）“命親軍司以所掌付大興府，置左右驍騎都副指揮使，隸點司”。卷四四《兵志》同。可證此官始設於正隆五年。此前已出現過侍衛親軍步軍都指揮使，疑點檢司

所屬侍衛親軍中原無騎兵，正隆五年是增設騎兵建置，以左右驍騎都副指揮使統騎兵，侍衛親軍步軍都副指揮使統步兵，皆隸於侍衛親軍都指揮使，即都點檢。《海陵紀》有“遣都點檢耶律湛、右驍騎副都指揮使大磐討之”，也可證明這一點。本書卷八〇《大磐傳》，未載其爲驍騎副都指揮使，但卷首云大磐“以大臣子累官登州刺史”。據《百官志》，刺史爲正五品，則左右驍騎副都指揮使的品級應在五品以下。

[2]花道：地名。在今内蒙古自治區赤峰市東南。

[3]宗亨：女真人。習不失之子，本名撻不也。本書卷七〇有傳。　蒲察世傑：女真人。本名阿撒。本書卷九一有傳。

[4]圜：同“圓”。

[5]宗叙：原作“宗亨”，據中華點校本改。宗叙，女真人。闍母之子，本名德壽。本書卷七一有傳。

[6]梟嶺：一説在今内蒙古自治區赤峰市境内，一説在今河北省圍場滿族蒙古族自治縣境内。

[7]陷泉：或認爲在今内蒙古自治區巴林左旗境内。具體地點待考。

[8]阿不沙：本書共三人名阿不沙，此人僅此一見。

窩斡平，以爲宿直將軍，[1]賜銀三百兩、重綵二十端。丁父憂，以本官起復，襲其父猛安，除蔡州防禦使，[2]改宿州，[3]遷昌武軍節度使，徙鎮邠州。[4]爲賀宋歲元使，射淮上柳樹，矢入其樹飲羽。宋人素聞其名，甚異之。改鳳翔尹，[5]入爲右副點檢，[6]出爲興中尹，改婆速路總管。高麗憚其威名，[7]凡以事至婆速路者，望見而跪之。二十五年，[8]爲興平軍節度使，卒官。

[1]宿直將軍：殿前都點檢司屬官。掌總領親軍，宮門衛禁，行從宿衛之事。從五品。

[2]蔡州防禦使：防禦州長官。從四品。蔡州治所在今河南省汝南縣。

[3]宿州：指宿州防禦使，爲防禦州長官。從四品。宿州治所在今安徽省宿州市。

[4]邠州：此指静難軍節度使，爲節度州長官。從三品。邠州治所在今陝西省彬縣。

[5]鳳翔尹：府長官，即府尹。正三品。鳳翔府，治所在今陝西省鳳翔縣。

[6]右副點檢：即殿前右副都點檢，殿前都點檢司屬官，兼侍衛親軍副都指揮使。掌宮掖及行從宿衛。從三品。

[7]高麗：指王建建立的王氏高麗政權（918—1392）。

[8]二十五年：中華點校本認爲此上當加“大定”二字。

查剌貞慤寡言，[1]平居極和易，及臨戰奮勇，見者無不辟易，雖重圍萬衆，出入若無人之境云。

[1]慤（què）：誠篤，忠厚。

李師雄字伯威，雁門人也。[1]有材力，喜談兵，慕古之英雄，故名師雄。宋宣和中以騎射登科，[2]累官大名、清平尉。[3]王師至大名，師雄與府僚出降，攝本路兵馬都監。[4]

[1]雁門：縣名。治所在今山西省代縣。

[2]宣和：宋徽宗年號（1119—1125）。

[3]大名：指大名縣尉，宋縣官名。縣令之佐，參知縣事。大名縣治所在今河北省大名縣東北。　清平尉：指清平縣尉，宋縣官名。清平縣治所在今山東省高唐縣西南清平。

[4]兵馬都監：兵馬都總管府屬官。參知總管府事。

齊國建，[1]以爲大總管府先鋒都統制，[2]知淄州。[3]齊廢，爲汴京馬軍都虞候，[4]歷知寧海軍、曹州刺史。[5]

[1]齊：金天會八年（1130），金太宗册立宋降將劉豫爲帝，國號齊。天會十五年廢，以原齊國統治區設行臺尚書省。

[2]大總管府先鋒都統制：齊官名。

[3]知淄州：齊州官名。帶京朝官銜或試銜者主持州事時稱知州事，簡稱知州。淄州治所在今山東省淄博市南。

[4]汴京馬軍都虞候：汴京馬軍統兵官。

[5]知寧海軍：州長官。寧海軍治所在今山東省牟平縣，金大定二十二年（1182）升爲寧海州。　曹州刺史：刺史州長官。正五品。曹州治所在今山東省荷澤市。

皇統二年，[1]爲武勝軍節度使。正隆末，爲河州防禦使。[2]宋將吴璘軍攻秦、隴，[3]會師雄以事就逮臨洮，[4]宋兵至城下，州人乘城拒守，謀欲出降，師雄止之。宋將權儀鞭馬方上浮橋，[5]師雄射之，墜于橋下，遂擒權儀，宋師退。後從元帥左監軍徒單合喜以兵攻河州，[6]有功。未幾，以疾歸汴，卒。

[1]皇統：金熙宗年號（1141—1149）。

[2]河州防禦使：防禦州長官。從四品。河州治所在今甘肅省

臨夏市。

［3］吴璘：宋將名。字唐卿。少好騎射，積功至閤門宣贊舍人。紹興初，與兄玠在和尚原、仙人關合力擊敗金軍進犯，遷秦鳳路經略安撫使、知秦州。玠卒後之次年，節制陝西諸軍，敗金軍於扶風，使之不敢度隴。次年，收復秦州。紹興末爲四川宣撫使，完顏亮敗盟南侵，他督師轉戰漢中，收復秦鳳、熙河、永興三路所轄十六州軍，軍勢大振。因朝廷主和，受詔班師，新復州軍旋被金人所取。守蜀二十餘年，威名僅次於玠，封新安郡王。

［4］臨洮：府名。治所在今甘肅省臨洮縣。

［5］權儀：本書僅見於本卷。

［6］元帥左監軍：元帥府屬官。位次於都元帥、左右副元帥。正三品。

尼厖古鈔兀，曷速館人。初爲大臭扎也，[1]補元帥府通事。[2]

［1］大臭：渤海人。本名撻不野。本書卷八〇有傳。　扎也：也作扎野，女真語。金代軍事將領的勤雜服役人員。選勇敢及家庭富有者充任。張博泉認爲："女真'扎也'是由高級軍事將領選擇的，它没有成爲女真軍事編制系統中的一個編制官職名稱，是賦予高級軍事將領的權力而選擇的身邊一種特定的官職名稱。由'扎也'而轉升後，則成爲國家官職中的軍政要職，'扎也'是入仕的一個階梯。"（張博泉《女真新論》，吉林文史出版社 1993 年版，第 252 頁）

［2］元帥府通事：元帥府下屬小官。據本書卷五五《百官志二》："通事，女直三人，後作六人，承安二年復作三人，漢人二人。"

宋將韓世忠率軍數萬圍邳州,[1]鈔兀將輕騎數百,與偵人數輩,間道往救之,敗敵兵六千。翌日,宋兵復圍下邳,[2]鈔兀復敗之。宋人攻濟州,奪戰艦略盡。是時,鈔兀往宿州,分蒲魯虎軍,[3]還至大河,與敵遇,力戰敗之,盡復戰艦。王師復河南,宋別將由胡陵夜襲孛堇布輝營,[4]士卒盡没。鈔兀從東平總管併力戰,[5]却之。元帥府賞以銀幣。[6]

[1]韓世忠:《宋史》卷三六四有傳。　邳州:治所在今江蘇省睢寧縣西北古邳鎮東。

[2]下邳:縣名。治所在今江蘇省睢寧縣西北古邳鎮東。

[3]蒲魯虎:女真人。即烏延蒲盧渾。本書卷八〇有傳。

[4]胡陵:地名。所在地不詳。　孛堇:女真部落首領稱號。金建國後,轉化爲中央低級官員與地方官員的稱號。熙宗改革以後廢除。　布輝:本書僅見於本卷。按此句"由"字,原作"田",據中華點校本改。

[5]東平總管:指山東西路兵馬都總管,因治所設在東平府,故有此稱。兵馬都總管爲諸路總管府長官。正三品。

[6]元帥府:官署名。長官爲都元帥,從一品。下設左、右副元帥,元帥左、右監軍,元帥左、右都監。

鈔兀勇敢,善伺敵虚實,以此屢捷。帥府承制加忠顯校尉,[1]爲萫部禿里,[2]賜錢萬貫、幣帛三百匹、衣一襲、馬二匹。將之官,河間尹大臭白于元帥,[3]請留鈔兀以給邊事,許之。復賜錢萬貫、銀二百五十兩、重綵三百端、馬三匹。録功,授慶陽少尹。[4]

[1]忠顯校尉：武散官。爲從七品下階。

[2]禿里：金於各少數民族部落中所設的官職。掌部落詞訟，防察違背等事。從七品。

[3]河間尹：府長官，即府尹。正三品。河間府，治所在今河北省河間市。

[4]慶陽少尹：府屬官。爲府尹之佐。正五品。依此，鈔兀擊契丹時官職應爲慶陽少尹，但本書卷一三三《窩斡傳》中則爲淄州刺史。

海陵將伐宋，而契丹反，召入諭之曰："汝久在邊陲，屢立戰功。昨遣樞密使僕散忽土、留守石抹懷忠等討契丹，[1]師久無功，已置諸法。今命汝與都統白彥敬、副統紇石烈志寧進討。"[2]因賜具裝廄馬四疋。鈔兀與彥敬等至北京，未能進。

[1]樞密使：樞密院長官。掌軍興武備機密之事。從一品。僕散忽土：女真人。又作僕散師恭。本書卷一三二有傳。　石抹懷忠：奚人。即蕭懷忠，本名好胡。本書卷九一有傳。據本書卷九一《蕭懷忠傳》，此時蕭懷忠官爲西京留守。

[2]都統：都統府長官。掌督領各路軍馬作戰。正三品。　副統：都統府屬官。據本書卷一三三《窩斡傳》，"吏部郎中（從五品）完顏達吉爲副統"，則此官應是正或從五品。

會世宗即位遼陽，鈔兀迎謁，遷輔國上將軍，[1]與都統吾札忽、副統渾坦討窩斡。[2]鈔兀行至窊歷，[3]與窩斡遇，左軍小却，鈔兀挺槍馳入其陣，手殺二十餘人，賊乃退。元帥僕散忠義自花道追之，[4]鈔兀以前鋒追及于陷泉，遂大敗之。事平，遷西北路招討使，[5]改東北路。[6]

[1]輔國上將軍：武散官。爲從三品中階。

[2]渾坦：女真人。即僕散渾坦，本書卷八二有傳。原脱“坦”字，據中華點校本改。

[3]窊歷：地名。與花道近，當在今内蒙古自治區赤峰市附近。

[4]元帥：據本書卷八七《僕散忠義傳》，此時僕散忠義官爲右副元帥。此當指右副元帥，爲元帥府屬官。正二品。　僕散忠義：女真人。本名烏者。本書卷八七有傳。

[5]西北路招討使：西北路招討司長官。掌招懷降附，征討携離。正三品。西北路招討司最初設在撫州，後遷至桓州。撫州治所在今河北省張北縣，一説在今内蒙古自治區興和縣境内。桓州治所在今内蒙古自治區正藍旗南黑城子，後北遷三十里建新桓州城，在今内蒙古自治區正藍旗北四郎城。

[6]東北路：指東北路招討使，爲東北路招討司長官。正三品。

鈔兀與完顔思敬有隙，[1]思敬爲北京留守，[2]奉詔至招討司，[3]鈔兀不出餞。世宗聞之，遣使切責之曰：“卿本大臭扎也，起身細微，受國厚恩，累歷重任，乃以私憾，不餞詔使。當内省自訟，後勿復爾。朕不能再三曲恕汝也。”既而思敬爲平章政事，東北路招討使鈔兀以私取諸部進馬，[4]事覺被逮，將赴京師。[5]鈔兀爲人尚氣，次海濱縣，[6]慨然曰：“吾豈能爲思敬辱哉。”遂縊而死。

[1]完顔思敬：女真人。本名撒改，一名完顔思恭。本書卷七

○有傳。

[2]北京留守：原作“東京留守”，從中華點校本改。北京留守，北京留守司長官。正三品。

[3]招討司：官署名。此指東北路招討司。

[4]東北路招討使：原脱“東”字，據中華點校本補。

[5]將赴京師：原作“將走京師”，據中華點校本改。

[6]海濱縣：治所在今遼寧省興城市西南。

十九年，[1]詔以鈔兀舊功，授其子和尚世襲布輝猛安徒胡眼謀克。[2]

[1]十九年：據中華點校本，其上應有“大定”二字。

[2]和尚：女真人。本書僅此一見。　布輝猛安徒胡眼謀克：猛安謀克名。張博泉認爲：“布輝疑是人名，尼厖古鈔兀是曷速館人，同傳有‘孛堇布輝’。布輝襲其父苾里海水世襲猛安，布輝猛安當指此，屬曷蘇館路。”（張博泉《金史論稿》第一卷，第330頁）

孛术魯定方本名阿海，内吉河人也。[1]材勇絶倫。海陵素聞其名。天德初，召授武義將軍，[2]充護衛。數月，轉十人長，[3]遷宿直將軍，賜予甚厚。尋爲殿前右衛將軍，[4]又三月，擢殿前右副點檢，世襲猛安，改左副點檢。[5]出爲河南尹，[6]改彰德軍節度使。[7]

[1]内吉河：河名。具體不詳。

[2]武義將軍：武散官。爲從六品上階。

[3]十人長：即護衛十人長，爲低級護衛首領。本書《百官

志》不載。

[4]殿前右衛將軍：殿前都點檢司屬官。掌宮禁及行從警衛，總領護衛。

[5]左副點檢：即殿前左副都點檢，殿前都點檢司屬官。從三品。

[6]河南尹：府長官，即府尹。正三品。河南府，治所在今河南省洛陽市。

[7]彰德軍節度使：節度州長官。從三品。彰德軍設在相州，治所在今河南省安陽市。

海陵南伐，定方爲神勇軍都總管。[1]大定二年，宋人陷汝州，[2]河南統軍使宗尹遣定方將兵四千往取之。[3]汝州東南及北面皆山林險阻，不可以騎軍戰。是時，宋兵由鵶路出没，[4]定方至襄城，[5]得敵虚實，遂牒諭汝州屬縣曰："我率許州戍兵十二萬徑取汝州，爾等可備粮草二十萬。"使人揚言，欲據要路絶宋兵往來。既而定方引兵趨鵶路，宋人聞之，果棄城遁去。定方至魯山境，[6]知宋兵已去，遂遣輕騎二百追至布袴叉，[7]擊敗之，遂復汝州。授鳳翔尹。

[1]神勇軍都總管：海陵南征，設三十二都總管，此爲其一。據本書卷九一《移剌成傳》，定方爲浙東道先鋒，應是率神勇軍爲先驅。

[2]汝州：治所在今河南省汝州市。

[3]河南統軍使：河南統軍司長官。正三品。　宗尹：女真人。本名阿里罕。本書卷七三有傳。《完顔宗尹傳》謂宗尹時爲"河南路副都統，駐軍許州之境"，復取汝州之後，始"爲河南路統軍

使”。又稱孛术魯定方爲“萬户”。

[4]鵶路：地名。當在今河南省魯山縣附近，具體地點不詳。

[5]襄城：縣名。治所在今河南省襄城縣。

[6]魯山：縣名。治所在今河南省魯山縣。

[7]布袴叉：地名。當在今河南省魯山縣附近，具體地點不詳。

宋人阻邊，以本職行河南道軍馬副統，[1]率步騎六萬，將由壽州進軍，[2]次亳州。[3]宋李世輔陷宿州，[4]定方從左副元帥志寧戰於城下。[5]時天大暑，定方督戰，馳突敵陣中，出入數四，渴甚，因出陣下馬取水，爲人所害，年四十四。上聞而閔之，詔有司致祭，賻銀五百兩、重綵二十端，贈金紫光禄大夫。[6]

[1]河南道軍馬副統：爲河南道各部隊副指揮官。屬臨時性軍事職務，故本書《百官志》不載。

[2]壽州：治所在今安徽省鳳臺縣。

[3]亳州：治所在今安徽省亳州市。

[4]李世輔：宋將。世襲蘇尾九族巡檢。夏大德四年（1138）金攻陷宋延安，與父俱被俘，後投西夏，又歸宋，改名顯忠。《宋史》卷三六七有傳。

[5]左副元帥：元帥府屬官。位僅次於都元帥。正二品。

[6]金紫光禄大夫：文散官。爲正二品上階。

夾谷胡刺，[1]上京宋葛屯猛安人。[2]初在左副元帥撻懶帳下，[3]有戰功，授武德將軍，[4]襲其父謀克。正隆末，山東盜起，胡刺爲行軍猛安討賊，遇賊千五百人於徐州南，[5]敗之。山東路統軍司選諸軍八百人作十謀克，[6]胡剌將之，與驍騎軍皆隸點檢司。[7]行至淮南，[8]海陵遣以騎兵三百二十往揚州，[9]敗宋兵千五百人於宣化鎮。[10]僕散忠義伐宋，胡剌領萬户由泗州進戰，[11]遇敵於宿州，殁于陣，贈鎮國上將軍。[12]

[1]谷：原作“古”，從中華點校本改。

[2]上京宋葛屯猛安：日本學者三上次男認爲，“就是住在宋瓦江即上京附近的松花江流域的猛安部。”（三上次男《金代女真研究》）。景愛認爲宋葛屯猛安是以牡丹江島嶼命名的，在今牡丹江下游沿岸（景愛《跋“哥扎宋哥屯謀克印”》，《黑龍江文物叢刊》1983年第3期）。

[3]撻懶：女真人。完顔昌本名撻懶。本書卷七七有傳。

[4]武德將軍：武散官。爲正六品下階。

[5]徐州：治所在今江蘇省徐州市。

[6]山東路統軍司：山東統軍司置於何時不詳。按本傳所載，則應是在海陵正隆末。

[7]驍騎軍：部隊稱號。長官爲驍騎都指揮使。　點檢司：官署名。設於金天眷元年（1138），掌侍衛親軍，總領左右衛將軍、符寶郎、宿直將軍、左右振肅。下屬機構有宫籍監、近侍局、器物局、尚厩局、尚輦局、鷹坊、武庫署、武器署。長官爲殿前都點檢，例兼侍衛親軍馬步軍都指揮使，正三品。

[8]淮南：宋路名。宋設淮南東路與淮南西路，此指淮南東路。治所在今江蘇省揚州市。

[9]揚州：宋州名。治所在今江蘇省揚州市。

[10]宣化鎮：宋鎮名。治所在今江蘇省江浦縣東北。

[11]泗州：治所在今江蘇省盱眙縣北。

[12]鎮國上將軍：武散官。爲從三品下階。

蒲察斡論，上京益速河人，[1]徙臨潢。祖忽土華，[2]父馬孫，[3]俱贈金紫光禄大夫。

[1]益速河：河名。具體不詳。

[2]忽土華：女真人。本書僅此一見。

[3]馬孫：女真人。本書僅此一見。

斡論剛毅有技能。天輔初，以功臣子充護衛，遷左衛將軍、定武軍節度使，[1]召爲右副都點檢。天德初，授世襲臨潢府路曷吕斜魯猛安，[2]改東平尹，賜錢千萬，累除河南尹。海陵伐宋，以本官爲右領軍都監。[3]大定二年，仍爲河南尹，兼河南路都統軍使。[4]

[1]左衛將軍：殿前都點檢司屬官，即殿前左衛將軍。　定武軍節度使：節度州長官。從三品。定武軍設在定州，治所在今河北省定州市。

[2]臨潢府路曷吕斜魯猛安：猛安名。具體不詳。

[3]右領軍都監：本書《百官志》不載，當是右領軍大都督的屬官。海陵南征時所設官職，南征失敗後取消。

[4]河南路都統軍使：本書僅此一見。疑衍“都”字，當爲河南路統軍使。

宋以萬人據壽安縣，[1]嵩州刺史石抹突剌、押軍萬户徒單賽補以騎兵三百巡邏，[2]遇于縣東，請師於斡論。斡論使猛安完顔鶻沙虎率七百人助之。[3]宋兵多，突剌使士卒下馬，跪而射之。宋兵不能當，走入縣城。突剌進逼之，宋人棄城去，追及于鐵索口，[4]復大敗之，遂復壽安。改北京留守、大定尹，[5]卒官。

[1]壽安縣：治所在今河南省宜陽縣。

[2]嵩州刺史：刺史州長官。正五品。嵩州治所在今河南省嵩縣。　石抹突剌：女真人。本書卷六《世宗紀上》作石抹术突剌。　徒單賽補：本書有二人名徒單賽補，此人僅此一見。

[3]完顔鶻沙虎：女真人。本書有二人名完顔鶻沙虎，此人僅此一見。

[4]鐵索口：地名。當在今河南省宜陽縣附近。

[5]大定尹：府長官，即府尹。正三品。大定府，治所在今内蒙古自治區寧城縣西大明城。

夾谷查剌，[1]隆州失撒古河人也。[2]祖不剌速，[3]國初授世襲曷懶兀主猛安、曷懶路總管。[4]父謝奴，[5]官至工部尚書。[6]

[1]谷：原作"古"，據中華點校本改。

[2]失撒古河：河名。本書卷八一《夾谷謝奴傳》作"納魯悔河"。

[3]不剌速：女真人。事迹另見於本書卷八一。

[4]曷懶兀主猛安：猛安名。張博泉認爲即合懶合兀主猛安。原在曷懶路，今吉林省延邊海蘭江上源，後遷至隆州失撒古河（張博泉《金史論稿》第一卷，第289頁）。　總管：按本書卷八一《夾谷謝奴傳》作"曷懶路都統"。

[5]謝奴：女真人。即夾谷謝奴。本書卷八一有傳。

[6]工部尚書：尚書工部長官。掌修造營建法式、諸作工匠、屯田、山林川澤之禁、江河堤岸、道路橋梁等事。正三品。

查剌狀貌魁偉，善女直、契丹書。天德初，以功臣子充護衛。二年，授武義將軍。未幾，擢符寶郎，凡再考，出爲灤州刺史，[1]改知平定軍事。[2]海陵南征，爲武威軍副都總管。軍還，大定二年，授景州刺史，遷同知京兆尹。[3]

[1]灤州刺史：刺史州長官。正五品。灤州治所在今河北省灤縣。

[2]知平定軍事：州長官。平定軍治所在今山西省平定縣，金大定二十二年（1182）升爲州。

[3]同知京兆尹：府屬官。爲府尹之佐。從四品。京兆府，治所在今陝西省西安市。

時彰化軍節度使宗室璋等與宋將吴璘相拒於德順州，[1]元帥左都監徒單合喜遣查剌與諸將議破敵策。璋等議曰："我兵雖屢勝，而敵兵不退者，知我軍少故也。須都監親至，方可破敵。"於是合喜領兵四萬至，遂下德順州。入爲殿前右衛將軍，襲父猛安，改左衛將軍，遷右副點檢。有疾，丞相良弼視之，謂所親曰："此人國器也。他人有疾，吾未嘗往焉。"九年，出爲東北路招討使兼德昌軍節度使，[2]仍賜金帶。到官，治有勤績，邊境以安。其斷獄公平，道不拾遺。遷臨潢尹兼本路兵馬都總管，蕃部畏服。改西北路招討使。上遣使宣諭曰："今諸部初附，命汝撫綏，當使治聲達於朕聽。"大定十二年卒。

[1]璋：女真人。完顔璋，本書卷六五有傳。

[2]德昌軍節度使：節度州長官。從三品。德昌軍設在泰州，治所在今吉林省洮南市東北雙塔鄉城四家子舊城址。一說在今黑龍江省泰來縣塔子城。金承安三年（1198）移治長春縣，即今吉林省前郭爾羅斯蒙古族自治縣西北塔虎村。

查剌性忠實，内明敏，每論大事，超越倫輩。太師勗嘗曰：[1]“查剌不學而知，方之古人，如此者鮮矣。”

[1]勗：女真人。本名烏野，字勉道。本書卷六六有傳。

贊曰：陷泉之捷，震雹爗爗。符離之克，[1]我勢攸赫。隴、坻擈擫，[2]淮、渦鈎瓡成矣。[3]故列敘諸將之功焉。

[1]符離：縣名。治所在今安徽省宿州市。

[2]擈（bó）擫（pò）：象聲詞。擊中物體的聲音。中華點校本改爲“擫擈”。

[3]渦（guō）：同“濄”。河名，即今河南省渦河。　鈎瓡（gū）：鐵瓡。比喻對淮、渦的包圍形勢已經完成。

金史　卷八七

列傳第二十五

紇石烈志寧　僕散忠義　徒單合喜

紇石烈志寧本名撒曷輦，[1]上京胡塔安人。[2]自五代祖太尉韓赤以來，[3]與國家世爲甥舅。父撒八，[4]海陵時賜名懷忠，[5]爲泰州路顔河世襲謀克，[6]轉猛安，[7]嘗爲東平尹、開遠軍節度使。[8]

[1]撒曷輦：《大金國志》卷一七作“烏古”，《宋史》卷三一《高宗紀》作“大雅”。

[2]上京：京路名。治所在今黑龍江省阿城市白城。　胡塔安：上京地名。具體地點不詳。施國祁《金史詳校》卷八上認爲“安”上脱“猛”字，應爲“胡塔猛安”。

[3]韓赤：本書僅此一見。

[4]撒八：本書僅此一見。

[5]海陵：封號。即完顔迪古迺，漢名亮。1149 年至 1161 年在位。

[6]泰州路顔河世襲謀克：謀克名。此謀克當在泰州路顔河流域。顔河，爲今在齊齊哈爾北注入嫩江的音河。泰州治所在今吉林省洮南市東北雙塔鄉城四家子舊城址。一説在今黑龍江省泰來縣塔

子城。金承安三年（1198）移治長春縣，即今吉林省前郭爾羅斯蒙古族自治縣西北塔虎村。謀克，女真族的地方行政設置及長官名稱，相當於縣，領户。同時也是軍事編制及軍官名稱，領百夫。有親管（合扎）、非親管與世襲、非世襲之别。也用爲榮譽爵稱。

[7]猛安：女真族的地方行政設置及長官名稱。下統謀克，相當於防禦州，領户。同時也是軍事編制及軍官名稱，領千夫。有親管（合扎）、非親管與世襲、非世襲之别。也用爲榮譽爵稱。

[8]東平尹：府長官，即府尹。掌宣風導俗，肅清所部，總判府事。正三品。東平府，爲山東西路首府，治所在今山東省東平縣。　開遠軍節度使：節度州長官。掌鎮撫諸軍防刺，總判本鎮兵馬之事，兼本州管内觀察使。從三品。開遠軍設在雲内州，治所在今内蒙古自治區土默特左旗東南。

志寧沉毅有大略，娶梁王宗弼女永安縣主，[1]宗弼於諸婿中最愛之。皇統間，[2]爲護衛。[3]海陵以爲右宣徽使，[4]出爲汾陽軍節度使，[5]入爲兵部尚書，[6]改左宣徽使、都點檢，[7]遷樞密副使、開封尹。[8]

[1]梁王：封爵名。天眷格，爲大國封號第三。　宗弼：女真人。本名斡啜，或作斡出、兀术、晃斡出，金太祖之子。本書卷七七有傳。　永安縣主：命婦封號。

[2]皇統：金熙宗年號（1141—1149）。

[3]護衛：皇帝的衛戍部隊。負責皇宫的警衛及行從宿衛。定員二百人，由五至七品官子孫及宗室、親軍、諸局分承應人中選拔，考試合格方可録用。

[4]右宣徽使：宣徽院長官。掌朝會燕享，殿庭禮儀及監知御膳。正三品。

[5]汾陽軍節度使：節度州長官。從三品。汾陽軍設在汾州，

治所在今山西省汾陽縣。

[6]兵部尚書：尚書兵部長官。掌兵籍、軍器、城隍、鎮戍、厩牧、鋪驛、車輅、儀仗、郡邑圖志、險阻、障塞、遠方歸化等事。正三品。

[7]左宣徽使：宣徽院長官。正三品。　都點檢：即殿前都點檢，爲殿前都點檢司長官，兼侍衛親軍都指揮使。掌行從宿衛，關防門禁，督攝隊仗，總判司事。正三品。

[8]樞密副使：樞密院屬官。參知軍興武備之事。從二品。　開封尹：府長官，即府尹。正三品。開封府，治所在今河南省開封市。

契丹撒八反，[1]樞密使僕散忽土、北京留守蕭賾、西京留守蕭懷忠皆以征討無功，[2]坐誅。於是，志寧爲北面副統，[3]與都統白彦敬，[4]以北京、臨潢、泰州三路軍討之。[5]志寧至北京，而海陵伐宋已渡淮。彦敬、志寧聞世宗有異志，[6]乃陰結會寧尹完顔蒲速賚、利涉軍節度使獨吉義，[7]將攻之。而世宗已即位，使石抹移迭、移剌曷補來招，[8]彦敬、志寧殺其使者九人。世宗使完顔謀衍來伐，[9]衆不肯戰，乃與彦敬俱降。[10]

[1]撒八：契丹人。契丹族大起義的早期領導人之一。事附本書卷一三三《移剌窩斡傳》中。

[2]樞密使：樞密院長官。掌武備機密之事。從一品。　僕散忽土：女真人。完顔師恭本名忽土。本書卷一三二有傳。　北京留守：北京留守司長官，兼本府尹與本路兵馬都總管。正三品。北京，京路名。遼時爲中京，金初因之，至海陵貞元元年（1153）改爲北京。治所在今内蒙古自治區寧城縣西大明城。　蕭賾：海陵時

由吏部尚書、參知政事官至尚書右丞。後以“不能制其下，殺降人而取其婦”坐誅。　西京留守：西京留守司長官。正三品。西京路治所在今山西省大同市。　蕭懷忠：契丹人。本名好胡。本書卷九一有傳。

[3]北面副統：即北面行營副統。爲與契丹人作戰而設的統兵官，主要協助北面行營都統負責對契丹人的戰事。按原作“西北面副統”，據中華點校本删“西”字。

[4]都統：即北面行營都統，北面行營的負責人。北面行營設於金正隆六年（1161），是爲討契丹而設的臨時性軍事機構，負責指揮北路大軍作戰。契丹人大起義平定以後取消，故本書《百官志》不載。白彦敬以樞密副使的身份任此職，當時官爲從二品。　白彦敬：本名遥設，初名彦恭，因避諱改。本書卷八四有傳。

[5]臨潢：路名。治所在今内蒙古自治區巴林左旗林東鎮南。

[6]世宗：廟號。本名烏禄，漢名雍。1161年至1189年在位。

[7]會寧尹：府長官。即府尹，正三品。會寧府，治所在今黑龍江省阿城市白城。　完顔蒲速賚：女真人。事迹另見於本書卷八四。　利涉軍節度使：節度州長官。從三品。利涉軍設在隆州，治所在今吉林省農安縣。　獨吉義：女真人。本名鶻魯補。本書卷八六有傳。

[8]石抹移迭：事迹另見於本書卷六、八四。　移剌曷補：事迹另見於本書卷六、八四。

[9]完顔謀衍：女真人。本書卷七二有傳。

[10]衆不肯戰，乃與彦敬俱降：按本書卷八四《白彦敬傳》爲“世宗密遣人乘夜揭牓於北京市，購以官賞。彦敬、志寧恐爲人圖己，遂降”。與下文世宗問語正合。

世宗問曰：“正隆暴虐，[1]人望既絶，朕以太祖之孫即大位。[2]汝殺我使者，又不能爲正隆死節，恐爲人所圖，然後來降。朕今殺汝等，將何辭?”彦敬未有以對，志寧前奏曰：“臣等受正隆厚恩，所以不降。罪當萬死。”上曰：“汝輩初心亦可謂忠於所事，自今事朕，宜勉忠節。”

[1]正隆：金海陵王年號（1156—1161）。此處代指海陵。

[2]太祖：廟號。本名阿骨打，漢名旻。1115 年至 1123 年在位。

世宗使扎八招窩斡，[1]扎八乃勸之，[2]遂稱帝。世宗使右副元帥完顔謀衍征之，[3]志寧以臨海節度使，[4]都統右翼軍。窩斡敗于長濼，[5]西走，志寧追及于霿䨜河。[6]賊已先渡，依岸爲陣，毀橋岸以爲阻。志寧與賊夾河，爲疑兵，與萬户夾谷清臣、徒單海羅於下流涉渡。[7]已渡，前有支港岸斗絶，其中泥濘，乃束柳填藉，士卒畢濟。行數里，得平地，將士方食，賊奄至。賊據南岡，[8]三馳下志寧陣。陣堅，力戰，流矢中左臂，戰自若。賊據上風縱火，乘烟勢馳擊。志寧步軍繼至，轉戰十餘合，火益熾，風烟突人不可當。會雨作，風烟乃熄，遂奮擊，大破之。於是，元帥謀衍、右監軍福壽不急擊賊，[9]久無功，右丞僕散忠義請自討賊，[10]而志寧擊賊有功，上以忠義代謀衍，志寧代福壽，封定國公，[11]使蒲察通至軍中宣諭之。[12]

[1]扎八：事詳見本書卷一三三《窩斡傳》中。　窩斡：契丹人。即移剌窩斡，爲契丹人大起義的主要領導者。本書卷一三三

有傳。

［2］扎八乃勸之："乃"，施國祁《金史詳校》卷八上認爲當作"反"。

［3］右副元帥：元帥府屬官。金太宗天會三年（1125）設都元帥府，掌征討之事。設右副元帥一員，位次於都元帥、左副元帥。正二品。

［4］臨海節度使：節度州長官。從三品。臨海軍設在錦州，治所在今遼寧省錦州市。

［5］長濼：湖泊名。一説即今内蒙古自治區奈曼旗境工程廟泡子（一名烏蘭浪泡）；一説在今吉林省乾安、農安縣之間。

［6］霿（méng）霿河：即今遼寧省開原市境内的馬鬃河。

［7］萬户：軍官名。金太祖時對"材堪統衆"的軍官授以萬户官職，統領猛安謀克，隸屬於都統，子孫世襲。海陵天德三年（1151）罷，後不復設。　夾谷清臣：女真人。本名阿不沙。本書卷九四有傳。　徒單海羅：女真人。事迹另見於本書卷一三三。

［8］南岡：地名。所在地不詳。

［9］右監軍：元帥府屬官。位次於都元帥、左右副元帥、元帥左監軍。正三品。　福壽：女真人。本書卷八六有傳。

［10］右丞：即尚書右丞。爲執政官，宰相之貳，佐治省事。正二品。　僕散忠義：女真人。本名烏者。本書卷八七有傳。

［11］定國公：封爵名。大定格，爲小國封號第四。

［12］蒲察通：女真人。本名蒲魯渾。本書卷九五有傳。

賊略懿州界，[1]陷靈山、同昌、惠和三縣，[2]睥睨北京。會土河水漲，[3]賊不得渡，乃西趨三韓縣。[4]志寧方追躡之，元帥忠義與賊遇于花道，[5]軍頗失利，賊見志寧踵其後，不敢乘勝，遂西走。是時，大軍馬瘦弱，不堪追襲，諸將欲止軍勿追。志寧獲賊候人，知賊自選精鋭，與老小輜重分道，期山後會集，[6]可擊其輜重。忠義以爲然，遂過移馬嶺，[7]進及梟嶺西陷泉。[8]賊見左翼據南岡爲陣，不敢犯。右翼萬户烏延查剌擊賊少却，[9]志寧與夾谷清臣等擊之，賊衆大敗，涉水走。窩斡母徐輦舉營由落括岡西去，[10]志寧追及之，盡獲其輜重，俘五萬餘人，雜畜不可勝計。僞節度使六，及其部族皆降。窩斡走奚中，至七渡河，[11]志寧復敗之。賊過渾嶺，[12]入于奚中。

[1]懿州：治所在今遼寧省阜新市東北塔營子中古城址。

[2]靈山：縣名。一説在懿州之西；一説在今遼寧省法庫縣西北；一説在今遼寧省阜新蒙古族自治縣北境。　同昌：縣名。治所在今遼寧省阜新市西北五十里的西紅帽子村古城址。　惠和：原作"慶和"，據中華點校本改。惠和，縣名。治所在今内蒙古自治區敖漢旗博羅科舊城址。一説在今遼寧省建平縣北建平鎮北。

[3]土河：今内蒙古自治區西拉木倫河支流老哈河。

[4]三韓縣：治所在今内蒙古自治區赤峰市東北哈拉木頭村。

[5]花道：地名。在今内蒙古自治區赤峰市東南。

[6]山後：古地區名。五代劉仁恭據盧龍，在今河北省太行山北端，軍都山以北地區，置山後八軍以防契丹。石敬瑭割燕雲十六州時，才有山後四州的稱呼。北宋末年所稱山後包括宋人企圖收復的山後、代北失地的全部，相當今山西、河北兩省内外長城之間的地區。

[7]移馬嶺：張博泉認爲，"移馬河與移馬嶺有關，在花道與梟嶺西陷泉之間，屬北京路"（張博泉《金史論稿》第一卷）。

[8]梟嶺：一説在今内蒙古自治區赤峰市境内；一説在今河北省圍場滿族蒙古族自治縣境内。　陷泉：地名。一説在今内蒙古自

治區巴林左旗境内；一説在今内蒙古自治區喀喇沁旗西南。

[9]烏延查剌：女真人。本書卷八六有傳。

[10]徐輦：事迹另見於本書卷七〇、一三三。　落括岡：地名。具體地點不詳。

[11]七渡河：在今北京市懷柔區西南，至牛欄山與潮白河合。

[12]渾嶺：具體地點不詳。

志寧獲賊將稍合住，[1]釋弗殺，許以官賞，縱之歸，約以捕窩斡自効。稍合住既去，見窩斡，祕不言見獲事，乃反間奚人于窩斡曰："陷泉失利，奚人有貳志，不可不察。"當是時，窩斡屢敗，其下亦各有心，稍合住乃與賊帥神獨斡執窩斡，[2]詣右都監完顔思敬降。[3]志寧與萬户清臣、宗寧、速哥等，[4]追捕餘黨至燕子城，[5]盡得所畜善馬，因至抹拔里達之地，[6]悉獲之。逆黨既平，入朝爲左副元帥，[7]賜以玉帶。

[1]稍合住：事迹另見於本書卷七〇、一三〇。

[2]神獨斡：事迹另見於本書卷七〇、一三〇。

[3]右都監：元帥府屬官。位次於都元帥、左右副元帥、元帥左右監軍與元帥左都監。從三品。　完顔思敬：女真人。本名撒改，初名思恭，因避諱改。本書卷七〇有傳。

[4]宗寧：女真人。本名阿土古。本書卷七三有傳。　速哥：事迹另見於本書卷一三三。

[5]燕子城：地名。在内蒙古自治區正藍旗南。

[6]抹拔里達：地名。另見於本書卷九四、一三三。

[7]左副元帥：元帥府屬官。位僅次於都元帥。正二品。

經略宋事，駐軍睢陽，[1]都元帥忠義居南京，[2]節制諸軍。宋將黄觀察據蔡州，[3]楊思據潁昌。[4]志寧使完顔王祥復取蔡州，[5]黄觀察遁去。完顔襄攻潁州，[6]拔之，獲楊思。乃移牒宋樞密使張浚，[7]使依皇統以來舊式，浚復書曰："謹遣使者至麾下議之。"

[1]睢陽：縣名。爲歸德府首縣，治所在今河南省商丘市南。

[2]都元帥：元帥府長官。從一品。　南京：京路名。即原北宋都城汴梁，金初爲汴京，貞元元年（1153）更號南京，治所在今河南省開封市。

[3]黄觀察：本書僅此一見。觀察，宋官名，即觀察使。宋承唐制設觀察使，無職掌，無定員，不駐本州，僅爲武臣寄禄之官，高於防禦使而低於承宣使。　蔡州：治所在今河南省汝南縣。

[4]楊思：宋將名。事迹另見於本書卷九四。　潁昌：府名。治所在今河南省許昌市。

[5]完顔王祥：契丹人。本姓耶律，完顔元宜之子。《宋史》卷三四《孝宗紀二》作完顔禧，或王祥爲本名，禧爲漢名。海陵時曾以驍騎副都指揮使隨軍征宋，參與殺海陵的兵變。世宗時官至歸德尹，充賀宋生日使。

[6]完顔襄：女真人。本名永慶。本書卷七六有傳。　潁州：治所在今安徽省阜陽市。

[7]樞密使：宋官名。樞密院長官。掌軍國機務、兵防、邊備、軍馬等政令，出納機密命令，與中書分掌軍政大權。　張浚：《宋史》卷三六一有傳。

是時，宋得窩斡黨人括里、扎八，[1]用其謀攻靈璧、虹縣，[2]都統奚撻不也叛入于宋，[3]遂陷宿州。[4]括里等謀曰："北人恃騎射，戰勝攻取。今夏月久雨，膠解，弓不可用。"故李世輔與之來攻宿州。[5]歸德尹术甲撒速、宿州防禦使烏林荅剌撒、萬户温迪罕速可、裴滿婁室，[6]不守約束，不肯堅壁俟大軍，輒出與戰，由是軍敗城陷。

[1]括里：契丹人。初爲契丹謀克，金正隆六年（1161）自征宋軍中逃回咸平府，領導契丹人起義。後與窩斡軍相合，起義失敗後歸宋。

[2]靈壁：縣名。治所在今安徽省靈璧縣。　虹縣：治所在今安徽省泗縣。

[3]都統：據本書卷六《世宗紀上》"河南路都統奚撻不也叛入于宋"，可知此都統應是河南路都統的省稱。河南路都統，河南路都統府長官，掌督領各路軍馬作戰。據本書卷八八《紇石烈良弼傳》，良弼以南京留守（正三品）兼開封尹（正三品）爲河南都統。卷七〇《宗亨傳》，宗亨"授右宣徽使（正三品），未幾，爲北京路兵馬都統"。卷六五《完顏璋傳》，璋由陝西路都統改"爲西北路招討使（正三品）"。可見，都統應爲正三品銜。本書卷六《世宗紀》，大定三年"罷河南、山東、陝西統軍司，置都統、副統"，認爲河南路都統初設於大定三年（1163），有誤。據本書卷八八《紇石烈良弼傳》，"海陵死，世宗就以良弼爲南京留守兼開封尹，再兼河南都統"，可知此官大定三年以前就存在。因其職能與統軍使相重複，所以纔在並行了一個不長的時期後取消統軍司，將所有權力集中於都統府。對宋戰事結束以後，又因都統府事權過重而相繼撤罷，重設統軍司主持軍事。　奚撻不也：事迹另見於本書卷六。

[4]宿州：治所在今安徽省宿州市。施國祁《金史詳校》卷八上認爲當作"勸改宿州"。

[5]李世輔：宋將名。世襲蘇尾九族巡檢。金攻陷宋延安，與父俱被俘，後投西夏，又歸宋，改名顯忠。《宋史》卷三六七有傳。

[6]歸德尹：府長官，即府尹。正三品。歸德府，治所在今河南商丘市南。　术甲撒速：女真人。本書僅見於此。　宿州防禦使：防禦州長官。總判一州政務，防捍不虞，禦制盜賊。從四品。　烏林荅剌撒：女真人。曾以邳州刺史充濟州押軍萬户，參加對窩斡的戰事。　温迪罕速可：女真人。曾官至東北路招討使，金大定二十九年（1189）爲賀宋主即位使使宋。按《宋史》卷三六《光宗紀》作温迪罕肅，未知是同音異譯還是其漢名。　裴滿婁室：女真人。本書僅此一見。

剌撒嘗遣人入宋界貿易，交通李世輔，受其賂遺，久之，事覺，伏誅。謀克賽一坐故知不舉，[1]除名。撻不也母斡里懶緣坐當死，上曰："撻不也背國棄母，殺之何益？朕閔其老。"遂原其死。詔撒速、剌撒、速可、婁室各杖有差，撒速、剌撒仍解職。

[1]賽一：人名。本書僅此一見。

世輔自以爲得志，日與括里、扎八置酒高會。志寧以精兵萬人，發自睢陽，趨宿州，中使來督軍，志寧附奏曰："此役不煩聖慮，臣但恐世輔遁去耳。"世輔聞志寧軍止萬人，甚易之，曰："當令十人執一人也。"括里等問候人所見上將旗幟，知是志寧，謂世輔曰："此撒合輦監軍也，[1]軍至萬人，慎毋輕之。"

[1]撒合輦監軍：撒合輦，紇石烈志寧的本名。是時紇石烈志

寧已因平定契丹人的叛亂而升任左副元帥。當他與契丹人作戰時官爲元帥右監軍，此處當是括里還記得他與紇石烈志寧作戰時志寧的官職，習慣於舊稱而未改。

大定三年五月二十日，[1]志寧將至宿州，乃令從軍盡執旗幟，駐州西爲疑兵，三猛安兵駐州南。志寧自以大軍駐州東南，阨其歸路。世輔望見州西兵旌旗蔽野，果謂大軍在州西，而謂東南兵少不足慮，先擊之。以步騎數萬，皆執盾，背城爲陣，外以行馬捍之。使別將將兵三千，出自東門，欲自陣後攻志寧軍，萬户蒲查擊敗之。[2]右翼萬户夾谷清臣爲前行，撤毁行馬，短兵接戰，世輔軍亂，諸將乘之，追殺至城下。是夕，世輔盡按敗將，將斬之，其統制常吉懼而來奔，[3]盡得城中虛實。明日，世輔悉兵出戰，騎兵居前，志寧使夾谷清臣當之。世輔别將以五六千騎爲一隊，與清臣遇，清臣踵擊之，宋將不能反旆，志寧麾諸軍力戰，世輔復大敗，走者自相蹈藉，僵屍相枕，争城門而入，門填塞，人人自阻，遂緣城而上，我軍自濠外射之，往往墮死於隍間，殺騎士萬五千，步卒三萬餘人。世輔乘夜脱走。明日，夾谷清臣、張師忠追及世輔，[4]斬首四千餘，赴水死者不可勝計，獲甲三萬，他兵仗甚衆。

[1]大定：金世宗年號（1161—1189）。原無“大定三年”四字，據中華點校本補。

[2]蒲查：女真人。金大定二年（1162）領行軍萬户。本書卷六八有傳。

[3]統制：宋官名。南宋屯駐大軍的各軍、各部統兵官有統制、同統制、副統制、統領、同統領、副統領等名目。各軍往往設統制一員、統領二員。　常吉：本書僅此一見。

[4]張師忠：本書僅此一見。

上以御服金綫袍、玉吐鶻、賓鐵佩刀，使移剌道就軍中賜之。[1]凡有功將士，猛安、謀克並如陝西遷賞，蒲輦進官三階、重綵三端、絹六匹，[2]旗鼓、笛手、吏人各賜錢十貫。詔志寧曰："卿雖年少，前征契丹戰功居最，今復破大敵，朕甚嘉之。"

[1]移剌道：女真人。本名趙三。本書卷八八有傳。

[2]蒲輦：一譯作蒲里衍。原爲女真氏族長謀克的副職，建國以後漸漸演變成一種軍官稱號。一謀克轄兩蒲輦，一蒲輦轄正軍（即甲軍）五十名。本卷《徒單合喜傳》中記載對陝西部隊的封賞情況較詳，但無此兩項内容，該條文應屬於沿用陝西成例的前提下作出的補充規定。

宋人議和不能決，都元帥僕散忠義移軍泰和，[1]志寧移軍臨渙，[2]遂渡淮，[3]徒單克寧取盱眙、濠、廬、和、滁等州。[4]宋人懼，乃決意請和，使者六七往反，[5]議遂定。宋世爲姪國，約歲幣二十萬兩、匹，魏杞奉誓書入見，[6]復通好。

[1]泰和：縣名。在今安徽省太和縣北舊縣集。

[2]臨渙：縣名。治所在今安徽省宿州市西北臨渙集。

[3]淮：即今淮河。

［4］徒單克寧：女真人。本名習顯。本書卷九二有傳。　盱眙：宋軍名。治所在今江蘇省盱眙縣。　濠：宋州名。治所在今安徽省鳳陽東。　廬：宋州名。治所在今安徽省合肥市。　和：宋州名。治所在今安徽省和縣。　滁：宋州名。治所在今安徽省滁縣。

［5］使者六七往反：據本書卷八四《張景仁傳》，僕散忠義伐宋，景仁掌其言辭，“往復凡七書”；本卷《僕散忠義傳》，“忠義乃貽書宋人，前後凡七”。應以七次爲是。反，同“返”。

［6］魏杞：《宋史》卷三八五有傳。

志寧還軍睢陽，上以御服、玉佩刀、通犀御帶賜之。詔曰：“靈璧、虹縣、宿州兵士死者，[1]朕實閔焉。宜歸葬鄉里，官爲齎送，人賻錢三十貫。”鳳翔尹孛术魯定方以下猛安謀克，[2]官爲致祭。定方賻銀五百兩、重綵二十端，猛安三百貫，謀克二百貫，蒲里衍一百貫，權猛安二百貫，權謀克一百五十貫，權蒲里衍七十貫。

［1］璧：原作“壁”，據中華點校本改。

［2］鳳翔尹：府長官，即府尹。正三品。鳳翔府，治所在今陝西省鳳翔縣。　孛术魯定方：女真人。本名阿海，《宋史》卷三〇《高宗紀七》作兀术魯定方。本書卷八六有傳。

五年三月，忠義朝京師，志寧駐軍南京。五月，志寧召至京師，拜平章政事，[1]左副元帥如故。志寧復還軍，賜玉束帶。上曰：“卿壯年能立功如此，朕甚嘉之。南服雖定，日月尚淺，須卿一往規畫。”六年二月，志寧還京師，拜樞密使。[2]七年十一月八日，[3]皇太子生日，宴群臣於東宫，志寧奉觴上壽，上悦，顧謂太子曰："天下無事，吾父子今日相樂，皆此人力也。"使太子取御前玉大杓酌酒，上手飲志寧，即以玉杓及黄金五百兩賜之。以第十四女下嫁志寧子諸神奴，[4]八年十月，進幣，宴百官于慶和殿。[5]皇女以婦禮謁見，志寧夫婦坐而受之，歡飲終日，夜久乃罷。九年，拜右丞相。[6]十一年，代宗叙北征。[7]既還，遣使者迎勞，賜以弓矢、玉吐鶻。入見，上慰勞良久。是日，封廣平郡王，[8]復遣使就第慰勞之。皇太子生日，宴群臣於東宫，以玉帶賜志寧，上曰："此梁王宗弼所服者，故以賜卿。"郊祀覃恩，從征護衛，皆有賜，進封金源郡王。[9]

[1]平章政事：爲宰相，掌丞天子，平章萬機。從一品。

[2]拜樞密使：據本書卷六《世宗紀》，大定六年（1166）十二月，"紇石烈志寧爲樞密使"，時間與此不同。

[3]七年十一月八日：按本書卷八八《紇石烈良弼傳》作大定六年（1166）十一月，"皇太子生日，上置酒於東宫，良弼、志寧同賜酒"，繫年與此異。

[4]嫁：原作"稼"，依殿本改。　諸神奴：本書僅見於本卷。

[5]慶和殿：在中都大興府皇宫中。

[6]右丞相：爲宰相，掌丞天子，平章萬機。從一品。

[7]宗叙：女真人。完顔宗叙本名德壽，闍母第四子。本書卷七一有傳。

[8]廣平郡王：封爵名。爲封王郡號第二。

[9]金源郡王：封爵名。爲封王郡號第一。

十二年，志寧有疾，中使看問日三四輩，疾亟，賜金丹三十粒，詔曰："此丹未嘗以賜人也。"使者至，志寧已不能言，但稽首而已。是歲，薨。上輟朝，臨其喪，行哭而入，哀動左右。將葬，上致祭，見陳甲柩前，復慟哭之。賻銀千五百兩、重綵五十端、絹五百匹，葬事祠堂皆從官給，謚武定。十五年，圖像衍慶宮。[1]

[1]衍慶宮：在中都大興府皇宮中，宮名衍慶，殿名聖武，門名崇聖，爲金之原廟。金大定十六年（1176）又有增修。

志寧妻永安縣主妬甚，嘗殺孕妾，及志寧薨後，諸神奴兄弟皆病亡，世宗甚惜之，遣使諭永安縣主曰："丞相有大功三，先朝舊臣，惟秦、宋二王功大，[1]餘不及也。今養其孽子，當如親子視之。"二十二年，上問宰臣："僕散忠義、紇石烈志寧孰愈？"尚書左丞襄奏曰：[2]"忠義兵權精緻，此其所長也。"上曰："不然。志寧臨敵，身先士卒，勇敢之氣自太師梁王未有如此人者也。"明昌五年，[3]配享世宗廟廷。

[1]秦、宋二王：秦王指宗翰，宋王指宗望，都是大定間追上的封號。秦王，封爵名。大定格，爲大國封號第四。宋王，封爵名。大定格，爲大國封號第三。

[2]尚書左丞：爲執政官，宰相之貳，佐治省事。正二品。襄：女真人。本書卷九四有傳。

[3]明昌：金章宗年號（1190—1196）。

僕散忠義本名烏者,[1]上京拔盧古河人,[2]宣獻皇后姪,[3]元妃之兄也。[4]高祖斡魯補。[5]曾祖班睹。[6]祖胡闌。[7]父背魯,[8]國初世襲謀克,婆速路統軍使,[9]致仕。

[1]僕散忠義:《宋史》卷三一《高宗紀八》作僕散權。

[2]拔盧古河:即婆盧買河,今黑龍江省通河縣東的烏拉珲河。

[3]宣獻皇后:女真人。金太祖宣獻皇后僕散氏,本書卷六三有傳。

[4]元妃:内命婦稱號。位在貴妃、淑妃、德妃、賢妃之上,正一品。

[5]斡魯補:本書僅此一見。

[6]班覩:本書僅此一見。"覩"爲"睹"的異體字。

[7]胡闌:本書僅此一見。

[8]背魯:本書僅此一見。

[9]婆速路統軍使:婆速路統軍司長官。掌督領軍馬,鎮攝封陲,分營衛,視察奸。正三品。婆速路治所在今遼寧省丹東市東北二十里九連城。

忠義魁偉,長髯,喜談兵,有大略。年十六,領本謀克兵,從宗輔定陝西,[1]行間射中宋大將,宋兵遂潰,由是知名。帥府録其功,[2]承制署爲謀克。宗弼再取河南,[3]表薦忠義爲猛安。攻冀州先登,[4]攻大名府,[5]以本部兵力戰,破其軍十餘萬,賞以奴婢、馬牛、金銀、重綵。從宗弼渡淮攻壽、廬等州,[6]宗弼稱之曰:"此子勇略過人,將帥之器也。"賞馬五匹、牛一百五十頭、羊五百口,領親軍萬户,超寧遠大將軍,[7]承其父世襲謀克。

[1]宗輔：女真人。本名訛里朶，金太祖子，金世宗父，大定時追尊爲帝，即睿宗，改諱宗堯。見本書卷一九《世紀補》。　陝西：指陝西六路，即鄜延路、環慶路、熙河路、麟府路、涇原路和秦鳳路。

[2]帥府：官署名。長官爲都元帥，從一品。下設左、右副元帥，元帥左、右監軍，元帥左、右都監。

[3]河南：指後來南京路所轄地區。

[4]冀州：治所在今河北省冀州市。

[5]大名府：治所在今河北省大名縣東北。

[6]壽州：治所在今安徽省鳳臺縣。

[7]寧遠大將軍：武散官。烏延蒲轄奴與僕散忠義都是以此官階任防禦使，烏延吾里補以此官階任同知歸德尹，可證爲從四品。本書卷五五《百官志一》，從四品上階爲安遠大將軍、中階爲定遠大將軍、下階爲懷遠大將軍，無寧遠大將軍。《大金國志》卷三四同。此爲何階不詳。施國祁《金史詳校》卷八上認爲，“寧”當作“安”。

皇統四年，除博州防禦使，[1]公餘學女直字，[2]及古算法，閲月，盡能通之。在郡不事田獵、燕游，以職業爲務，郡中翕然稱治。忽一夕陰晦，囚徒謀爲反獄，倉猝間將校皆惶駭失措，忠義從容，但使守更吏撾鼓鳴角，囚徒以爲天且曉，不敢出，自就桎梏。及考，郡民詣闕願留，詔從之。八年，改同知真定尹，[3]兼河北西路兵馬都總管，[4]遷西北路招討使，[5]入爲兵部尚書。

[1]博州防禦使：防禦州長官。從四品。博州治所在今山東省

聊城市。

[2]女直字：據本書卷四《熙宗紀》，天眷元年（1138）“頒女直小字”，皇統五年（1145）“初用御製小字”，此事係於皇統四年，所學當是女直小字。

[3]同知真定尹：府長官。爲府尹之佐。從四品。真定即真定府，治所在今河北省正定縣。

[4]河北西路兵馬都總管：河北西路兵馬都總管府長官。掌統諸城隍兵馬甲仗，總判府事。正三品。河北西路，金天會七年（1129）析治，治所在今河北省正定縣。

[5]西北路招討使：西北路招討司長官。掌招懷降附，征討携離。正三品。西北路招討司最初設在撫州，後遷至桓州。撫州治所在今河北省張北縣，一説在今内蒙古自治區興和縣境内。桓州治所初在今内蒙古自治區正藍旗南黑城子，後北遷三十里建新桓州城，在今内蒙古自治區正藍旗北四郎城。

僕散忽土嘗與海陵篡立，恃勢陵傲同列，忠義因會飲衆辱之，海陵不悦，出爲震武軍節度使。[1]火山賊李鐵槍乘暑來攻，[2]忠義單衣從一騎迎擊之，射殺數人，賊乃退。改臨洮尹，[3]兼熙秦路兵馬都總管。[4]海陵召至京師謂之曰：“洮河地接吐蕃、木波，[5]異時剽害良民，州縣不能制。汝宿將，故以命汝。”賜條服、玉具、佩刀。閱再考，徙平陽尹，[6]再徙濟南尹。[7]以本官爲漢南路行營副統制，[8]伐宋，克通化軍。[9]

[1]震武軍節度使：節度州長官。從三品。震武軍設在代州，治所在今山西省代縣。

[2]火山：軍鎮名。治所在今山西省河曲縣南。金大定二十二

年（1182）升爲州。　李鐵槍：本書僅此一見。

［3］臨洮尹：府長官，即府尹。正三品。臨洮府，治所在今甘肅省臨洮縣。

［4］熙秦路兵馬都總管：熙秦路兵馬都總管府長官。正三品。熙秦路，金皇統二年（1142）合并熙河、秦鳳兩路置，治所在今甘肅省臨洮縣，大定二十七年（1187）改爲臨洮路。

［5］洮：州名。治所在今甘肅省臨潭縣。　河：州名。治所在今甘肅省臨夏市。　吐蕃：族名。對青藏高原藏族及其他少數民族的總稱，或稱西蕃、蕃部。唐初，古藏族曾建立過政權，唐末崩潰，種落分散，自儀、渭、涇、原、環、慶諸州以至靈、夏諸州皆有之，各有首領，不相統屬。自北宋初，各部相繼附宋。宋利用其力量牽制西夏。　木波：吐蕃部名。河湟吐蕃諸部之一，居住在今青海省黄南及甘肅省甘南兩藏族自治州境内。初事唃斯囉疏族溪巴温，其政權瓦解後降北宋，北宋亡後降金。金大定四年（1164），與諸鄰部共立唃氏五世孫結什角爲族長，稱王子，依附於金國。轄境八千里，有民户四萬餘户。

［6］平陽尹：府長官，即府尹。正三品。平陽府，爲河東南路首府，治所在今山西省臨汾市。

［7］濟南尹：府長官，即府尹。正三品。濟南府，散府，屬山東東路。治所在今山東省濟南市。

［8］漢南路行營副統制：海陵南征時所設臨時性軍事機構漢南路行營屬官，爲漢南路行營都統制之佐，負責協助都統制指揮各路部隊對宋作戰。南征失敗後取消，故本書《百官志》不載。

［9］通化軍：宋軍鎮名。治所在今湖北省老河口市北。

世宗立，海陵死揚州，[1]罷兵入朝京師，拜尚書右丞。移剌窩斡僭號，兵久不决。右副元帥完顏謀衍既敗之于霿䨪河，乃擁衆，貪鹵掠，不追討，而縱其子斜哥暴横軍中,[2]士卒不用命。賊得水草善地，官軍踵其遺餘，水草乏，馬益弱，賊軼出山西,[3]久無功。忠義請曰:“契丹小寇，不時殄滅，致煩聖慮。臣聞主憂臣辱，願効死力除之。”世宗大悦。即召還謀衍，勒歸斜哥本貫。拜忠義平章政事，兼右副元帥，封榮國公,[4]賜以御府貂裘、賓鐵吐鶻弓矢大刀、具裝對馬及安山鐵甲、金牌,[5]詔曰:“軍中將士有犯，連職之外並以軍法從事,[6]有功者依格遷賞。”詔諸將士曰:“兵久駐邊陲，蠹費財用，百姓不得休息。今以右丞忠義爲平章政事、右副元帥，宜同心戮力，無或弛慢。”

[1]揚州：宋州名。治所在今江蘇省揚州市。

[2]斜哥：女真人。事迹另見本書卷六、七二、一三三。

[3]山西：即本卷《紇石烈志寧傳》中所説的“山後”。

[4]榮國公：封爵名。大定格，爲次國封號第二十七。

[5]金牌：金代牌符的一種。金太祖時始制金牌、銀牌、木牌，分賜給萬户、猛安、謀克等官佩帶，以爲符信。其中以金牌最爲高貴。

[6]連職：不詳。施國祁《金史詳校》卷八上懷疑此處文字有誤。

忠義至軍，賊陷靈山、同昌、惠和等縣，陣而西行。忠義追之，及于花道，宗亨爲左翼,[1]宗叙爲右翼，與賊夾河而陣。賊渡河，先攻左翼，偏敗，右翼救之，賊引去。窩斡乃以精鋭自隨，以羸兵護其母妻輜重由别道西走，期於山後會集。追復及于裊嶺西陷泉。與賊遇，時昏霧四塞，跬步莫睹物色，忠義禱曰:“狂寇肆暴，殺戮無辜，天不助惡，當爲開霽。”奠已，昏霧廓然。及戰，忠義左據南岡，爲偃月陣，右迤而北，大敗之。獲其弟裊，[2]俘生口三十萬，獲雜畜十餘萬，車帳金珍以鉅萬計，悉分諸軍。賊走趨奚地，遣將追躡，至七渡河，又敗之。既踰渾嶺，復進軍襲之，望風奔潰，遁入奚中，降者相屬於路。詔忠義曰：“卿材能素著，果能大破賊衆，朕甚嘉之。今遣勞卿，如朕親往。賜卿御衣、及骨睹犀具佩刀、通犀帶等。就以俘獲，均散軍士。”

[1]宗亨：女真人。本名撻不也。本書卷七〇有傳。

[2]裊：契丹人。事迹另見於本書卷六、一三三。

窩斡既敗，遂入于奚中。高忠建敗奚于栲栳山，[1]移剌道取抹白諸奚之家，[2]抹白奚乃降，窩斡勢益弱。紇石烈志寧獲賊將稍合住，縱之使歸，約以捕窩斡自贖，仍許以官賞。稍合住與其黨執窩斡，詣完顏思敬降。

[1]高忠建：海陵時爲南征萬户，率所部回東京擁立世宗。世宗即位後爲元帥左監軍，後曾使宋。參加平定契丹起義的戰事，並與奚人戰，大勝。　栲栳山：山名。與抹白諸奚近，在奚境中，具體地點不詳。

[2]移剌道：一名移剌按。本書卷九〇有傳。　抹白諸奚：奚部族名。

契丹平。忠義朝京師，拜尚書右丞相，改封沂國公，[1]以玉帶賜之。

[1]沂國公：封爵名。大定格，爲次國封號第二十五。

自海陵遇弑，大軍北還，而窩斡鴟張，[1]命將徂征。及窩斡敗，其黨括里、扎八奔入于宋，宋人用其謀，侵掠邊鄙，攻取泗、壽、唐、海州。[2]於是，宋主傳位于宗室子眘，[3]是爲宋孝宗，雖嘗遣使來，而欲用敵國禮。世宗以紇石烈志寧經略宋事，制詔忠義以丞相總戎事，居南京，節制諸將，時大定二年也。

[1]鴟（chī）張：囂張。

[2]泗：州名。治所在今江蘇省盱眙縣北。　唐：州名。治所在今河南省唐河縣。　海：州名。治所在今江蘇省連雲港市西南海州區。

[3]眘：即宋孝宗趙眘。

忠義將行，陛辭，上諭之曰："彼若歸侵疆，貢禮如故，則可罷兵。"既至南京，簡閱士卒，分屯要害，戒諸將嚴守備。使左副元帥志寧移牒宋樞密使張浚，其略曰："可還所侵本朝内地，各守自來畫定疆界，凡事一依皇統以來舊約，帥府亦當解嚴。如必欲抗衡，請會兵相見。"宋宣撫使張浚復書志寧曰：[1]"疆埸之一彼一此，兵家之或勝或負，何常之有，當置勿道。謹遣官僚，[2]敬造麾下議之。"

[1]宣撫使：宋官名，不常置。爲宣撫司長官，掌宣布威靈、撫綏沿邊地區及統率一路至數路軍旅。多以執政充任，亦兼用武將。或加“處置”二字，稱宣撫處置使。

[2]謹遣官僚：僚，原作“寮”，從中華點校本改。

是時，已復泗、壽、鄧州，[1]請隳其城，遷其民于宿、亳、蔡州，[2]上曰：“三州本吾土也，得之則已。”忠義使將士擇善水草休息，且牧馬，俟來歲取淮南。初，世宗詔諸將由泗、壽、唐鄧三道進發，宋人聞之，即自方城、葉縣以來田野皆燒夷之，[3]使無所芻牧。忠義命唐鄧道軍芻牧許、汝間。

[1]鄧：州名。治所在今河南省鄧州市。

[2]亳：州名。治所在今安徽省亳州市。

[3]方城：縣名。治所在今河南省方城縣。　葉縣：治所在今河南省葉縣南。

三年，忠義入奏事，遂以丞相兼都元帥。無何，還軍中。忠義與宋相持日久，慮夏久雨，弓力易減，宋或乘時見攻，豫選勁弓萬張於別庫。及自汴赴闕議事，次濬州，[1]宋將李世輔果掩取靈壁、虹縣，遂陷宿州。忠義使人還汴，發所貯勁弓給志寧軍，與宋人戰，遂大捷，竟復宿州。忠義還，以書責宋。宋同知樞密院事洪遵、計議官盧仲賢，[2]遣使二輩持與志寧書及手狀，歸海、泗、唐、鄧州所侵地，約爲叔姪國。報書期十一月使入境，宋又使人來言，禮物未備，請俟十二月行成。

忠義以其事馳奏，請定書式，且言宋書如式，則許其入界，如其不然，勢須遣還本國，復稟其主，若是往復，動經七八十日，恐誤軍馬進取。世宗以詔諭之曰："若宋人歸疆，歲幣如昔，可免奉表稱臣，許世爲姪國。"忠義乃貽書宋人，前後凡七，宋人他托未從。忠義移大軍壓淮境，遣志寧率偏師渡淮，取盱眙、濠、廬、和、滁等州，[3]宋人懼。而世宗意天下厭苦兵革，思與百姓休息，詔忠義度宜以行。

[1]濬州：治所在今河南省濬縣。

[2]同知樞密院事：宋官名。樞密院屬官。　洪遵：《宋史》卷三七三有傳。　計議官：宋官名。南宋建炎四年（1130）罷御營使司，並歸樞密院爲機速房，原御營使司干辦公事改稱計議官，紹興十一年（1141）罷。又，南宋都督府、宣撫處置使司、制置大使司、三衙、都統制司等亦有計議官。　盧仲賢：宋人。本書僅此一見。

[3]和州：治所在今安徽省和縣。　滁州：治所在今安徽省滁州市。

四年正月，[1]忠義使右監軍宗叙入奏，將近暑月，乞俟秋涼進發。詔從之。宋使胡昉以右僕射湯思退書來，[2]宋稱姪國，不肯加世字。忠義執昉留軍中，答其書，使使以聞。詔曰："行人何罪，遣胡昉還國。邊事從宜措畫。"八月，詔忠義曰："前請俟秋涼進發，今已八月，復俟何時？"先是，忠義乞增金、銀牌，上曰："太師梁王兼數職，未嘗增也。"至是增都元帥金牌一、銀牌二十，左右副元帥金牌各一、銀牌各十，左右監軍金牌各一、銀牌各六，[3]左右都監金牌各一、銀牌各四，[4]三路都統府銀牌各二。[5]乃定南界官員、百姓歸附遷賞格。

［1］四年正月：此“正月”正值嚴冬與下文“將近暑月”時令不符，疑爲“五月”之誤。

［2］胡昉：宋使。事迹另見於本書卷六、六一、九三。按本書卷六《世宗紀上》，大定四年（1164）正月甲辰，元帥府言“宋遣審議官胡昉致尚書右僕射書”，而卷六一《交聘表中》則繫於大定三年。按《宋史》卷三三《孝宗紀一》，南宋隆興元年（1163），即金大定三年，十一月癸丑“以胡昉、楊由義爲使金通問國信所審議官”，十二月丁丑“湯思退爲尚書右僕射”，則胡昉出使當在十一月底至十二月之間，則大定三年底胡昉已至僕散忠義營中。僕散忠義上報中央則是在此之後。本書《世宗紀》所載爲金世宗得到稟報的日期。此處應以《交聘表》爲准，繫於大定三年十二月。　右僕射：宋官名。即尚書右僕射，爲宰相。南宋乾道八年（1172），改爲尚書右丞相。　湯思退：南宋宰相。《宋史》卷三七一有傳。

［3］左監軍：元帥府屬官。位次於都元帥、左右副元帥。正三品。

［4］左都監：元帥府屬官。位次於都元帥、左右副元帥、元帥左右監軍。從三品。

［5］三路都統府：金正隆末至大定初曾一度於數路設都統府，是爲在對宋與對契丹人的戰爭中統一調動各路府部隊而設的一種軍事機構，隸屬於元帥府。此處所涉及的是對宋作戰部隊，故應指河南、山東、陝西三路都統府。河南路都統府應設於正隆末。據本書卷四四《兵志》，“正隆末，復升陝西統軍司爲都統府”，又卷八七《徒單合喜傳》，“正隆六年，爲西蜀道兵馬都統”，則陝西都統府應

設於金正隆六年（1161）。山東都統府設於何時不詳，據本書卷八六《夾古胡剌傳》，“正隆末，山東盜起。山東路統軍司選諸軍八百人作十謀克”，似不可能設於正隆末，應是大定初。據本書卷六《世宗紀上》，大定五年“罷山東路都統府，以其軍各隸總管府”，可證其罷於大定五年。

元帥府獲宋諜人符忠。[1]忠前嘗至中都，[2]大興府官詰問，[3]忠執文據，及與泗州防禦判官張德亨知識，[4]由是獲免，厚謝德亨，德亨受之。忠具款服，乃奏其事于朝，於是，大興少尹王全解職，[5]德亨除名。

[1]符忠：本書僅見於本卷。

[2]中都：路名。遼爲燕京，更爲永安析津府。貞元元年（1153）遷都至此，改爲中都，治所在今北京市。

[3]大興府：治所在今北京市。

[4]泗州防禦判官：防禦州屬官。掌簽判州事，專掌通檢推排簿籍。正八品。　張德亨：本書僅此一見。

[5]大興少尹：府屬官。府尹佐貳，協助府尹處理本府政務。正五品。　王全：本書共有四人名王全，此人另見於卷九二。

和議始于張浚，中更洪遵、湯思退，及徒單克寧敗宋魏勝于十八里莊，[1]取楚州，[2]世宗下詔進師，於是宋知樞密院周葵、同知樞密院事王之望書一一如約，[3]和議始定。宋遣試禮部尚書魏杞，[4]崇信軍承宣使康湑，[5]充通問國信使，取到宋主國書式，并國書副本，宋世爲姪國，約歲幣爲二十萬兩、匹，國書仍書名再拜，不稱“大”字。大定五年正月，魏杞、康湑入見，其書曰：

"姪宋皇帝眘，謹再拜致書于叔大金聖明仁孝皇帝闕下。"魏杞還，復書"叔大金皇帝"不名，不書"謹再拜"，但曰"致書于姪宋皇帝"，不用尊號，不稱闕下。和好已定，罷兵，詔天下。以左副都點檢完顏仲爲報問國信使，[6]太子詹事楊伯雄副之。[7]

[1]魏勝：宋人。《宋史》卷三六八有傳。　十八里莊：地名。本書卷九二《徒單克寧傳》作"十八里口"。當在今江蘇省淮安市境内。

[2]楚州：宋州名。治所在今江蘇省淮安市。

[3]知樞密院：宋官名。樞密院長官。　周葵：《宋史》卷三八五有傳。　王之望：《宋史》卷三七二有傳。

[4]試禮部尚書：宋官名。尚書禮部長官。掌有關禮樂、祭祀、朝會、宴享、學校、貢舉等政令。宋以寄禄官定官員等級，職事官定其實際職務，凡所任職事官高於寄禄官二品以上者稱試某官。又，崇寧間，吏部授選人差遣，以低二等以上資序任高資序者，亦稱試某官。

[5]崇信軍承宣使：唐、五代時藩鎮離鎮時，常以親信爲留後，統轄所部，主持本鎮事務。宋削奪藩鎮實權，保留節度觀察留後官名而無職掌，不駐本州，亦無定員，僅爲武臣寄禄官。北宋政和七年（1117）改名爲承宣使。位在節度使之下，觀察使之上。中華點校本此處將崇信軍與承宣使點斷，誤。　康湑：事迹另見於本書卷六一。

[6]左副點檢：即殿前左副都點檢，殿前都點檢司屬官，兼侍衛親軍副都指揮使。從三品。　完顏仲：女真人。本名石古迺。本書卷七二有傳。

[7]太子詹事：即詹事院太子詹事。掌總統東宫内外庶務。從三品。　楊伯雄：字希雲。本書卷一〇五有傳。

忠義奏官軍一十七萬三千三百餘人，留馬步軍一十一萬六千二百屯戍。上曰："今已許宋講好，而屯戍尚多，可除舊軍外，選馬一萬二千，阿里喜稱是，[1]步軍虞候司軍共選一萬五千，[2]及簽軍一萬，與舊軍通留六萬。富强丁多者摘留，貧難者阿里喜官給，富者就用其奴。其存留馬步軍於河北東西、大名府、速頻、胡里改、會寧、咸平府、濟州、東京、曷速館等路軍内，[3]約量揀取。其西南、西北招討司，[4]臨潢府、泰州、北京、婆速、曷懶、山東東西路，[5]並行放還。"詔近侍局使裴滿子寧佩金牌，[6]護衛醜底、符寶祗候駞滿回海佩銀牌，[7]諭諸路將帥，以宋國進到歲幣銀絹二十萬兩、匹，盡數給與見存留及放散軍充賞。曾過界者，人給絹二匹、銀二兩，不曾過界者銀二兩、絹一匹。阿里喜絹一匹。謀克倍軍人，猛安倍謀克。押軍猛安謀克年老有勞績者，量與除授。又詔曰："其令一路全罷者，先發遣之。"賜忠義玉束帶。三月，詔曰："如大軍已放還，丞相忠義宜先還，左副元帥志寧、右監軍宗敘留駐南京，餘官非急用者並勒還任。"

[1]阿里喜：又譯爲"阿里熹"。女真語，有"副""次"之意。女真士卒的副從，多由正軍（即甲軍）的子弟擔任。正軍一人可携帶阿里喜一至二人，充任雜役，又稱"阿里喜隨色人"或"帖軍"。代替正軍頂盔貫甲時被稱爲"擐甲阿里喜"，有功者與正軍同受升賞。趙翼《廿二史札記》認爲"正軍之奴僕曰阿里喜"，疑有誤。

[2]步軍虞候司軍：官署名。本書卷四四《兵志》有河東三虞候順德軍，爲部隊稱號，疑即此虞候司下屬部隊。當是各路總管府下屬機構。待考。

[3]存留：施國祁《金史詳校》卷八上認爲當作“留屯”。　河北東西：路名。金天會七年（1129）析置河北東、西路，河北東路治河間府，即今河北省河間市。河北西路治真定府，即今河北省正定縣。　速頻：路名，屬上京路。治所在今俄羅斯濱海省烏蘇里斯克，舊稱雙城子。　胡里改：路名，屬上京路。治所在今黑龍江省依蘭縣喇嘛廟。　咸平府：路名。治所在今遼寧省開原市老城。　濟州：原爲黄龍府，金天眷三年改爲濟州，治所在今吉林省農安縣城。　東京：路名。東京治所在今遼寧省遼陽市。　曷速館：路名。治所金初在遼陽府鶴野縣的長宜鎮，即今遼寧省蓋州市東南。金天會七年（1129）徙治寧州，即今遼寧省營口市熊岳鎮城西南七十里永寧鎮。一説在今遼寧省金州市南。

[4]西南、西北招討司：官署名。金於東北路、西北路、西南路三處設招討司，負責招撫沿邊各部族，征討叛亂。長官爲招討使，正三品。西南路招討司金大定八年（1168）以前在豐州，即今内蒙古自治區呼和浩特市東南白塔村，後在應州，即今山西省應縣。

[5]曷懶：路名，屬上京路。治所在今朝鮮咸鏡南道咸興城南五里處。　山東東西路：路名。山東東路北宋時爲京東東路，治所在今山東省青州市；山東西路治所在今山東省東平縣。

[6]近侍局使：金泰和八年（1208）設提點之前爲近侍局長官。掌侍從，承勑令，轉進奏帖。從五品。　裴滿子寧：女真人。另見於本書卷一二五。

[7]醜底：本書僅此一見。　符寶祗候：殿前都點檢司屬官。舊名牌印祗候、符寶郎，金大定二年（1162）改爲符寶祗候。掌御寶及金、銀牌等。　馳滿回海：本書僅此一見。

忠義朝京師，上勞之曰："宋國請和，偃兵息民，皆卿力也。"拜左丞相，[1]兼都元帥。大定初，事多權制，詔有司删定，上謂宰臣曰："凡已奏之事，朕嘗再閲，卿等毋懷懼。朕於大臣，豈有不相信者？但軍國事不敢輕易，恐或有誤也。"忠義對曰："臣等豈敢竊意陛下，但智力不及耳。陛下留神萬幾，天下之福也。"

[1]左丞相：爲宰相，掌丞天子，平章萬機。從一品。

大定六年正月，忠義有疾，上遣太醫診視，賜以御用藥物，中使撫問，相繼於道。二月，[1]薨。上親臨哭之慟，輟朝奠祭，賻銀千五百兩、重綵五十端、絹五百匹。世宗將幸西京，復臨奠焉。命參知政事唐括安禮護喪事，[2]凡葬祭從優厚，官爲給之。大宗正丞竟充勑祭使，[3]中都轉運副使王震充勑葬使，[4]百官送葬，具一品儀物，建大將旗鼓，送至墳域。謚武莊。

[1]二月：原作"是月"，據中華點校本改。

[2]唐括安禮：女真人。本名斡魯古。本書卷八八有傳。

[3]大宗正丞：大宗正府屬官。金泰和六年（1206）改爲大睦親丞，參掌敦睦糾率宗屬欽奉王命。從四品。　竟：人名。本書僅此一見。

[4]中都轉運副使：轉運使之佐。參掌税賦錢穀，倉庫出納。正五品。按本書卷五七《百官志三》載，"中都路置都轉運司，餘置轉運司"，則此處當爲中都路都轉運副使。　王震：官爲知登聞檢院。事迹另見於本書卷八三。

忠義動由禮義，謙以接下，敬儒士，與人極和易，侃侃如也。善御將士，能得其死力。及爲宰輔，知無不言。自漢、唐以來，外家多緣恩戚以致富貴，又多不克其終，未有兼任將相，功名始終如忠義者。十一年，詔曰："故左丞相忠義族人，及昭德皇后親族，[1]人材可用者，左副點檢烏古論元忠體察以聞。"[2]二十一年，上思忠義功，勒銘墓碑。泰和元年，[3]圖像衍慶宫，配享世宗廟廷。子揆，别有傳。

[1]昭德皇后：即世宗皇后烏林荅氏。本書卷六四有傳。

[2]烏古論元忠：女真人。本名訛里也。本書卷一二〇有傳。

[3]泰和：金章宗年號（1201—1208）。

徒單合喜，上京速蘇海水人也。[1]父蒲涅，[2]世襲猛安。合喜魁偉，膂力過人，一經聞見，終身不忘。

[1]速蘇海水：河名。即今之拉林河。池内宏《金史世紀研究》謂，阿勒楚河（今阿什河）上游的一支（《滿鮮史研究》中世，第一册）。《〈中國歷史地圖集〉釋文彙編·東北卷》認爲在今黑龍江省尚志縣馬延鎮東南的葦河、亮河一帶。

[2]蒲捏：本書僅此一見。

天輔間，[1]從金源郡王婁室爲扎也，[2]甚愛之。天會六年，[3]以功爲謀克，尋領婁室親管猛安。元帥府聞其才，命權左翼軍事。皇統二年，爲隴州防禦使。[4]以兵十五人敗宋兵二百於高陵，[5]以兵五百人敗宋兵二千於秦州，[6]以兵八百人敗宋兵三千五百於鳳翔。以二謀克拒饒風關，[7]宋兵二千來奪其關口，奮擊敗之，諸軍乃得過險。遷平涼尹，[8]再徙臨洮、延安尹。[9]是時，關、陝以西，[10]初去兵革，百姓多失業，合喜守之以静，民多還歸者。

［1］天輔：金太祖年號（1117—1122）。

［2］婁室：女真人。本名斡里衍。本書卷七二有傳。　扎也：也作“扎野”，女真語。張博泉認爲：“女真‘扎也’是由高級軍事將領選擇的，它没有成爲女真軍事編制系統中的一個編制官職名稱。是賦予高級軍事將領的權力而選擇的身邊一種特定的官職名稱。由‘扎也’而轉升後，則成爲國家官職中的軍政要職，‘扎也’是入仕的一個階梯。”（張博泉《女真新論》，吉林文史出版社1993年版，第252頁）

［3］天會：金太宗年號，金熙宗初年沿用不改（1123—1137）。

［4］隴州防禦使：防禦州長官。從四品。隴州治所在今陝西省千陽縣西北。

［5］高陵：縣名。治所在今陝西省高陵縣。

［6］秦州：治所在今甘肅省天水市。

［7］饒風關：在今陝西省石泉縣西。

［8］平涼尹：府長官，即府尹。正三品。平涼府，治所在今甘肅省平涼市。

［9］延安尹：府長官，即府尹。正三品。延安府治所在今陝西省延安市。

［10］關陝：關指關中，古地區名。泛指函谷關與潼關以西地區，一般指秦嶺以北。陝指陝西，古地區名，指陝陌（在今河南省陝縣西南）以西，約當今陝西省和寧夏回族自治區的長城以南、秦嶺以北及山西省西南部、河南省西北部、甘肅省東南部地區。

天德二年，[1]爲元帥左都監，陕西統軍使。貞元二年，[2]以本官兼河中尹。[3]正隆六年，爲西蜀道兵馬都統。[4]

[1]天德：金海陵王年號（1149—1153）。

[2]貞元：金海陵王年號（1153—1156）。

[3]河中尹：府長官，即府尹。正三品。河中府治所在今山西省永濟市東南蒲州鎮。

[4]西蜀道兵馬都統：即西蜀道兵馬都統制，爲海陵南征所設的臨時性軍事機構西蜀道行營長官，負責指揮各路部隊對宋作戰。南征失敗後取消，故本書《百官志》不載。

世宗即位，以手詔賜合喜曰："岐國失道，[1]殺其母后，横虐兄弟，流毒兆庶。朕惟太祖創業之艱難，勉膺大位。卿之子弟皆自軍中來歸，卿國家舊臣，豈不知天道人事？卿軍不多，未宜深入，當領軍屯境上。陕右重地，非卿無能措畫者。俟兵革既定，即當召卿，宜自勉之。"大定二年，復爲陕西路統軍使。未幾，改元帥右都監。表陳伐宋方略，詔許以便宜從事。轉左都監。破宋兵于華州。[2]

[1]岐國：指海陵，即位前曾被封爲岐國王。

[2]華州：治所在今陕西省華縣。

是時，宋吴璘侵古鎮，[1]分據散關、和尚原、神叉口、玉女潭、大蟲嶺、石壁寨、寶鷄縣，[2]兵十餘萬，陷河州、鎮戎軍。[3]合喜乞濟師，詔以河南兵萬人益之。合喜遣丹州刺史赤盞胡速魯改以兵四千守德順，[4]吴璘以二十萬人圍之。統軍都監石抹迭勒將兵萬人，[5]破宋兵于河州，還過德順，駐兵平凉，求益兵于合喜，以解德順之圍。合喜遣萬户完顔習尼列、大良順，[6]寧州刺史顔盞門都，各將本部兵，合二萬人，以順義軍節度使烏延蒲离黑統押之，[7]與迭勒會。吴璘聞之，使偏將將兵五千人來迎，前鋒特里失烏也、奚王和尚擊敗之，[8]追至德順城南小溪邊，璘自將大軍蔽岡阜而出，烏也等馳擊之，迭勒、蒲离黑繼至，併力戰，日已暮，兩軍不相辨，乃解。已而，璘報云："宋主遣使至，兩國講和，請各罷兵。"璘遂遁去。蒲离黑亦引軍還。自宋兵圍城，至是凡四十餘日乃解。

[1]吴璘：宋將名。字唐卿。好騎射，積功至閤門宣贊舍人。紹興初，與兄玠在和尚原、仙人關合力擊敗金軍進犯，遷秦鳳路經略安撫使、知秦州。玠卒後之次年，節制陝西諸軍，敗金軍於扶風，使之不敢度隴。次年，收復秦州。紹興末爲四川宣撫使，完顔亮敗盟南侵，他督師轉戰漢中，收復秦鳳、熙河、永興三路所轄十六州軍，軍勢大振。因朝廷主和，受詔班師，新復州軍旋被金人所取。守蜀二十餘年，威名僅次於玠，封新安郡王。　古鎮：地名。所在地不詳。

[2]散關：唐以後稱大散關，在今陝西省寶鷄市西南大散嶺上。地當秦嶺南北交通孔道，歷代爲兵家必争之地。宋金以此分界。和尚原：地名。在今陝西省寶鷄市西南。　神叉口：地名。當在今陝西省寶鷄市附近。　玉女潭：地名。在今陝西省寶鷄市西南。

大蟲嶺：地名。一名西平原，在今陝西省寶鷄市東北。　石壁寨：地名。當在今陝西省寶鷄市附近。　寶鷄縣：治所在今陝西省寶鷄市。

[3]鎮戎軍：軍名。治所在今寧夏回族自治區固原市。

[4]丹州刺史：刺史州長官。正五品。丹州治所在今陝西省宜川縣。　赤盞胡速魯改：事迹另見於本書卷六、六五。　德順：州名。治所在今寧夏回族自治區隆德縣。

[5]統軍都監：統軍司屬官。　石抹迭勒：女真人。事迹另見於本書卷六五。

[6]完顏習尼列：女真人。事迹另見於本書卷六五、八六。　大良順：渤海人。事迹另見於本書卷八二。　寧州刺史：刺史州長官。正五品。寧州治所在今甘肅省寧縣。　顏盞門都：女真人。本書卷八二有傳。

[7]順義軍節度使：節度州長官。從三品。順義軍設在朔州，治所在今山西省朔州市。　烏延蒲里黑：女真人。一作烏延蒲离黑，本書卷八六有傳。

[8]特里失烏也：事迹另見於本書卷六五。　奚王和尚：本書僅見於本卷。

初，德順在圍中，押軍猛安温敦蒲里海身先士卒，[1]力戰未嘗少挫，及救兵至，圍解，蒲里海之功爲多。頃之，吴璘復來犯陝西州郡，兵十餘萬。詔以兵七千益合喜兵，號二萬人，慶陽尹烏延蒲轄奴、延安尹高景山分領之。[2]彰化軍節度使璋、通遠軍節度使烏延吾里補、寧州刺史移剌高山奴、京兆少尹宗室泥河、恩州刺史完顏謀良虎，[3]皆備軍前任使。宋人驅率商、虢及華山、南山之民五萬人，[4]來圍華州。押軍萬户裴滿揆刺欲堅壁守之,[5]猛安移剌沙里剌曰:[6]"宋兵雖多,半是居民,不習戰,不如擊之。"於是挼剌以騎兵千人敗宋前鋒,追至其大軍,亦敗之,[7]斬首五千餘級。已而,璋敗宋姚良輔軍于原州,[8]宋戍軍自寶鷄以西,至于大蟲嶺,皆自散關遁去。

[1]温敦蒲里海:女真人。本書僅此一見。

[2]慶陽尹:府長官,即府尹。正三品。慶陽即慶陽府,治所在今甘肅省慶陽市。 烏延蒲轄奴:女真人。本書卷八六有傳。 高景山:海陵時曾以簽書樞密院事出使南宋。後統軍征宋,爲都統。

[3]彰化軍節度使:節度州長官。從三品。彰化軍設在涇州,治所在今甘肅省涇川縣西北。 璋:女真人。本書卷六五有傳。 通遠軍節度使:節度州長官。從三品。通遠軍設在鞏州,治所在今甘肅省隴西縣。 烏延吾里補:女真人。本書卷八二有傳。 移剌高山奴:事迹另見於本書卷七〇。 京兆少尹:府屬官。爲府尹之佐,正五品。京兆府治所在今陝西省西安市。 泥河:女真人。事迹另見於本書卷六五。 恩州刺史:刺史州長官。正五品。恩州,北宋慶曆八年(1048)改貝州置,治所在今河北省清河縣西。金移治山東省武城縣東北舊城。 完顔謀良虎:女真人。本書僅此一見。

[4]商:州名。治所在今陝西省商州市。 虢:州名。治所在今河南省靈寶市。 華山:一作太華山,號西嶽,在今陝西省華陰市境。 南山:一名終南山、中南山,即今陝西秦嶺山脉。

[5]裴滿挼剌:本書卷六作裴滿按剌。

[6]移剌沙里剌:事迹另見於本書卷六。

[7]亦敗之:原脱"之"字,據中華點校本補。

[8]姚良輔:宋將名。事迹另見於本書卷六五、一〇七。 原

州：治所在今甘肅省鎮原縣。

頃之，吴璘聞赤盞胡速魯改、烏延蒲里黑軍已去德順，[1]率兵號二十萬，復據德順，陷鞏州、臨洮府。臨洮少尹紇石烈騷洽死之，[2]詔贈官一階，賜錢五百貫。合喜以璋權都統，[3]習尼列權副統，[4]將兵二萬攻之。連戰，宋兵雖敗，璘恃其衆，不肯去，分其兵之半守秦州。合喜乃自行，駐水洛城，[5]東自六盤山，[6]西抵石山頭，[7]分兵守之，當德順、秦州之兩間，斷其餉道，璘乃引去。

[1]赤盞胡速魯改：原脱“胡”字，據中華點校本補。

[2]紇石烈騷洽：女真人。本書僅此一見。

[3]權都統：唐以來代理攝守之官稱“權”。據本書卷六五《完顔璋傳》，“璋兼陝西路都統”，則此時完顔璋應是代理陝西路都統，後來實授。陝西路都統，爲陝西路都統司長官，始設於金大定三年（1163）五月，罷於大定五年七月。應爲三品官。

[4]權副統：此時習尼列當是代理陝西路副都統。陝西路副都統，爲陝西路都統之佐。

[5]水洛城：即今甘肅省莊浪縣。金升爲水洛縣。

[6]六盤山：在今寧夏回族自治區固原縣西南。

[7]石山頭：據本傳應在六盤山西，待考。

都統璋、副統習尼列邀擊宋經略使荆臯，[1]自上八節至甘谷城，[2]殺數千人。習尼列擒宋將朱永以下將校十二人。[3]宋張安撫守德順，[4]亦棄城遁，胡速魯改邀擊之，[5]所殺過半，擒將校十餘人，遂復德順州。宋之守秦州者，亦自退。高景山定商、虢，宗室泥河取環州。[6]於是，臨洮、鞏、秦、河、隴、蘭、會、原、洮、積石、鎮戎、德順、商、虢、環、華等州府一十六，[7]盡復之，陝西平。詔書獎諭，賜以玉帶。

[1]經略使：宋官名。爲經略使司長官，不常置。北宋咸平五年（1002），始以右僕射張齊賢爲經略使，節度環慶、涇原路及永興軍駐泊兵馬。後經略使漸成陝西、河東、廣南等路長官，總一路兵民之政，且往往以經略安撫使爲名，由各路帥府之知州、知府兼任，並兼馬步軍都總管。　荆皋：宋將名。事迹另見於本書卷六五、九一。

[2]上八節：地名。所在地不詳。　甘谷城：北宋熙寧元年（1068）置，在今甘肅省通渭縣西南，金升爲縣。

[3]朱永：宋將名。本書僅此一見。

[4]張安撫：安撫即安撫使，宋官名。初爲諸路災傷及用兵的特遣專使，北宋咸平三年（1000）始特置西川與峽路安撫使。後漸成爲各路負責軍務治安的長官，以知州、知府兼。此處張安撫未詳何名。

[5]胡速魯改：原脱“胡”字，據中華點校本補。

[6]環州：治所在今甘肅省環縣。

[7]蘭：州名。治所在今甘肅省蘭州市。　會：州名。治所在今甘肅省會寧縣境内。　積石：州名。治所在今青海省循化撒拉族自治縣。

詔陝西將士，猛安，階昭毅以下遷兩資，[1]昭武以上遷一資。[2]謀克，階六品以下遷兩資，五品以上遷一資。押軍猛安，階昭武以上者遷一資，昭毅以下、武義以上遷兩資，[3]昭信以下，[4]女直人遷宣武，[5]餘人遷奉信，[6]無官者，女直人授敦信，[7]餘人授忠武。[8]押軍謀克，武功以下、忠顯以上遷兩資，[9]忠勇以下，[10]女直人遷昭信，餘人遷忠顯，無官者，女直人授忠顯，餘人授忠翊。[11]正軍，有官者遷一資，無官者授兩資。猛安賞銀五十兩、重綵五端、絹十匹，權、正同之。正軍人給錢三十貫，阿里喜十貫。戰没軍官、軍士、長行，贈官賜錢有差。

[1]昭毅：即昭毅大將軍，武散官。爲正四品中階。

[2]昭武：即昭武大將軍，武散官。爲正四品上階。

[3]武義：即武義將軍，武散官。爲從六品上階。

[4]昭信：即昭信校尉，武散官。爲正七品下階。

[5]宣武：即宣武將軍，武散官。爲從五品下階。

[6]奉信：即奉信校尉，武散官。正七品。本書《百官志》失載（李鳴飛《金元散官制度研究》，蘭州大學出版社 2014 年版，第 27、29 頁）。

[7]敦信：即敦信校尉，武散官。正七品。本書《百官志》失載（李鳴飛《金元散官制度研究》，第 27、29 頁）。

[8]忠武：即忠武校尉，武散官。爲從七品上階。

[9]武功：即武功將軍，武散官名。正六品。另見於本書卷八一、八二、九一、一二〇，皆用於封贈功臣之子。本書《百官志》失載（李鳴飛《金元散官制度研究》，第 27、29 頁）。　忠顯：即忠顯校尉。武散官。爲從七品下階。

[10]忠勇：即忠勇校尉，武散官。爲正八品上階。

[11]忠翊：即忠翊校尉，武散官。爲正八品下階。

五年，置陝西路統軍使，兼京兆尹。[1]元帥府移治河中府。統軍使璋朝辭，上曰："合喜年老，以陝西軍事委卿，凡鎮防利害，可訪問合喜也。"七年，入爲樞密副使，[2]改東京留守，[3]賜以衣帶、佩刀，詔曰："卿年老，以此職優佚，宜勉之。"九年，入爲平章政事，奏睿宗收復陝西功數事，上嘉納之，藏之祕府。封定國公。

[1]置陝西路統軍使兼京兆尹：據本書卷六《世宗紀上》，大定三年（1163）"罷河南、山東、陝西統軍司，置都統、副統"，大定五年"罷陝西都統府，復置統軍司於京兆，徙元帥府河中"。此次是在罷兩年之後復置陝西路統軍司，並以統軍使兼任京兆尹。

[2]樞密副使：本書卷六《世宗紀上》，大定七年（1167）正月"庚申，以元帥左監軍徒單合喜爲樞密副使"，本書中徒單合喜稱左監軍僅見於此處，他處皆稱左都監或統軍。其何時爲左監軍不詳。

[3]東京留守：東京留守司長官。正三品。

十一年，[1]薨。上方擊毬，聞訃遂罷。有司致祭，備禮以葬。賻銀一千二百五十兩及重綵幣帛。二十一年，上念其功，遷其孫三合武功將軍，[2]授世襲本猛安曷懶若窟申謀克。[3]泰和元年，配享世宗廟廷。

[1]十一年：原作"十年"，據中華點校本改。

[2]三合：女真人。本書僅此一見。

[3]曷懶若窟申謀克：謀克名。當在蘇素海水附近。

贊曰：大定之初，兵連於江、淮，難作於契丹，謀衍挾功，窩斡横噬，有弗戢之畏焉。世宗獨斷，召還謀衍，僕散忠義受任責成矣。故曰："兵主於將，將賢則士勇。"其此之謂邪！紇石烈志寧有言："受詔征伐，則不敢辭，爲宰相則誠不能。"如知爲相之難，固所謂賢也。秦、隴之兵，殆哉岌岌乎，徒單合喜料敵應變若此之審，亦難矣哉！

金史　卷八八

列傳第二十六

紇石烈良弼　完顔守道　本名習尼列[1]　石琚　唐括安禮　移剌道　本名趙三　子光祖

[1]尼：原作“宜”，與以下傳文異。據殿本改。

紇石烈良弼，本名婁室，回怕川人也。[1]曾祖忽懶。[2]祖忒不魯。[3]父太宇，[4]世襲蒲輦，[5]徙宣寧。[6]

[1]回怕川：亦作“晦發川”。今輝發河。
[2]忽懶：本書僅此一見。
[3]忒不魯：本書僅此一見。
[4]太宇：本書僅此一見。
[5]蒲輦：一譯作蒲里衍。女真軍事編制的官職稱，爲謀克的副職。一謀克轄兩蒲輦，一蒲輦轄正軍（即甲軍）五十名。
[6]宣寧：地名。在今内蒙古自治區凉城縣東北之岱海。

天會中，[1]選諸路女直字學生送京師，良弼與納合椿年皆童丱，[2]俱在選中。是時，希尹爲丞相，[3]以事如外郡，良弼遇之途中，望見之，嘆曰：“吾輩學丞相文字，千里來京師，固當一見。”乃入傳舍求見，拜於堂下。希尹問曰：“此何兒也?”良弼自贊曰：“有司所薦學丞相文字者也。”希尹大喜，問所學，良弼應對無懼色。希尹曰：“此子他日必爲國之令器。”留之數日。

[1]天會：金太宗年號，金熙宗初年沿用不改（1123—1137）。據本書卷八三《納合椿年傳》，“選諸學生送京師，俾上京教授耶魯教之，椿年在選中”。又卷三《太宗紀》，天會三年（1125）十月“召耶魯赴上京教授女真字”，則此事當在天會三年。

[2]納合椿年：女真人。本名烏野。本書卷八三有傳。　丱（guàn）：舊時兒童束發如兩角之狀，代指幼年。

[3]希尹：女真人。即完顏希尹，本名谷神。本書卷七三有傳。　丞相：本書卷三《太宗紀》，完顏希尹於天會三年（1125）十月由先鋒經略使升爲元帥右監軍。又卷四《熙宗紀》天會十三年十一月“以元帥左監軍希尹爲尚書左丞相兼侍中”，則希尹爲相在十年之後，此時官職爲元帥右監軍。

年十四，爲北京教授，[1]學徒常二百人，時人爲之語曰：“前有谷神，後有婁室。”其從學者，後皆成名。年十七，補尚書省令史。[2]簿書過目，輒得其隱奧。雖大文牒，口占立成，詞理皆到。時學希尹之業者稱爲第一。除吏部主事。[3]

[1]北京教授：金初設女真大字之後，於各地置教授以推廣普及。據本書卷八三《納合椿年傳》，“初置女真字，立學官於西京”，“久之，選諸學生送京師，俾上京教授耶魯教之”。此事卷三《太宗紀》繫於天會三年（1125）十月。則各地教學負責人稱教授應不

晚於天會三年。本書卷五七《百官志三》"女直教授"條下所列路名無西京，與《納合椿年傳》異，參卷五一《選舉志》可知，《百官志》所記爲大定四年（1164）以後之事，與此不同。據本卷下文，紇石烈良弼任此職三年以後"補尚書省令史"，知此爲無品級小官。北京，京路名。遼時爲中京，金初因之，至海陵貞元元年（1153）改爲北京。治所在今内蒙古自治區寧城縣大明城。

[2]尚書省令史：尚書省下屬無品級小官，爲尚書省左、右司辦事員。掌文書案牘之事。定員七十人，女真、漢人各半。

[3]吏部主事：尚書吏部屬官。掌知管差除、校勘行止，分掌封勛資考之事，唯選事則通署，及掌受事付事、檢勾稽失省署文牘，兼知本部宿直、檢校架閣。從七品。

天德初，[1]累官吏部郎中，[2]改右司郎中，[3]借祕書少監爲宋主歲元使。[4]是時，納合椿年爲參知政事，[5]薦良弼才出己右，用是爲刑部尚書，[6]賜今名。丁父憂，以本官起復。海陵嘗曰：[7]"左丞相張浩練達事務，[8]而頗不實。刑部尚書婁室言行端正，無所阿諂。"因謂椿年曰："卿可謂舉能矣。常人多嫉勝己者，卿舉勝於己者，賢於人遠矣。"改侍衛親軍馬步軍都指揮使。[9]良弼音吐清亮，海陵詔諭臣下，必令良弼傳旨，聞者莫不聳動，以故常被召問。不踰年，拜參知政事，進尚書右丞，[10]賜佩刀入宫，轉左丞。[11]

[1]天德：金海陵王年號（1149—1153）。

[2]吏部郎中：尚書吏部屬官。協助吏部尚書掌文武選授、勳封、考課、出給制誥等政事。從五品。

[3]右司郎中：尚書省屬官。掌本司奏事，總察兵、刑、工三

部受事付事，兼帶修起居注。正五品。

［4］借祕書少監：秘書少監，官名，爲秘書監屬官。正五品。此爲借官。據本書卷六〇《交聘表中》，貞元元年（1153）十一月，“以户部尚書蔡松年、右司郎中婁室爲賀宋正旦使”，時間與此不同。

［5］參知政事：爲執政官，宰相之貳，佐治省事。從二品。

［6］刑部尚書：尚書刑部長官。掌律令、刑名、監户、官户、配隸、功賞、捕亡等事。按本書卷八三《納合椿年傳》作“椿年薦大理丞紇石烈婁室。海陵以婁室爲右司員外郎”，所記與此處不同。

［7］海陵：封號。即完顔迪古迺，漢名亮。1149 年至 1161 年在位。

［8］左丞相：爲宰相，掌丞天子，平章萬機。從一品。　張浩：渤海人。本書卷八三有傳。

［9］侍衛親軍馬步軍都指揮使：侍衛親軍司的負責人，亦省稱爲侍衛親軍都指揮使，例由殿前都點檢兼任。掌行從宿衛，關防門禁。正三品。始設於何時不詳。本書卷四四《兵志》稱：“貞元遷都，更以太祖、遼王宗幹、秦王宗翰之軍爲合扎猛安，謂之侍衛親軍，故立侍衛親軍司以統之。”本書《熙宗紀》皇統八年（1148）七月已見“侍衛親軍都指揮使阿魯帶”，可證《兵志》之誤。正隆五年（1160）罷侍衛親軍司後并入殿前都點檢司。據此紇石烈良弼自刑部尚書（正三品）爲此官，《熙宗紀》載阿魯帶自此官爲御史大夫（正三品），可知此官當爲正三品。

［10］尚書右丞：爲執政官，宰相之貳，佐治省事。正二品。

［11］左丞：即尚書左丞。爲執政官，宰相之貳，佐治省事。正二品。

海陵伐宋，良弼諫不聽，以爲右領軍大都督。[1]海陵在淮南，[2]詔良弼與監軍徒單貞撫定上京、遼右。[3]既而，諸軍往往道亡北歸，而世宗即位于遼陽，[4]良弼乃還汴京。[5]

[1]右領軍大都督：海陵南征時所設的臨時性軍事機構左、右領軍都督府長官。負責統領三十二總管的部隊對宋作戰。南征失敗後取消，故本書《百官志》不載。

[2]淮南：宋路名。宋有淮南東路與淮南西路，海陵所在部隊向揚州進軍，此當指淮南東路。

[3]監軍：據本書卷五《海陵紀》，徒單貞爲海陵伐宋時所置大都督府的左監軍。 徒單貞：女真人。本名特思，一作特厮。本書卷一三二有傳。 上京：京路名。治所在今黑龍江省阿城市白城。 遼右：即遼東。金時以遼右、遼東代指東京路。

[4]世宗：廟號。本名烏禄，漢名雍。1161 年至 1189 年在位。 遼陽：府名。治所在今遼寧省遼陽市。

[5]汴京：京路名。即北宋都城汴梁。金初爲汴京，貞元元年（1153）更號南京。治所在今河南省開封市。此處應稱南京。

海陵死，世宗就以良弼爲南京留守兼開封尹，[1]再兼河南都統，[2]召拜尚書右丞。[3]世宗謂良弼曰："卿嘗諫正隆伐宋，[4]不用卿言，以至廢殞。當時懷禄偷安之人，朕皆黜之矣。今復用卿，凡於國家之事當盡言，無復顧忌也。"良弼頓首謝。

[1]南京留守：南京留守司長官，例兼本府府尹、本路兵馬都總管。正三品。南京路治所在今河南省開封市。 開封尹：府長官，即府尹。掌宣風導俗，肅清所部，總判府事。正三品。開封府

治所在今河南省開封市。

[2]河南都統：河南都統府長官。正隆末至大定初，一度於數路設都統府，是爲在對宋與契丹人的戰爭中統一調動各路府部隊而設的一種軍事機構，隸屬於元帥府。長官爲都統。良弼以南京留守（正三品）兼開封尹（正三品）爲河南都統。本書卷七〇《宗亨傳》，宗亨"授右宣徽使（正三品），未幾，爲北京路兵馬都統"。又卷六五《完顔璋傳》，完顔璋由陝西路都統改"爲西北路招討使"（正三品）。可見，都統應爲正三品銜。本書卷六《世宗紀上》將河南都統之設繫於大定三年（1163），據此可知其誤。

[3]尚書右丞：紇石烈良弼在海陵時已官至尚書右丞（正二品），世宗繼位初其官爲南京留守（正三品）兼開封尹（正三品），實際爲降官。這是他第二次官至尚書右丞。本書卷九七《劉玩傳》，"琉建議留尚書右丞紇石烈良弼經略淮右"，似其爲右丞在還朝以前，與此異。

[4]正隆：金海陵王年號（1156—1161）。此代指海陵王。

窩斡敗于陷泉，[1]入奚中，詔良弼佩金牌及銀牌四，[2]往北京招撫奚、契丹。還，拜尚書左丞。上言："祖宗以來未録功賞者，臣考按得凡三十二人，宜差第封賞。"詔曰："已有五品以上官者，聞奏。六品以下及無官者，尚書省約量遷除。"[3]自是功勞畢賞矣。進拜平章政事，[4]封宗國公。[5]

[1]窩斡：契丹人。本書卷一三三有傳。　陷泉：地名。一説在今内蒙古自治區巴林左旗境内，一説在今内蒙古自治區喀喇沁旗西南。

[2]金牌及銀牌：金代牌符。金太祖時始制金牌、銀牌、木牌，分賜給萬户、猛安、謀克等官佩帶，以爲符信。其中以金牌最爲

高貴。

[3]尚書省：官署名。爲金最高行政機構，下屬機構有左、右司及吏、户、禮、兵、刑、工六部。長官爲尚書令，正一品。

[4]平章政事：爲宰相，掌丞天子，平章萬機。從一品。

[5]宗國公：封爵名。大定格，爲小國封號第十六。

初，山東兩路猛安謀克與百姓雜居，[1]詔良弼度宜易置，使與百姓異聚，與民田互相犬牙者，皆以官田對易之，自是無復争訴。

[1]山東兩路：指山東東路與山東西路。山東東路治所在今山東省青州市，山東西路治所在今山東省東平縣。　猛安謀克：金朝女真等北方民族的社會基層組織，三百户爲謀克，十謀克爲猛安，具有政治、軍事、生産多種職能，有金一代未曾改變。猛安謀克官員平時爲行政長官，督促生産，徵收賦税，審理部内民事訴訟，訓練武藝。戰時，猛安謀克户壯者爲兵，由猛安謀克長官率領征戰，戰争結束後，返回原居地。猛安謀克官員實行世襲制，不論任命還是襲職都由皇帝親自決定。熙宗以後，以猛安比防禦使，謀克比縣令。在内地者，受府、節度使統轄，在邊地者，受招討司統轄。

六年十一月，[1]皇太子生日，上置酒于東宫，良弼、志寧同賜酒。[2]上曰："邊境無事，中外晏然，將相之力也。"良弼奏曰："臣等不才，備位宰相，[3]敢不竭犬馬之力。"上悦。進拜右丞相，[4]監修國史。[5]世宗謂良弼曰："海陵時，記注皆不完。人君善惡，爲萬世勸戒，記注遺逸，後世何觀？其令史官旁求書之。"又曰："五從以上宗室在省祗候者，才有可用，具名聞奏。其猥冗不足莅官者，亦聞奏罷去。”

[1]六年十一月：中華點校本認爲，六年上脱“大定”二字。另據本書卷八七《紇石烈志寧傳》，大定“七年十一月八日，皇太子生日，宴群臣於東宫，志寧奉觴上壽”，繫年與此異。

[2]志寧：女真人。即紇石烈志寧，本名撒曷輦。本書卷八七有傳。

[3]宰相：金於尚書省下設尚書令一員、左右丞相各一員、平章政事二員，爲宰相。

[4]右丞相：爲宰相，掌丞天子，平章萬機。從一品。

[5]監修國史：國史院長官。掌監修國史事。

左丞完顔守道奏：[1]“近都兩猛安，父子兄弟往往析居，其所得之地不能贍，日益困乏。”上以問宰臣，良弼對曰：“必欲父兄聚居，宜以所分之地與土民相换易。雖暫擾，然經久甚便。”右丞石琚曰：“百姓各安其業，不若依舊便。”上竟從良弼議。《太宗實録》成，賜良弼金帶、重綵二十端，同修國史張景仁、曹望之、劉仲淵以下賜有差。[2]

[1]完顔守道：女真人。完顔希尹之孫，本名習尼列。本卷有傳。

[2]同修國史：國史院屬官。掌修國史。　張景仁：字壽甫。本書卷八四有傳。　曹望之：字景蕭。本書卷九二有傳。　劉仲淵：大定初爲刑部侍郎，大定五年（1165）以禮部侍郎使宋。曾爲同修國史，參加《太宗實録》的編寫。大定八年以罪降爲石州刺史。

世宗與侍臣論古今爲臣孰賢不肖，因謂宰相曰："皇統、正隆多殺臣僚，[1]往往死非其罪。朕委卿等以大政，毋違道以自陷，毋曲從以誤朕。惟忠惟孝，匡救輔益，期致太平。"良弼對曰："臣等過蒙嘉惠，雖譾薄，[2]敢不盡心。聖諭諄諄，臣等不勝萬幸。"

[1]皇統：金熙宗年號（1141—1149）。此代指金熙宗。

[2]譾（jiǎn）：膚淺。

良弼請於榷場市馬，[1]毋拘牝牡。"今官馬甚少，一旦邊境有警，乃調於民，不亦晚乎？"上從之。八年，選侍衛親軍，世宗聞其中多不能弓矢，詔使習射。頃之，問良弼及平章政事思敬曰：[2]"女直人習射尚未行耶？"良弼對曰："已行之矣。"

[1]榷場：金在邊境重要州縣設置的對外貿易市場。與南宋、西夏、高麗、蒙古進行商品交换，兼有政治意義。北邊榷場東勝、净、慶三州成爲羈縻與鎮壓蒙古的基地，而南邊榷場在與宋的貿易中獲利極大。

[2]思敬：女真人。即完顏思敬，本名撒改，舊名思恭，因避諱改。本書卷七〇有傳。

同知清州防禦事常德暉上書言：[1]"吏部格法，[2]止叙年勞，雖有材能，拘滯下位。刺史、縣令，[3]多不得人。乞密加訪察，然後廉問。今酒税使尚選能吏，[4]縣令可不擇人才？乞以能吏當任酒税使者，任親民之職。"

上是其言，謂宰相曰："朕思庶職多不得人，中夜而寤，或達旦不能寐。卿等注意選擇，朕亦密加體察。"良弼對曰："女直、契丹人，須是曾習漢人文字，然後可。方今大率多爲黨與，或稱譽於此，或見毁於彼，所以難也。"上曰："朕所以密令體察也。"上謂良弼曰："猛安謀克牛頭税粟，[5]本以備凶年，凡水旱乏粮處就賑給之。"進拜左丞相，監修國史如故。

[1]同知清州防禦事：爲防禦使佐貳，負責協助防禦使處理本州政務。正六品。清州治所在今河北省青縣。　常德暉：事迹另見於本書卷五四。另，本書卷五四《選舉志四》作"清州防禦使常德輝"，與此異。

[2]吏部：官署名。尚書省下屬機構之一。其長官爲吏部尚書，正三品。

[3]刺史：刺史州長官。掌宣風導俗，肅清所部，總理一州政務。正五品。　縣令：縣長官。掌養百姓，按察所部，宣導風化，勸課農桑，平理獄訟，捕除盗賊，禁止游惰，兼管常平倉及通檢推排簿籍，總判縣事。赤縣爲從六品；次赤縣，又稱劇縣，爲正七品；其他爲從七品。

[4]酒税使：酒使司長官。掌監知人户醸酒，征酒税以佐國用。從六品。

[5]牛頭税：即牛具税。金代女真賦税名目。其制，每一耒牛三頭爲一具，依牛具多少受田輸粟。太宗天會三年（1125），每一牛具賦粟一石。次年（一説在五年），内地諸路每具賦粟五斗。世宗大定二十一年（1181），令各輸三斗。

良弼爲相既久，練達朝政，上所詢訪，盡誠開奏，垂紳正笏，不動聲氣，議政多稱上意。以母憂去，起復舊職。

是時，夏國王李仁孝乞分國之半，[1]以封其臣任得敬。[2]上以問群臣，群臣多言此外國事，從之可也。上曰："此非是仁孝本心，不可從。"良弼議與上意合。既而，夏國果誅任得敬，上表來謝。參知政事宗叙請置沿邊壕塹，[3]良弼曰："敵國果來伐，此豈可禦哉？"上曰："卿言是也。"高麗國王王晛表讓國於其弟晧，[4]上疑之，以問宰相良弼。良弼策以爲讓國非王晛本心。其後趙位寵求以四十州來附，[5]其表果言王晧弑其兄晛，如良弼策，語在《高麗傳》中。

[1]夏：指西夏（1038—1227）。　李仁孝：即西夏仁宗。爲西夏崇宗長子，十六歲即位，改元大慶，依附於金，在位共五十五年。他主政期間是西夏社會經濟、文化發展的繁榮時期。

[2]任得敬：原爲宋西安州通判。西夏崇宗李乾順破西安州時降夏，獻女爲妃，爲静州防禦使。女立爲后，又升静州都統軍。西夏仁宗立，領兵鎮壓夏州統軍契丹人蕭合達之叛，又鎮壓哆訛起義，授翔慶軍都統軍，封西平公。天盛元年（1149），夏仁宗召爲尚書令，次年又進中書令，八年升爲國相，十二年進封爲楚王。出入儀從幾同於皇帝。役民夫十萬築靈州城，自據靈、夏，欲處夏仁宗於瓜、沙，謀裂國自立，事敗被殺。

[3]宗叙：女真人。本名德壽，闍母之子。本書卷七一有傳。

[4]高麗：指王建建立的王氏高麗政權（918—1392）。

[5]趙位寵：高麗權臣名。金大定十五年（1175）曾遣徐度等九十六人奉表，請以慈悲嶺以西四十餘城内屬，金世宗不許。後被高麗國王所殺。

世宗罷采訪官，[1]謂宰臣曰："官吏之善惡，何由知之?"良弼對曰："臣等當爲陛下訪察之。"以進《睿宗實録》，[2]賜通犀帶、重綵二十端。是年，有事南郊，良弼爲大禮使。自收國以來，[3]未嘗講行是禮，歷代典故又多不同，良弼討論損益，各合其宜，人服其能。上與良弼、守道論猛安謀克官多年幼，不習教訓，無長幼之禮。曩時，鄉里老者輒教導之。今鄉里中耆老有能教導者，或謂事不在己而不問，或非其職而人不從。可依漢制置鄉老，選廉潔正直可爲師範者，使教導之。良弼奏曰："聖慮及此，億兆之福也。"他日，上問曰："朕觀前史，有在下位而存心國家、直言爲民者。今無其人，何也?"良弼曰："今豈無其人哉。蓋以直道而行，反被謗毀，禍及其身，是以不爲也。"

[1]采訪官：本書《百官志》不載。不詳。

[2]《睿宗實録》：金朝實録之一。紇石烈良弼監修，卷數不詳，大定十一年（1171）成書。

[3]收國：金太祖年號（1115—1116）。

大定十四年，[1]歲在甲午，大興尹璋爲賀宋正旦使，[2]宋人就館奪其國書，詔梁肅詳問。[3]衆議紛紛，謂凡午年必用兵，上以問良弼，對曰："太祖皇帝以甲午年伐遼，[4]太宗皇帝以丙午年克宋，[5]今兹宋人奪我國書，而適在午年，故有此語，未必然也。"既而，梁肅至宋，宋主起立授受國書，如舊儀。梁肅既還，宋主遣工部尚書張子顔、知閤門事劉宻來祈請，[6]其書曰："言念眇躬，夙承大統。荷上國照臨之惠，尋盟遂閲於十年。修兩朝聘問之勤，繼好靡忘于一日。惟是函書之受，當新賓接之儀。嘗空臆以屢陳，飭行人而再請。仰祈眷顧，俯賜矜從。"上與大臣議，良弼奏曰："宋國免稱臣爲姪，免奉表爲書，恩賜亦已多矣。今又乞免親接國書，是無厭也，必不可從。"平章政事完顔守道、參知政事移剌道與良弼議合。左丞石琚、右丞唐括安禮以爲不從所請，[7]必至于用兵。上謂琚等曰："卿等所言，非也。所請有大於此者，更欲從之乎。"遂從良弼議，答其書，略曰："弗循定分之常，復有授書之請。謂承大統，愈見自尊。奈何以若所爲，尚求其欲。矧曰已行之禮，靡得而更。"其授受禮儀，終不復改。

[1]大定：金世宗年號（1161—1189）。

[2]大興尹：府長官，即府尹。正三品。大興府治所在今北京市。　璋：女真人。完顔璋，本書卷六五有傳。

[3]梁肅：字孟容，本書卷八九有傳。

[4]太祖：廟號。本名阿骨打，漢名旻。1115年至1123年在位。

[5]太宗：廟號。本名吴乞買，漢名晟。1123年至1135年在位。

[6]工部尚書：宋官名。尚書工部長官。掌修築城郭、宫室、道路及修治河渠等事務。　張子顔：宋人。事迹另見於本書卷六一。　知閤門事：宋官名。掌朝會、游幸、宴享贊相禮儀；文武官員自宰相、宗室自親王以下及外國使節與少數民族首領朝見、謝辭，按品秩引導叙班，贊其拜舞並糾失儀之事。主持本司事務。南宋紹興五年(1135)，右武大夫以上皆稱知閤門事兼客省、四方館使，官未至者，稱同知閤門事同兼客省、四方館事。　劉宻(chóng)：宋

人。事迹另見於本書卷六一。

[7]唐括安禮：女真人。本名斡魯古，一作訛魯古。本卷有傳。

上問宰臣：“嘗求外官舉賢能，未聞有舉者，何也？”參政魏子平請，[1]當舉者每任須舉一人，視其當不，以爲賞罰。上曰：“宋制薦舉，其人犯私罪者，舉主雖至宰執，亦坐降罰。人心有恒者鮮，財利怵于前，或喪其所守。宰臣任大責重，豈坐是以爲升黜邪？”良弼曰：“前詔朝官六品以上，外官五品以上，各舉所知。盍申明前詔？”從之。上曰：“朕欲周知官吏善惡，若尋常遣官采訪，恐用非其人。然則，官吏善惡何以知之？”良弼曰：“臣等當爲陛下訪察。”上曰：“然，但勿使名實混淆耳。”

[1]魏子平：字仲均。本書卷八九有傳。

上欲徙窩斡逆黨，分散置之遼東。良弼奏：“此輩已經赦宥，徙之生怨望。”上曰：“此目前利害，朕爲子孫後世慮耳。”良弼曰：“非臣等所及也。”於是，以嘗預亂者徙居烏古里石壘部。[1]

[1]烏古里石壘部：烏古里又譯烏虎里，石壘又譯十壘。女真部落之一。分布在嫩江中游以西雅魯、綽爾兩河流域之地。首領有節度使之職。金於其地設烏古迪烈統軍司，後升爲招討司，又改爲東北路招討司。

上問宰臣曰："堯有九年之水，[1]湯有七年之旱，[2]而民不病饑。今一二歲不登，而人民乏食，何也?"良弼對曰："古者地廣人淳，崇尚節儉，而又惟農是務，故蓄積多，而無饑饉之患也。今地狹民衆，又多棄本逐末，耕之者少，食之者衆，故一遇凶歲而民已病矣。"上深然之，於是命有司懲戒荒縱不務生業者。

[1]堯：五帝之一。見《史記》卷一《五帝本紀》。

[2]湯：商王朝的建立者。見《史記》卷三《殷本紀》。

十七年，以疾辭相位，不許。告滿百日，詔賜告，遣太醫診視，屢使中使問疾。良弼在告既久，省多滯事，[1]上以問宰相、參政，[2]張汝弼對曰：[3]"無之。"上曰："豈曰無之。自今疑事久不能决者，當具以聞。"

[1]省：指尚書省。金朝最高政務機關。

[2]參政：即參知政事。

[3]張汝弼：渤海人。本書卷八三有傳。

十八年，表乞致仕歸田里，上遣使慰諭之曰："卿比以疾在告，朕甚憂之。今聞卿將往西京養疾，[1]彼中風土，非老疾所宜。京師中倦於人事，若就近都佳郡居處，待疾少間，速令朕知之。"良弼奏曰："臣遭遇聖明，濫膺大任，夙夜憂懼，以至成疾。比蒙聖恩，數遣使存問，賜以醫藥，臣之苟活至今，皆陛下之賜也。臣豈敢望到鄉里，便可愈疾。臣去鄉歲久，親識多已亡没，惟老臣獨在，鄉土之戀，誠不能忘。臣竊惟自來人臣受知人主，無逾臣者，臣雖粉骨碎身無以圖報。若使一還鄉社，得見親舊，則死無恨矣。”上問宰相曰：“丞相良弼必欲歸鄉里，朕以世襲猛安封其子符寶曷荅，[2]俾之侍行，何如?”右丞相完顏守道曰：“不若以猛安授良弼，使其子攝事。”上從之。於是授胡論宋葛猛安，[3]給丞相俸傔，良弼乃致仕歸。

[1]西京：京路名。治所在今山西省大同市。

[2]符寶：即符寶郎，殿前都點檢司屬官。舊名牌印祗候，金大定二年（1162）改爲符寶祗候。掌御寶及金、銀牌等。　曷荅：本書僅此一見。

[3]胡論宋葛猛安：猛安名。日本學者三上次男認爲“是由上京路胡論水部民和上京宋葛屯附近的部民合起來組成的”（三上次男《金代女真研究》，黑龍江人民出版社 1984 年版）。張博泉認爲胡論宋葛“指今拉林河支流活龍河及松花江。此猛安當自上京移來”（張博泉《金史論稿》第一卷，吉林文史出版社 1986 年版，第 379 頁）。

上謂宰相曰：“卿等非不盡心，但才力不及良弼，所以惜其去也。”其後，尚書省奏差除，上曰：“丞相良弼擬注差除，未嘗苟與不當得者，而薦舉往往得人。粘割斡特剌、移剌慥、裴滿餘慶，[1]皆其所舉。至于私門請托，絶然無之。”

[1]粘割斡特剌：女真人。一作粘哥斡特剌。本書卷九五有傳。　移剌慥：契丹人。本名移敵列。本書卷八九有傳。　裴滿餘慶：

女真人。吏部郎中，金大定二十九年（1189）以右宣徽使爲賀宋正旦使。

嘗問良弼："每旦暮日色皆赤何也"？良弼曰："旦而色赤應在東，高麗當之。暮而色赤應在西，夏國當之。願陛下修德以應天，則災變自弭矣。"既而，夏國有任德敬之亂，高麗有趙位寵之難，其言皆驗云。

是歲，薨。年六十。上悼惜之，遣太府監移剌慥、同知西京留守王佐爲勑葬祭奠使，[1]賻白金、綵幣加等，喪葬皆從官給。追封金源郡王，[2]命翰林待制移剌履勒銘墓碑，[3]謚誠敏。

[1]太府監：官名。太府監長官。掌出納邦國財用錢穀之事。正四品。　同知西京留守：西京留守司屬官，例兼同知本府尹、本路兵馬都總管。正四品。　王佐：本書共三人名王佐，此人僅此一見。

[2]金源郡王：封爵名。爲封王之郡號第一。

[3]翰林待制：翰林學士院屬官。分掌詞命文字，分判院事，凡應奉文字，銜内帶"同知制誥"。正五品。　移剌履：契丹人。本書卷九五有傳。

良弼性聰敏忠正，善斷决，言論器識出人意表。雖起寒素，致位宰相，朝夕惕惕，盡心於國，謀慮深遠，薦舉人材，常若不及。居家清儉，親舊貧乏者周給之，與人交久而愈敬。居位幾二十年，以成太平之功，號賢相焉。明昌五年，[1]配饗世宗廟廷。

[1]明昌：金章宗年號（1190—1196）。此前原文有“大定十五年圖像衍慶宫謚武定”十三字，施國祁《金史詳校》卷八上認爲是將《紇石烈志寧傳》誤抄於此，此據中華點校本删。

守道，本名習尼列，以祖谷神功，[1]擢應奉翰林文字。[2]皇統九年，同知盧龍軍節度使事，[3]歷獻、祁、濱、薊四州刺史。[4]世宗幸中都，[5]過薊，父老遮道請留再任。平章政事移剌元宜舉以自代，[6]於是遷昭毅大將軍，[7]授左諫議大夫。[8]

[1]谷神：女真人。完顏希尹本名。本書卷七三有傳。

[2]應奉翰林文字：翰林學士院屬官。分掌詞命文字，分判院事。從七品。

[3]同知盧龍軍節度使事：節度州屬官。通判節度使事，兼州事者兼同知管内觀察使。正五品。盧龍軍設在大興府，治所在今北京市。

[4]獻、祁、濱、薊四州刺史：指獻州刺史、祁州刺史、濱州刺史、薊州刺史。皆爲刺史州長官。掌本州政務。正五品。獻州治所在今河北省獻縣，祁州治所在今河北省安國市，濱州治所在今山東省濱州市，薊州治所在今天津市薊縣。按本書卷八九《梁肅傳》，先言“前薊州刺史完顏守道”，後説“守道自濱州刺史召爲諫議大夫”，是任濱州刺史在任薊州刺史之後，此處“濱”字當在“薊”字之下。

[5]中都：京路名。遼時爲燕京，金初因之。海陵貞元元年（1153）遷都於此，改名中都。治所在今北京市。

[6]移剌元宜：契丹人。本姓耶律，因賜姓改姓完顏。本名阿列，一作移特輦。本書卷一三二有傳。

[7]昭毅大將軍：武散官。爲正四品中階。

[8]左諫議大夫：諫院屬官。正四品。

内族晏以恩舊拜左丞相，[1]守道諫曰："陛下初即位，天下略定，邊警未息，方大有爲之時，恐晏非其材。必欲親愛，莫若厚與之禄，俾勿事事。"乃授以太尉，[2]致仕。世宗録扈從將士之勞，欲行賞賚，而帑藏空竭，議貸民財以與之。守道曰："人罹虐政，方喜更生，今仁恩未及，而徵歛遽出，如群望何？寧出宫中所有，無取於民。"遂從其言。契丹叛，遼東猛安謀克在其境者，或附從之，朝議欲徙之内地，守道極陳其不可。右副元帥謀衍將兵討賊，[3]不即擊，守道力言於朝，詔遣僕散忠義、紇石烈志寧往代之，[4]東方以平。

[1]晏：女真人。本名斡論，一作訛論。本書卷七三有傳。

[2]太尉：三公之一。正一品。

[3]右副元帥：元帥府屬官。金太宗天會三年（1125）設都元帥府，掌征討之事。設右副元帥一員，位僅次於都元帥、左副元帥，正二品。　謀衍：女真人。本書卷七二有傳。

[4]僕散忠義：女真人。本名烏者。本書卷八七有傳。　紇石烈志寧：女真人。本名撒曷輦。本書卷八七有傳。

大定二年，宫中十六位火，[1]方事完葺，時已入夏，頗妨民力，守道諫而罷。未幾，改太子詹事，[2]兼右諫議大夫，[3]馳驛規畫山東兩路軍粮，及賑民饑。守道籍大姓户口，限以歲儲，使盡輸其羸入官，復給其直，以是軍民皆足。拜参知政事、兼太子少保，[4]守道懇辭，世宗諭之曰："乃祖勳在王室，朕亦悉卿忠謹，以是擢用，無爲多讓。"時契丹餘黨未附者尚衆，北京、臨潢、泰州民不安，[5]詔守道佩金符往安撫之，給群牧馬千匹，以備軍用。守道招致契丹骨迭聶合等内附，[6]民以寧息。還進尚書左丞，兼太子少師。[7]嘗從獵近郊，有虎傷獵夫，帝欲親射之，守道叩馬極諫而止。俄拜平章政事。十四年，宋人遣使因陳請手接書事，[8]左丞石琚等議從其請，帝意未决，守道等以爲不可許，帝卒從之，詳在《紇石烈良弼傳》中。

[1]宫中十六位：按本書卷二三《五行志》作"神龍殿十六位焚，延及太和、厚德殿"。卷九一作神龍殿凉位。按本書卷二四《地理志上》，中都路注"營建宫室及凉位十六"，又有"瑶池殿位"之名，則"神龍殿十六位"即宫中第十六處凉位。也稱"神龍殿位"或"十六位"。

[2]太子詹事：即詹事院太子詹事。掌總統東宫内外庶務。從三品。

[3]右諫議大夫：諫院屬官。正四品。

[4]太子少保：東宫屬官。宫師府三少之一。正三品。

[5]臨潢：府路名。治所在今内蒙古自治區巴林左旗林東鎮南波羅城。　泰州：路名。治所在今吉林省洮南市東北雙塔鄉城四家子舊城址，一説在今黑龍江省泰來縣塔子城，金承安三年（1198）移治長春縣，即今吉林省前郭爾羅斯蒙古族自治縣西北塔虎村。

[6]骨迭聶合：本書僅此一見。

[7]太子少師：東宫屬官。宫師府三少之一。正三品。

[8]手接書事：施國祁《金史詳校》卷八上認爲，"手"當作"免"。中華點校本認爲，"手接"即"親接"，上脱"免"字，

"書"上脱"國"字。

既而，遷右丞相，監修國史，復遷左丞相，授世襲謀克。二十年，修《熙宗實録》成，[1]帝因謂曰："卿祖谷神，行事有未當者，尚不爲隱，見卿直筆也。"尋請避賢路，帝不許。進拜太尉、尚書令，[2]改授尚書左丞相，諭之曰："丞相之位不可虚曠，須用老成人，故復以卿處之，卿宜悉此。"未幾，復乞致仕，帝曰："以卿先朝勳臣之後，特委以三公重任，[3]自秉政以來，効竭忠勤，朕甚嘉之。今引年求退，甚得宰相體，然未得代卿者，以是難從，汝勉之哉。"二十五年，坐擅支東宫諸皇孫食廩，奪官一階。尋改兼太子太師，[4]特録其子珪襲謀克，[5]充符寶祗候。章宗爲原王，[6]詔習騎鞠，守道諫曰："哀制中未可。"[7]帝曰："此習武備耳，自爲之則不可，從朕之命，庸何傷乎？然亦不可數也。"

[1]《熙宗實録》：金實録之一。完顔守道監修，成書於大定二十年（1180）。

[2]尚書令：尚書省長官。總領紀綱，儀刑端揆。正一品。

[3]三公：指太尉、司徒、司空。皆正一品。

[4]太子太師：東宫屬官。宫師府三師之一。正二品。

[5]特録其子珪襲謀克：本書卷七三《宗尹傳》："會太尉守道亦乞令其子神果奴襲其謀克。"此云"其子珪襲謀克"。神果奴與完顔珪爲一人。神果奴爲女真本名，珪爲漢字名。完顔守道有二子，長子珪，次子璋。陳述《金史拾補五種》之《金史氏族表》卷二，認爲其有三子：神果奴、珪、璋，誤。

[6]原王：封爵名。大定格，爲次國封號第十五。

[7]哀制中：據本書卷八《世宗紀下》，章宗父於大定二十五年（1185）六月去世，同年十二月章宗受封爲原王。此事當在大定二十五年十二月以後，章宗仍在爲父服喪期間。

二十六年，懇求致仕，優詔許之，特賜宴於慶春殿，[1]帝手飲以卮酒，錫與甚厚，以其子珪侍行，又賜次子璋進士第。[2]明昌四年卒，年七十四。上聞之震悼，遣其弟點檢司判官蒲帶致祭，[3]賻銀千兩、重綵五十端、絹五百匹。太常議謚曰簡憲，上改曰簡靖，蓋重其能全終始云。

[1]慶春殿：中華點校本認爲，"春"當作"和"。據本書卷二五《地理志中》，慶春殿在汴京之太后苑，非此時所能賜宴之地。金世宗常在慶和殿宴群臣，紀傳多所記載，此當作"慶和殿"是。

[2]璋：女真人。完顏璋。本書共四人名完顏璋，此人僅此一見。

[3]點檢司判官：即殿前都點檢司判官，大定十二年（1172）設。從六品。　蒲帶：本書僅此一見。

石琚，字子美，定州人。[1]沉厚好學。父皋，[2]補郡吏，廉潔自將，稱爲長者。從魯王闍母攻青州，[3]州人堅守不降。闍母怒之，及城破，命皋計州民之數，將使諸軍分掠有之，皋緩其事。闍母讓之，皋曰："大王將爲朝廷撫定郡縣，當使百姓按堵，無或侵苦之。若取城邑而殘其民，則未下者必死守以拒我。皋之稽緩，安敢逃罪。"闍母感悟，乃下令曰："敢有犯州人者，以軍法論。"指其坐謂皋曰："汝之子孫必有居此坐者。"皋隨守定州，唐縣人王八謀爲亂，[4]書其縣人姓名于籍，無慮數千人，其黨持其籍詣州發之，皋主鞫治。是時冬月，皋抱籍上廳事，佯爲頓仆，覆其籍爐火中，盡焚之，不可復得其姓名，止坐爲首者，餘皆得釋。

[1]定州：治所在今河北省定州市。

[2]皋：本書僅見於本卷。

[3]魯王：封爵名。天眷格，爲大國封號第十四。　闍母：女真人。本書卷七一有傳。　青州：治所在今河北省青縣。

[4]唐縣：治所在今河北省唐縣。　王八：本書僅此一見。

琚生七歲，讀書過目即成誦，既長，博通經史，工詞章。天眷二年，[1]中進士第一，再調弘政、邢臺縣令。[2]邢守貪暴，[3]屬縣掊取民財，以奉所欲，琚獨一物無所與。既而守以贓敗，他令佐皆坐累，[4]琚以廉辦，改秀容令。[5]復擢行臺禮部主事，[6]召爲左司都事，[7]累遷吏部郎中。貞元三年，以父喪去官，尋起復爲本部侍郎。[8]

[1]天眷：金熙宗年號（1138—1140）。

[2]弘政：此指弘政縣令。弘政縣治所在今遼寧省義縣。　邢臺縣令：縣官名。邢臺縣治所在今河北省邢臺市。

[3]邢守：指邢州安國軍節度使，爲節度州長官。從三品。邢州治所在今河北省邢臺市。

[4]令佐：指邢州安國軍所屬的其他各縣的縣令與節度使的輔佐各官。

[5]秀容令：縣官名。秀容縣治所在今山西省忻州市。

[6]行臺禮部主事：行臺尚書省禮部屬官。正八品。
[7]右司都事：尚書省右司屬員。定員二人。正七品。
[8]本部侍郎：即吏部侍郎，尚書吏部屬官。正四品。

世宗舊聞其名，大定二年，擢左諫議大夫，侍郎如故。奉命詳定制度，琚上疏六事，大概言正紀綱，明賞罰，近忠直，遠邪佞，省不急之務，罷無名之役。上嘉納之。遷吏部尚書。[1]琚自員外郎至尚書，未嘗去吏部，且十年。典選久，凡宋、齊换授官格，南北通注銓法，能僂指而次第之，當時號爲詳明。

[1]吏部尚書：尚書吏部長官。三品。

頃之，拜參知政事，琚辭讓再三，上曰："卿之材望無不可者，何以辭爲。"右丞蘇保衡監護十六位工役，[1]詔共典其事，給銀牌二十四，許從宜規畫。上謂琚曰："此役不欲煩民，丁匠皆給雇直，毋使貪吏夤緣爲姦利，以興民怨。卿等勉力，稱朕意焉。"徒單合喜定陝西，[2]琚請曲赦秦、隴，[3]以安百姓，上從之。丁母憂，尋起復，進拜尚書右丞。天長觀災，詔有司營繕，有司闢民居以廣大之，費錢三十萬貫。蔚州采地蕈，[4]役數百千人。琚奏之，上曰："自今凡稱御前者，皆稟奏。"琚與孟浩對曰：[5]"聖訓及此，百姓之福也。"是時，議禁網捕狐、兔等野物，累計其獲，或至徒罪，琚奏曰："捕禽獸而罪至徒，恐非陛下意，杖而釋之可也。"上曰："然。"久之，進拜左丞，兼太子少師。上問宰相："古有居下位能憂國爲民直言無忌者，今何以無之？"琚對曰："是豈無之，但未得上達耳。"上曰："宜盡心采擢之。"

[1]蘇保衡：本書卷八九有傳。按本卷《完顏守道傳》，十六位的工役最初因"方事完葺，時已入夏，頗妨民力，守道諫而罷"。本書卷八九《蘇保衡傳》則云"上以方用兵，國用不足，不復營繕"。所言原因不同，但總之第一次修復中止，這是第二次興役。

[2]徒單合喜：女真人。本書卷八七有傳。　陝西：路名。指陝西四路，即京兆路、熙秦路、慶原路和鄜延路。

[3]秦：州名。治所在今甘肅省天水市。　隴：州名。治所在今陝西省千陽縣西北。

[4]蔚州：治所在今山西省蔚縣。　蕈（xùn）：菌類植物。

[5]孟浩：本書卷八九有傳。

世宗將行郊祀，議配享，琚曰："配者，侑神作主也。自外至者無主不止，故推祖考以配天，同尊之也。《孝經》曰：'郊祀后稷以配天。'[1]漢、魏、晋皆以一帝配之。唐高宗始以高祖、太宗崇配。[2]垂拱初，[3]以高祖、太宗、高宗並配。玄宗開元十一年，[4]罷同配之禮，以高祖配。宋太宗時，[5]以宣祖、太祖配。[6]真宗時以太祖、太宗配。[7]仁宗時，[8]有司請以三帝並侑，遂以太祖、太宗、真宗並配。其後禮院議對越天地、神無二主，當以太祖配。此唐、宋變古以三帝配天，終竟依古以一祖配也。將來親郊合依古禮，以一祖配之。"上曰："唐、宋不足爲法，止當奉太祖皇帝配之。"

[1]《孝經》：書名。十三經之一。相傳孔子爲曾子陳述孝道而撰述。全書共十八章，此處語出《孝經》第九《聖治章》，原文爲："昔者周公郊祀后稷以配天，宗祀文王於明堂以配上帝。"

[2]唐高宗：廟號。指唐高宗李治。649 年至 683 年在位。　高祖：廟號。指唐高祖李淵。618 年至 626 年在位。　太宗：廟號。指唐太宗李世民。626 年至 649 年在位。

[3]垂拱：武則天年號（685—688）。

[4]玄宗：廟號。指唐玄宗李隆基，也稱唐明皇。712 年至 756 年在位。　開元：唐玄宗年號（713—741）。

[5]宋太宗：廟號。本名趙光義。976 年至 997 年在位。

[6]宣祖：廟號。宋太祖、太宗之父趙弘殷。　太祖：廟號。指宋太祖趙匡胤。960 年至 976 年在位。

[7]真宗：廟號。指宋真宗趙恒。997 年至 1022 年在位。

[8]仁宗：廟號。指宋仁宗趙禎。1022 年至 1063 年在位。

琚嘗請命太子習政事，或譖之曰："琚希恩東宫。"世宗察其無他，以此言告之。琚對曰："臣本孤生，蒙陛下拔擢，備位執政，[1]兼師保之任。[2]臣愚以爲太子天下之本，當使知民事，遂言及之。"因乞解少師。

[1]執政：金於尚書省下設左右丞各一員、參知政事二員，爲執政官。

[2]師保：指東宫屬官太子少師、太子少保，也可以統稱宫師府三少。此時石琚帶太子少師銜，故有此説法。

十年二月，祭社，[1]有司奏請御署祝版，上問琚曰："當署乎？"琚曰："故事有之。"上曰："祭祀典禮，卿等慎之，無使後世譏誚。熙宗尊謚太祖，[2]宇文虛中定禮儀，[3]以常朝服行事。當時朕雖童稚，猶覺其非。”琚曰：“祭祀，大事也，非故事不敢行。”

[1]社：古指土地神。
[2]熙宗：廟號。本名合剌，漢名亶。1135年至1149年在位。
[3]宇文虛中：本書卷七九與《宋史》卷三七一有傳。

上謂琚曰：“女直人往往徑居要達，不知閭閻疾苦。卿嘗爲丞簿，[1]民間何事不知，凡利害極陳之。”上與宰臣議鑄錢，或以鑄錢工費數倍，欲采金銀坑冶。上曰：“山澤之利可以與民，惟錢幣不當私鑄。若財貨流布四方，與在官何異。”琚進曰：“臣聞天子之富藏於天下，正如泉源欲其流通耳。”上問琚曰：“古亦有百姓鑄錢者乎?”對曰：“使百姓自鑄，則小人圖厚利，錢愈薄惡，古所以禁也。”

[1]丞簿：即縣丞與主簿。爲縣令之佐。皆正九品。此處泛指低級地方官。

時民間往往造作妖言，相爲黨與謀不軌，事覺伏誅。上問宰臣曰：“南方尚多反側，何也?”琚對曰：“南方無賴之徒，假托釋道，以妖幻惑人。愚民無知，遂至犯法。”上曰：“如僧智究是也。[1]此輩不足卹，但軍士討捕，利取民財，害及良民，不若杜之以漸也。”智究，大名府僧，[2]同寺僧苑智義與智究言：[3]“《蓮華經》中載五濁惡世佛出魏地，《心經》有夢想究竟涅槃之語，汝法名智究，正應經文，先師藏瓶和尚知汝有是福分，[4]亦作頌子付汝。”智究信其言，遂謀作亂，歷大名、東平州郡，[5]假托抄化，誘惑愚民，潛結姦黨，議以十一年十二月十七日先取兗州，[6]會徒嶧山，[7]以“應天時”三字爲號，分取東平諸州府。及期嚮夜，使逆党胡智愛等，[8]劫旁近軍寨，掠取甲仗，軍士擊敗之。會傅戩、劉宣亦於陽穀、東平上變。[9]皆伏誅，連坐者四百五十餘人。

[1]智究：本書僅見於本卷。

[2]大名：府名。治所在今河北省大名縣東。

[3]苑智義：本書僅此一見。

[4]藏瓶和尚：本書僅此一見。

[5]東平：府名。治所在今山東省東平縣。

[6]兗州：治所在今山東省兗州市。

[7]嶧山：一名鄒山，在山東省鄒城市東南。

[8]胡智愛：本書僅此一見。

[9]傅戩：本書僅此一見。　劉宣：本書僅此一見。　陽穀：縣名。治所在今山東省陽穀縣。

宗室子或不勝任官事，世宗欲授散官，量與廩祿，以贍足之，以問宰臣曰：“於前代何如？”琚對曰：“堯親九族，[1]周家内睦九族，皆帝王盛事也。”琚之將順多此類。

[1]堯親九族：堯，五帝之一，見《史記》卷一《五帝本紀》。

此句來自《尚書·堯典》:“以親九族。”九族指本身以及向上數的父、祖、曾祖、高祖和向下數的子、孫、曾孫、玄孫。此處泛指宗親。

十三年上表乞致仕,十六年再表乞致仕,皆不許。參知政事唐括安禮忤上意,出爲横海軍節度使,[1]數年不復召。琚對便殿,從容進曰:“唐括安禮忠直,久在外官。”世宗深然之,遂自南京留守召爲尚書右丞。琚嘗舉室紹先以爲右司員外郎,[2]紹先中風暴卒,上甚惜之,謂琚曰:“卿之所舉也。”感歎者再三。

[1]横海軍節度使:節度州長官。從三品。横海軍設在滄州,治所在今河北省滄州市。

[2]室紹先:本書僅此一見。施國祁《金史詳校》卷八上認爲“室上當加宗”,作宗室紹先。但金宗室之漢名明顯有按班輩的固定用字,没有用“紹”字者,施説恐誤。　右司員外郎:尚書省屬官。掌本司奏事,總察兵、刑、工部受事付事,兼帶修起居注。正六品。

十七年,拜平章政事,封莘國公。[1]明年,拜右丞相。修起居注移剌傑上書言:[2]“朝奏屏人議事,史官亦不與聞,無由紀録。”上以問宰相,琚與右丞唐括安禮對曰:[3]“古者史官,天子言動必書,以儆戒人君,庶幾有畏也。周成王翦桐葉爲圭,戲封叔虞,史佚曰:‘天子不可戲言,言則史書之。’[4]以此知人君言動,史官皆得記録,不可避也。”上曰:“朕觀《貞觀政要》,[5]唐太宗與臣下議論,始議如何,後竟如何,此政史臣在側記而書之耳。若恐漏泄幾事，則擇慎密者任之。”朝奏屏人議事，記注官不避自此始。[6]

[1]莘國公：封爵名。大定格，爲小國封號第二十九。

[2]修起居注：記注院屬官。掌記皇帝言行。　移剌傑：後官至翰林修撰。事迹另見於本書卷七、九九。

[3]右丞唐括安禮：按本書卷七《世宗紀中》，大定十八年（1178）正月“庚戌，修起居注移剌傑上書言。……上以問平章政事石琚、左丞唐括安禮”，此處“右丞”疑爲“左丞”之誤。

[4]周成王：本名姬誦。見《史記》卷四《周本紀》。　叔虞：周成王之弟。此段故事見《史記》卷三九《晋世家》。

[5]《貞觀政要》：書名。唐吴兢撰，共四十篇。全書記載唐太宗與魏征、房玄齡、杜如晦等大臣的問答及大臣們所上的諫章。

[6]記注官：指記録皇帝言行的史官，爲記注院屬官。

以年老衰病固辭，上曰：“朕知卿年老，勉爲朕留，俟一二年，朕將思之。”上謂宰臣曰：“朕爲天子，未嘗敢專行獨斷，每事徧問卿等，可行則行之，不可則止也。”琚與平章政事唐括安禮奏曰：“好問則裕，自用則小，陛下行之，天下幸甚。”居一年，復表致仕，乃許。詔以一孫爲閤門祗候。[1]即命駕歸鄉里。

[1]閤門祗候：閤門所屬辦事員。正員二十五人，正大間增至三十二人。

久之，世宗謂宰臣：“知人最爲難事，近來左選多不得人。惟石琚爲相時，往往舉能其官，左丞移剌道、参政粘割斡特剌舉右選，頗得之。朕常以不能偏識人材爲不足。此宰相事也，左右近侍雖常有言，朕未敢輕信。”又曰：“近日刺史、縣令多闕員，當擇幹濟者除之，資級不到庸何傷。”又曰：“惟石琚最爲知人。”

唐括鼎爲定武軍節度使，[1]上謂鼎曰：“久不見石琚，精力比舊何如？汝到官往視之。”顯宗亦思之，[2]因琚生日，寄詩以見意。

[1]唐括鼎：女真人。唐括德温之子，襲西北路没里山猛安，娶金世宗第五女蜀國公主。曾任定武軍節度使，後入爲左宣徽使。定武軍節度使：節度州長官。從三品。定武軍設在定州，治所在今河北省定州市。

[2]顯宗：女真人。完顔允恭本名胡土瓦，金世宗之子。見本書卷一九《世紀補》。

二十二年，以疾薨于家，年七十二。謚文憲。泰和元年，[1]圖像衍慶宫，[2]配享世宗廟庭。

[1]泰和：金章宗年號（1201—1208）。

[2]衍慶宫：宫殿名。在中都皇宫中。爲金之原廟，宫名衍慶，殿名聖武，門名崇聖。大定十六年（1176）有所增建。

唐括安禮，本名斡魯古，字子敬。好學，通經史，工詞章，知爲政大體。貞元中，[1]累官臨海軍節度使，[2]入爲翰林侍讀學士，[3]改濬州防禦使、彰化軍節度使。[4]大定初，遷益都尹，[5]召爲大興尹，上曰：“京師好訛言。府中姦吏爲民患。卿雖年少，有治才，去其宿敝，毋爲因仍。”察廉入第一等，進階榮禄大夫。[6]七年五月，大興府獄空，詔錫宴勞之。凡州郡有獄空者，皆賜錢爲錫宴費，大興府錫宴錢三百貫，其餘有差。久之，拜参知政事，罷爲横海軍節度使，歷河間尹、南京留守。[7]以喪去官，起復尚書右丞。

［1］貞元：金海陵王年號（1153—1156）。

［2］臨海軍節度使：節度州長官。從三品。臨海軍設在錦州，治所在今遼寧省錦州市。

［3］翰林侍讀學士：翰林學士院屬官。掌制撰詞命，凡應奉文字，銜内帶“知制誥”。從三品。

［4］濬州防禦使：防禦州長官。掌防捍不虞，禦制盜賊，總判州事，從四品。濬州治所在今河南省濬縣。　彰化軍節度使：節度州長官。從三品。彰化軍設在涇州，治所在今甘肅省涇川縣。

［5］益都尹：府長官，即府尹。正三品。益都府治所在今山東省青州市。

［6］榮禄大夫：文散官。爲從二品下階。

［7］河間尹：府長官，即府尹。正三品。河間府治所在今河北省河間市。

詔曰：“南路女直户頗有貧者，漢户租佃田土，所得無幾，費用不給，不習騎射，不任軍旅。凡成丁者簽入軍籍，月給錢米，山東路沿邊安置。其議以聞。”浹旬，上問曰：“宰臣議山東猛安貧户如之何？”奏曰：“未也。”乃問安禮曰：“於卿意如何？”對曰：“猛安人與漢户，今皆一家，彼耕此種，皆是國人，即日簽軍，恐妨農作。”上責安禮曰：“朕謂卿有知識，每事專効漢人。若無事之際可務農作，度宋人之意且起爭端，國家有事，農作奚暇？卿習漢字，讀《詩》《書》，姑置此以講本朝之法。前日宰臣皆女直拜，卿獨漢人拜，是邪非邪，所謂一家者，皆一類也，女直、漢人，其實則二。朕即位東京，[1]契丹、漢人皆不往，惟女直人偕來，此可謂一類乎？”又曰：“朕夙夜思念，使太祖皇帝功業不墜，傳及萬世，女直人物力不困。卿等悉之。”因以有益貧窮猛安人數事，詔左司郎中粘割斡特剌使書之，[2]百官集議于尚書省。

[1]東京：京路名。治所在今遼寧省遼陽市。

[2]左司郎中：尚書省屬官。掌本司奏事，總察吏、户、禮三部受事付事，兼帶修起居注。正五品。

十七年，詔遣監察御史完顏覿古速行邊，[1]從行契丹押剌四人，[2]挼剌、招得、雅魯、斡列阿，[3]自邊亡歸大石。[4]上聞之，詔曰：“大石在夏國西北。昔窩斡爲亂，契丹等響應，朕釋其罪，俾復舊業，遣使安輯之，反側之心猶未已。若大石使人間誘，必生邊患。遣使徙之，俾與女直人雜居，男婚女聘，漸化成俗，長久之策也。”於是遣同簽樞密院事紇石烈奥也、吏部郎中裴滿餘慶、翰林修撰移剌傑，[5]徙西北路契丹人嘗預窩斡亂者上京、濟、利等路安置。[6]以兵部郎中移剌子元爲西北路招討都監，[7]詔子元曰：“卿可省諭徙上京、濟州契丹人，彼地土肥饒，可以生殖，與女直人相爲婚姻，亦汝等久安之計也。卿與奥也同催發徙之。仍遣猛安一員以兵護送而東，所經道路勿令與群牧相近，[8]脱或有變，即便討滅。俟其過嶺，卿即還鎮。”上已遣奥也、子元等，謂宰臣曰：“海陵時，契丹人尤被信任，終爲叛亂，群牧使鶴壽、駙馬都尉賽一、昭武大將軍术魯古、金吾衛上將軍蒲都皆被害。[9]賽一等皆功臣之後，在官時未嘗與契丹有怨，彼之野心，亦足見也。”安禮對曰：“聖主溥愛天下，子育萬國，不宜有分别。”上曰：“朕非有分别，但善善惡惡，所以爲治。異時或有邊釁，契丹豈肯與我一心也哉。”

［1］監察御史：御史臺屬官。掌糾察内外非違，刷磨諸司察帳並監祭禮及出使之事。正七品。　完顔覿古速：女真人。大定十六年（1176）以宿直將軍爲夏國生日使。

［2］押剌：本書凡兩見，一爲人名，此云“契丹押剌四人”從行邊，押剌當是遼舊官名，然不見於《遼史》。遼軍有拽剌司邊防偵候、傳報軍情之職，金爲樞密院、招討司的屬官。此押剌疑是拽剌的異寫。

［3］援剌：契丹人。乣椀群牧人，曾参加窩斡領導的契丹人大起義，後與兄、弟一同降金。　招得：本書僅此一見。　雅魯：本書僅此一見。　斡列阿：本書僅此一見。

［4］大石：契丹人。即耶律大石，遼太祖八代孫，西遼建立者。參見《遼史》卷三〇。

［5］同簽樞密院事：樞密院屬官。參掌武備機密之事。正四品。紇石烈奥也：女真人。大定十四年（1174）以殿前左衛將軍兼修起居注爲賀宋正旦使。　翰林修撰：翰林學士院屬官。不限員，分掌詞命文字，分判院事，銜内帶“同知制誥”。從六品。

［6］西北路：指西北路招討司轄區，隸西京路。治所最初設在

撫州，後遷至桓州。撫州治所在今河北省張北縣，一説在今内蒙古自治區興和縣境内。桓州治所初在今内蒙古自治區正藍旗南黑城子，後北遷三十里建新桓州城，在今内蒙古自治區正藍旗北四郎城。　濟：州名。金有二濟州，此濟州治所在今吉林省農安縣。大定二十九年（1189），因與山東路濟州同名，改爲隆州。　利：州名。治所在今遼寧省喀喇沁左翼蒙古族自治縣。按，本書記載不盡一致。本卷《紇石烈良弼傳》，“上欲徙窩斡逆黨，分散置之遼東”，“於是，以嘗預亂者，徙居烏古里石壘部”。卷七三《完顏守能傳》：“大定十九年，爲西北路招討使。是時，詔徙窩斡餘黨于臨潢、泰州。”

［7］兵部郎中：尚書兵部屬官。協助兵部尚書掌兵籍、軍器、城隍、鎮戍、厩牧、鋪驛、車輅、儀仗、郡邑圖志、險阻、障塞、遠方歸化等事。從五品。　移剌子元：契丹人。《宋史》卷三五《孝宗紀三》作耶律子元。大定十六年（1176）以兵部郎中爲高麗生日使，大定二十六年以刑部尚書爲賀宋正旦使。　西北路招討都監：西北路招討司屬官。協助招討司掌招懷降附，征討携離。

［8］群牧：官署名，即群牧所。掌群牧蕃息之事。

［9］群牧使：爲群牧所長官，又名烏魯古使。掌檢校群牧畜養蕃息之事。從四品。　鶴壽：女真人。本書卷一二一有傳。《完顏鶴壽傳》稱，“鄆王昂子，本名吾都不”，另據本書卷六五《完顏昂傳》，“鄆王昂，本名吾都補”。“不”“補”爲同音異譯，疑吾都不即昂本名吾都補，鶴壽本名非吾都不。　駙馬都尉：正四品。　賽一：女真人。即徒單賽一，嘗娶熙宗之妹，正隆末，爲乣椀群牧使，死於與窩斡軍的戰鬥中。子徒單思忠。　昭武大將軍：武散官。爲正四品上階。　术魯古：卷一二一《忠義傳》作完顏术里骨，官至毆里不群牧使。　金吾衛上將軍：武散官。爲正三品中階。　蒲都：本書僅此一見。

他日，上又曰："薦舉，大臣之職。外官五品猶得舉人，宰相無所舉，何也？"安禮對曰："孔子稱才難。賢人君子，世不多有。陛下必欲得人，當廣取士之路，區別器使之，斯得人矣。"上曰："除授格法不倫。奉職皆閥閱子孫，[1]朕所知識，有資考出身月日。親軍不以門第收補，無蔭者不至武義不得出職。[2]但以女直人有超遷官資，故出職反在奉職上。天下一家，獨女直有超遷格，何也？"安禮對曰："祖宗以來立此格，恐難輒改。"

[1]奉職：殿前都點檢司下屬機構近侍局所屬小官。舊名不入寢殿小底，又名外帳小底，大定十年（1170）更爲今名。定員三十人。

[2]武義：即武義將軍。武散官。從六品上階。

轉左丞，與右丞蒲察通同日拜，[1]上謂之曰："朕今年五十有五，若過六十，必倦於政事。宜及朕之康强，凡女直猛安謀克當修舉政事，改定法令。宗族中鮮有及朕之壽者，朕頗習女直舊風，子孫豈能知之，况政事乎。卿等宜悉此意。"上又曰："大理寺事多留滯，[2]宰執不督責之，[3]何也？"安禮對曰："案牘疑難者舊例給限。"上曰："舊例是邪非邪，今不究其事，輒給以限邪？"參政移剌道曰："臣在大理時，未嘗有滯事。"上曰："卿在大理無滯事，爲宰執而不能檢治，何也？"道無以對而退。上問宰臣曰："御史臺官亦與親知往來否？"[4]皆曰："往來殊少。"上曰："臺官當盡絶人事。

諫官、記注官與聞議論，[5]亦不可與人游從。”安禮對曰：“親知之間，恐不可盡絶也。”上曰：“職任如是，何恤人之言。”

[1]蒲察通：女真人。本名蒲魯渾，一作蒲盧渾。本書卷九五有傳。

[2]大理寺：官署名。掌審斷天下奏案，詳核疑獄。長官爲大理卿，正四品。下設大理少卿、大理正、大理丞等官。

[3]宰執：宰相與執政官。

[4]御史臺官：指御史臺屬官。包括御史大夫一員（從二品）、御史中丞一員（從三品）、侍御史二員（從五品）、治書侍御史二員（從六品）、殿中侍御史二員（正七品）、監察御史十二員（正七品）等。

[5]諫官：指諫院屬官。包括左右諫議大夫（正四品）、左右司諫（從五品）、左右補闕（正七品）、左右拾遺（正七品）等。

進拜平章政事，封芮國公，[1]授世襲謀克。上諭安禮，前代史書詳備，今祖宗實録太簡略。對曰：“前代史皆成書，有帝紀、列傳。他日修史時，亦有帝紀、列傳，其詳自見于列傳也。”安禮嘗議科目，言于上曰：“臣觀近日士人不以策論爲意。今若詩賦策論各場考試，文理俱優者爲中選，以時務策觀其器識，庶得人也。”上曰：“卿等議之。”上謂宰臣曰：“賞有功不可緩，緩賞無以勸善。”安禮對曰：“古所謂賞不踰時者，正謂此也。”

[1]芮國公：封爵名。大定格，爲小國封號第三十。

二十一年，拜右丞相，進封申國公，[1]固辭曰："臣備位宰相，無補於國家，夙夜憂懼，惟恐得罪，上負陛下，下負百姓。臣實不敢受丞相位，惟陛下擇賢於臣者用之。"上曰："朕知卿正直，與左丞相習顯無異。[2]且練習政事，無出卿之右者。其毋多讓。"安禮頓首謝。是歲，薨。泰和元年，配享世宗廟廷。

[1]申國公：封爵名。大定格，爲小國封號第六。

[2]習顯：女真人。即徒單克寧，本名習顯。本書卷九二有傳。

移剌道，本名趙三，其先乙室部人也，[1]初徙咸平。[2]爲人寬厚，有大志，以篤孝著名。通女直、契丹、漢字。[3]皇統初，補刑部令史，[4]轉尚書省令史，再遷大理司直。[5]丁母憂，起復，遷户部員外郎。[6]正隆三年，徙臨潢、咸平路、畢沙河等三猛安，[7]屯戍斡盧速。[8]還奏，海陵謂侍臣曰："道骨相異常，他日必登公輔。"明年，遷本部郎中。[9]

[1]乙室部人：契丹遥輦氏八部之一。遥輦氏聯盟建立時，析乙室活部爲乙室、迭剌二部。遼太宗會同二年（939）改乙室部夷離堇爲大王。

[2]咸平：府名。治所在今遼寧省開原市開原老城。

[3]女直字：按本書卷四《熙宗紀》，女真小字雖頒行於天眷元年（1138），實至皇統五年（1145）方始正式使用。此事繫於皇統以前，當指女真大字。

[4]刑部令史：刑部下屬無品級小官，爲刑部辦事人員。掌文

書案牘之事。定員五十一人。

[5]大理司直：大理寺屬官。掌參議疑獄，披詳法狀。正七品。

[6]户部員外郎：尚書户部屬官。協助户部尚書掌户口、錢糧、田土的政令及貢賦出納、金幣轉通、府庫收藏等事。從六品。

[7]畢沙河：河名。不詳。

[8]斡盧速：地名。不詳。

[9]本部郎中：指户部郎中，尚書户部屬官。從五品。

海陵伐宋，爲都督府長史。[1]海陵死，師還，無復紀律，士卒掠淮南，百姓苦之。有男女二百餘人，自願與道爲奴，道受之，至淮，俟諸軍畢濟，乃悉遣還。大定二年，復爲户部郎中，與梁銶安撫山東，[2]招諭盜賊。民或避盜避役者，並令歸業，不問罪名輕重皆原之，軍人不得並緣虜掠。僕散忠義討窩斡，道參謀幕府事。賊平，元帥府以俘獲生口分給官僚，[3]道悉縱遣之。

[1]都督府長史：海陵南征時所設臨時性軍事機構左、右領軍都督府屬官。南征失敗後都督府撤銷，此官亦罷。故本書《百官志》不載。

[2]梁銶：海陵貞元末至正隆初爲右司郎中。大定元年（1161）升爲户部尚書，大定三年因李石冒支倉粟事削官四階，降知火山軍。本書卷六《世宗紀上》記此事作“梁球”，與此異。

[3]元帥府：官署名。長官爲都元帥，從一品。下設左、右副元帥，元帥左、右監軍，元帥左、右都監。

還京師，入見，既退，世宗目送之，曰：“此人有幹才，可大用也。”遷翰林直學士，[1]兼修起居注。頃之，世宗曰："道清廉有幹局，翰林文雅之職，不足以盡其才。"中都轉運繁劇，[2]乃改同知中都路都轉運事。[3]詔道送河北、山東等路廉察善惡升降官員制敕，[4]上曰："卿從討契丹，不貪俘獲，其志可嘉。故命卿爲使。卿其勉之。"是歲，[5]以廉升者，磁州刺史完顔蒲速列爲北京副留守，[6]濰州刺史蒲察蒲查爲博州防禦使，[7]威州刺史完顔兀荅補爲磁州刺史。[8]治狀不善下遷者，登州刺史大磐爲嵩州刺史，[9]同知南京留守高德基爲同知北京轉運事，[10]衛州防禦使完顔阿鄰爲陳州防禦使，[11]真定尹徒單拔改爲興平軍節度使，[12]安國軍節度使唐括重國爲彰化軍節度使。[13]仍具功過善惡宣諭，毋受饋獻。遷大理卿。[14]五年，宋人請和，罷兵。道往山東，閲實軍器，振贍戍兵妻子。再除同知大興尹。[15]

[1]翰林直學士：翰林學士院屬官。掌制撰詞命文字，凡應奉文字，銜内帶"知制誥"。從四品。

[2]中都轉運：官署名，即中都路都轉運司。掌中都路賦税錢穀，倉庫出納，及度量之制。長官爲中都路都轉運使，正三品。下設同知、副使、都勾判官、户籍判官、支度判官、鹽鐵判官等官。

[3]同知中都路轉運事：中都路都轉運司屬官。從四品。

[4]河北：路名。指河北東、西路。金天會七年（1129）析置。河北東路治所在今河北省河間市，河北西路治所在今河北省正定縣。

[5]是歲：此處叙事不清。據本書卷八〇《大磐傳》："大定三年，除嵩州刺史"，則當是指大定三年（1163）。

[6]磁州刺史：刺史州長官。正五品。磁州治所在今河北省磁縣。　完顔蒲速列：本書僅此一見。　北京副留守：北京留守司屬

官，例兼本府少尹、本路兵馬副都總管。從四品。

[7]濰州刺史：刺史州長官。正五品。濰州治所在今山東省濰坊市。　蒲察蒲查：女真人。海陵時從蒲察沙离只駐守中都，後隨完顏昂殺沙离只，赴東京上表擁立世宗。　博州防禦使：防禦州長官。從四品。博州治所在今山東省聊城市。

[8]威州刺史：刺史州長官。正五品。威州治所在今河北省井陘縣東北。　完顏兀荅補：女真人。本書僅此一見。

[9]登州刺史：刺史州長官。正五品。登州治所在今山東省蓬萊市。　大磐：渤海人。本名蒲速越，大臭之子。本書卷八〇有傳。　嵩州刺史：刺史州長官。正五品。嵩州治所在今河南嵩縣。

[10]同知南京留守：南京留守司屬官。正四品。　高德基：字元履。本書卷九〇有傳。　同知北京轉運事：北京路轉運司屬官。從四品。

[11]衛州防禦使：防禦州長官。從四品。衛州治所在今河南省衛輝市。　完顏阿鄰：本書共八人名完顏阿鄰，此人僅此一見。陳州防禦使：防禦州長官。從四品。陳州治所在今河南省淮陽縣。

[12]真定尹：府長官，即府尹。正三品。真定府治所在今河北省正定縣。　徒單拔改：女真人。徒單阿里出虎之父。事迹附於本書卷一三二《徒單阿里出虎傳》中。　興平軍節度使：節度州長官。從三品。興平軍設在平州，治所在今河北省盧龍縣。

[13]安國軍節度使：節度州長官。從三品。安國軍設在邢州，治所在今河北省邢臺市。　唐括重國：女真人。唐括辯之父。事迹附見於本書卷一三二《唐括辯傳》中。

[14]大理卿：大理寺長官。正四品。

[15]同知大興尹：府屬官。掌通判府事。從四品。

親軍百人長完顏阿思鉢非禁直日帶刀入宫，[1]其夜入左藏庫，[2]殺都監郭良臣，[3]盗取金珠。點檢司執其疑似者八人，[4]掠笞三人死，五人者自誣，其贓不可得。上疑之，命道參問。道持久其獄，既而阿思鉢鬻金事覺，伏誅。上曰："箠楚之下，何求不得。奈何點檢司不以情求之乎。"賜掠死者錢，人二百貫，周其家，不死者人五十貫。詔自今護衛親軍百人長、五十人長，[5]非直日不得帶刀入宫。

[1]親軍百人長：侍衛親軍頭領，亦作侍衛親軍百户。　完顔阿思鉢：女真人。事迹另見於本書卷四五。

[2]左藏庫：官署名。太府監下屬機構。掌金銀珠玉，寶貨錢幣。長官爲左藏庫使，從六品。

[3]都監：太府監下屬機構左藏庫屬官。　郭良臣：事迹另見於本書卷四五。

[4]點檢司：官署名，即殿前都點檢司。掌親軍，總領左、右衛將軍，符寶郎，宿直將軍，左、右振肅。長官爲殿前都點檢，正三品。下屬機構有宫籍監、近侍局、器物局、尚厩局、尚輦局、鷹坊、武庫署、武器署。

[5]五十人長：侍衛親軍頭領，亦作侍衛親軍五十户。

遷户部尚書。[1]上曰："朕初即位，卿爲户部員外郎，聞卿孳孳爲善，進卿郎中，果有可稱。及貳京尹，亦能善治。户部經治國用，卿其勉之。"道頓首謝。改西北路招討使，[2]賜金帶。故事，招討使到官，諸部皆獻駞馬，多至數百，道皆却之，數月皆復貢職。父喪去官，起復參知政事。初，諸部有獄訟，招討司例遣胥吏按問，往往爲姦利。道請專設一官，上嘉納之，招討司設勘事官自此始。[3]上謂宰臣曰："比聞大理寺斷獄，輒經旬月，何邪?”道奏曰：“在法，决死囚不過七日，徒刑五日，杖刑三日。”上曰：“法有程限，而輒違之，此官吏之責也，嚴戒約以去其弊。”進尚書右丞。乞致仕，上曰：“卿孝於家，忠於朕，通習法令政事，雖踰六十，心力未衰，未可退也。”乃除南京留守，賜通犀帶。上曰：“河南統軍烏古論思列爲人少戇，[4]凡邊事須與卿共議。卿以朕意諭思列也。”入拜平章政事。

[1]户部尚書：尚書户部長官。正三品。

[2]西北路招討使：西北路招討司長官。正三品。

[3]勘事官：招討司屬官。從七品。

[4]河南統軍：即河南統軍使，河南統軍司長官。督領軍馬，鎮攝封陲，分營衛，視察奸。正三品。　烏古論思列：女真人。金大定十二年（1172）以宿直將軍出使高麗，大定二十五年坐怨望被處死。

道弟臨潼令幼阿補犯罪至死，[1]道待罪于家。皇太子生日，宴于慶和殿，上問道何故不在，參知政事粘割斡特剌奏曰：“其弟犯死刑，據制不合入内。”上曰：“此何傷也。”即詔道起視事。

[1]臨潼令：縣長官，即縣令。大縣正七品，小縣從七品。臨潼縣治所在今陝西省臨潼縣。　幼阿補：本書僅此一見。

是時，縣令多闕，上以問宰相，道奏曰：“散官宣武以上借除以充之。”[1]上曰：“廉察八品以下已去官者，録事、丞、簿有清幹之譽者，[2]縣尉入優等者，[3]皆與縣令。散官至五品，無貪污曠職之名者，亦可與之。俟縣令不闕，即如舊制。”

［1］宣武：即宣武將軍，武散官。爲從五品下階。

［2］録事：諸府節鎮録事司長官。負責本地治安。正八品。

［3］縣尉：縣令之佐。正九品。

二十三年，罷爲咸平尹，封莘國公。上曰：“卿數年前嘗乞致仕，朕不許卿。卿今老矣。咸平卿故鄉，地凉事少，老者所宜。”賜通犀帶。明日，復遣近侍曹淵諭旨曰：[1]“咸平自窩斡亂後，民業尚未復舊，朕聽卿歸鄉里，所以安輯一境也。”

［1］曹淵：事迹另見於本書卷九二。

二十四年，薨。上聞之，悼惜良久。是歲幸上京，道過咸平，遣使致祭，賻贈有加。詔圖象藏祕府，擢其子八狗爲閤門祗候。[1]

［1］八狗：契丹人。即移剌光祖，字仲禮，幼名八狗。本書卷八八有傳。

光祖字仲禮，幼名八狗。以蔭補閤門祗候，調平晋令、衛州都巡河、内承奉押班，[1]累轉東上閤門使，[2]兼典客署令。[3]大安中，[4]改少府少監。[5]丁母憂，起復儀鸞局使，[6]同知宣徽院使事，[7]祕書監，[8]右宣徽使。[9]興定二年十一月，[10]詔集百官議所以爲長久之利者，光祖等三人議曰："募土人假以方面權任，俾人自勸，各保一方。"由是公府封建之論興焉，語在"九公傳"。[11]三年，轉左宣徽使。[12]五年，卒。

[1]平晋令：縣長官，即縣令。平晋縣治所在今山西省太原市南。　衛州都巡河：卷五六《百官志二》作"衛南都巡河官"，都水監屬官。掌巡視河道，修完堤堰，栽植榆柳及一切河防之事。從七品。　内承奉押班：宣徽院下屬機構閤門屬官。掌總率本班承奉之事。正七品。

[2]東上閤門使：宣徽院下屬機構閤門的負責人。掌簽判閤門事。正五品。

[3]典客署令：典客署長官。從六品。

[4]大安：金衛紹王年號（1209—1211）。

[5]少府少監：少府監屬官。掌邦國百工營造之事。從五品。

[6]儀鸞局使：儀鸞局屬官。掌殿庭鋪設、帳幕、香燭等事。從五品。

[7]同知宣徽院使事：宣徽院屬官，即同知宣徽院事。參掌朝會燕享、殿庭禮儀及監知御膳。正四品。

[8]祕書監：秘書監長官。正三品。

[9]右宣徽使：宣徽院長官。正三品。

[10]興定：金宣宗年號（1217—1222）。

[11]九公傳：按本書無《九公傳》。所謂"九公"當是指本書卷一一八苗道潤等九人，此處當爲《苗道潤等傳》。

[12]左宣徽使：宣徽院長官。正三品。

贊曰：良弼、守道、琚、安禮、道，皆無聞正隆時，及其遭治朝，[1]佐明主，諫行言聽，膏澤下於民，豈非遇其時邪。官序無闕，上下相安，君享其名，臣終其禄，可謂盛哉。海陵能知移剌道有公輔之器而不能用，故其治績亦待大定而後著焉。人才之顯晦，有係於世道之污隆也，尚矣。金世内燕，惟親王公主駙馬得與，世宗一日特召琚入，諸王以下竊語，心蓋易之。世宗覺之，即語之曰："使我父子家人輩得安然無事，而有今日之樂者，此人力也。"乃歷舉近事數十，顯著爲時所知者以曉之，皆俯伏謝罪。君臣相知如此，有不竭忠者乎。大定末，世宗將立元妃爲后，[2]以問琚，琚屏左右曰："元妃之立，本無異辭，如東宫何?"世宗愕然曰："何謂也?"琚曰："元妃自有子，元妃立，東宫摇矣。"世宗悟而止。且人主家事，人臣之所難言者，許敬宗以一言幾亡唐祚，[3]琚之對，其爲金謀者至矣。

[1]簉（zào）：義同"萃"，聚集。

[2]元妃：内命婦稱號。位在貴妃、淑妃、德妃、賢妃之上。正一品。此指李石之女，大定七年（1167）進封元妃，二十一年以疾薨。

[3]許敬宗：唐朝人。《舊唐書》卷八二、《新唐書》卷二二三有傳。唐高宗將立武昭儀爲后，大臣力諫，而許敬宗陰揣帝意，暗中促成此事。後陰附武后，貶褚遂良，殺長孫無忌等。